金融营销

安贺新　张宏彦　主编

清华大学出版社

北　京

内 容 简 介

本书以我国金融业现状为背景，结合国内外先进的金融理论与实务，阐述了金融营销的战略、策略的制定及其方法等内容。全书共 12 章，包括金融营销概述、金融业营销环境分析、金融业目标市场策略、金融服务产品策略、金融服务定价策略、金融服务分销渠道策略、金融服务的沟通与促销、金融企业服务人员管理策略、金融服务过程管理策略、金融企业的有形展示与形象设计、金融企业客户关系管理、金融营销的发展趋势。各章都配有相应的案例及其讨论，有助于读者理解和应用金融营销的基本理念、方法和策略，提高实务操作能力。

本书可供金融业同行和市场营销人员作为培训教材，也可供高等院校相关专业的师生作为教材或工具书之用。本书课件下载地址为http://www.tupwk.com.cn。

图书在版编目(CIP)数据

金融营销/安贺新，张宏彦　主编. —北京：清华大学出版社，2016（2021.8重印）
ISBN 978-7-302-43437-5

Ⅰ. ①金… Ⅱ. ①安… ②张… Ⅲ. ①金融市场—市场营销学 Ⅳ. ①F830.9

中国版本图书馆 CIP 数据核字(2016)第 073290 号

责任编辑：崔　伟　马遥遥
封面设计：周晓亮
版式设计：方加青
责任校对：曹　阳
责任印制：朱雨萌

出版发行：清华大学出版社
　　　　　网　　　址：http://www.tup.com.cn，http://www.wqbook.com
　　　　　地　　　址：北京清华大学学研大厦 A 座　　　邮　　编：100084
　　　　　社 总 机：010-62770175　　　　　　　　　邮　　购：010-62786544
　　　　　投稿与读者服务：010-62776969，c-service@tup.tsinghua.edu.cn
　　　　　质 量 反 馈：010-62772015，zhiliang@tup.tsinghua.edu.cn
　　　　　课 件 下 载：http://www.tup.com.cn，010-62781730
印 刷 者：北京富博印刷有限公司
装 订 者：北京市密云县京文制本装订厂
经　　销：全国新华书店
开　　本：185 mm×260mm　　　印　　张：18.5　　字　　数：428 千字
版　　次：2016 年 5 月第 1 版　　印　　次：2021 年 8 月第 7 次印刷
定　　价：55.00元

产品编号：067137-03

前　言

改革开放30多年来，金融市场不断开放，各种金融机构在中国大地如雨后春笋般地涌现。特别是伴随金融机构业务综合化改革的深入和互联网金融的发展，随之而来的是金融机构群雄角逐局面的形成。在群雄角逐的过程中，外资金融机构发展历史较长，有着丰富的市场营销经验，并已经形成了较为完善的金融营销体系，而我国金融业真正实施市场营销是从改革开放才开始的。目前，我国金融机构已经认识到要关注公共关系，树立良好形象，并且开始重视宣传，进行广告制作，提供上门服务和发展客户群等营销方式。但是，与外资金融机构的金融产品和服务营销相比，我国金融机构的市场营销水平还处于相对比较低的层次，对市场营销的认识也是不系统的、非专业化的。基于我国金融业市场营销的现实，本书以服务营销框架为基础，阐述适合中国金融行业发展战略的营销体系，力图打破目前市场上多以一般性、理论性内容为主，少有实践性、策略性营销内容论述的局面，以便于金融业同行和市场营销人员及高等院校相关专业的师生作为教材或工具书来迎接未来市场更大的冲击和挑战。

本书以我国金融业现状为背景，结合国内外先进的金融理论与实务，阐述了金融营销的战略、策略的制定及其方法。全书共12章，包括金融营销概述、金融业营销环境分析、金融业目标市场策略、金融服务产品策略、金融服务定价策略、金融服务分销渠道策略、金融服务的沟通与促销、金融企业服务人员管理策略、金融服务过程管理策略、金融企业的有形展示与形象设计、金融企业客户关系管理、金融营销的发展趋势。各章都配有相应的案例及其讨论，有助于读者理解和应用金融营销的基本理念、方法和策略，提高实务操作能力。为了方便培训与教学，本书还配备了精美的课件，下载地址为http://www.tupwk.com.cn。

本书由中央财经大学安贺新教授和山西财经大学张宏彦副教授主编，参与本书写作的人员还有刘易希蕾、聂莹、张燕、刘晓琨、汪榕、唐顿、苏亚等。

在本书的编写过程中，我们参阅了大量的国内外优秀文献，从我国金融市场和金融机构中获取了大量的宝贵资料。在此，我们对相关专家、学者、金融机构及人员表示衷心感谢！

书中难免有不妥甚至错误之处，敬请各位专家和读者提出宝贵意见。

安贺新　张宏彦
2016年4月

目 录

第一章
金融营销概述

本章学习目标

- 了解金融营销的发展历程
- 掌握金融营销的概念与特点
- 掌握金融营销的7P营销组合

本章主要概念

金融营销、7P营销组合理论

"双十一"基金保险狂揽9亿

2013年11月11日，淘宝首次推出理财分场，而基金、保险等产品当日大放异彩，成为"双十一"狂欢节的宠儿。据淘宝数据显示，截至11日24点，首次参加"双十一"消费狂欢节的理财产品支付宝总成交金额9.08亿元。

基金黑马成绩亮眼

与刚开业时的门可罗雀相比，一些基金淘宝店借"双十一"打了个漂亮的翻身仗。

11月1日，在获得监管部门审批之后，首批17家基金淘宝店上线，但此后一直生意惨淡，少数店铺的销售量"破千"业绩已算亮眼，有的店铺甚至销量为零，而大多数交易的单笔成交额为数百元。

谁料"双十一"当天，基金淘宝店杀出黑马，易方达的"聚盈分级债A基金"一炮走红，成为当天全网销量最大的基金。当日的数据显示，下午6点销售了1.71亿元，截至24点，易方达基金官方旗舰店2.11亿元，而理财产品支付宝总成交金额则为9.08亿元。

据了解，"易方达聚盈A"属于债券分级基金，收益率高达6%。易方达表示，对比淘宝理财频道里的理财产品，能达到6%收益的产品，有的起售金额高达5万，有的锁定期长至1年，有的收益只能持续一两个月，而这只基金兼具低门槛、较高收益和灵活性的综合优势，所以对人们都构成了巨大吸引力。

保单占总额2/3

出人意料的是，保险理财类产品成为"双十一"淘宝理财平台的最大亮点，根据淘宝理财官方微博数据显示，保险当天成交超1.5亿笔，从总体成交保费来看，万能险总体成交近7亿元。其中国华人寿官方旗舰店5.31亿元，生命人寿官方旗舰店为1.01亿元，两家保险公司销售量就占淘宝理财的2/3。

从销售速度来看，不管是国华人寿还是生命人寿都创下了新纪录。仅开卖9分34秒，国华人寿"华瑞2号"成交额就突破了1亿元，成为目前花费最短时间就成功"破亿"的保险产品，为"双十一"当天第二家"破亿"单店。而当天上午9点30分，"聚划算"分会场的生命人寿限量销售1亿元的保险理财宝贝全部售罄，并成功晋级"破亿"单店第三名。

两款保险理财类产品之所以受追捧，共同之处在于"高收益率"。国华人寿"华瑞2号"的预期年化收益率为7%，而生命人寿e理财万能保险的收益率更高达7.12%，为收益率最高的保险理财类产品。

实际上，其一年期产品预期年化收益率为5.32%，之所以能够达到超7%的收益率，是因为生命人寿推出每1000元赠送1800个集分宝的活动，这就相当于1.8%的返现优惠。简而言之，是由预期收益率和集分宝返现叠加组成，如此高的收益率，使该产品在短时间内就被抢购一空。

而这样选择通过集分宝返现的形式提高综合收益率的并不止生命人寿一家，华夏人寿也推出"摇钱树"，预期年化收益率5.5%，送1600个集分宝，这样叠加之后，综合收益率也超过7%。

案例资料来源：胡秀. "双十一"基金保险狂揽9亿 两保险公司分食60%销售额[N]. 时代周报，2013-12-2.

第一节　金融营销概述

　　金融营销可以理解为金融企业的市场营销，在今天金融企业竞争激烈，金融产品日益复杂化的情况下，不注重营销，任何金融机构都无法生存。市场营销已经成为金融企业在竞争中取胜的关键，对于营销战略的研究与贯彻已经成为很多金融企业最重要的工作。

　　市场营销起初是在一般工商企业流行，金融业引入金融营销的理念与实践晚于一般工商企业。当人们普遍认为市场营销是一个企业成功的关键的时候，金融业也开始从一般企业那里学习如何拓展市场和发展客户。

■ 一、金融营销萌芽阶段(20世纪50年代—60年代)

　　在此之前，金融业内人士并不认为市场营销与金融业有什么关系，提到市场营销，一般也会认为这是工商企业的行为。金融业者觉得，一个人要去银行的时候总会去的，不需要办理银行业务的时候就没有必要去；同样，证券投资者也会在固定的时间去固定的场所办理需要的业务，这样看起来，似乎没有什么营销的可能性。

　　以银行为例，20世纪50年代中期前，西方的银行业给人的印象是冷漠、高傲的，银行大楼高耸肃穆，银行员工表情严肃地坐在高高的柜台后面，态度傲慢地办理业务，而客户想要办理业务必须按照银行的规则来，基本上没有多少跟银行谈判或讨价还价的机会。

　　直到全美银行联合会议于1958年召开，大会上有代表第一次提出银行业该进行市场营销。之所以会有这样的呼声出现，跟当时的背景有关。当时银行面临了储蓄业务方面的激烈竞争，一些有超前意识的银行开始向工商企业学习，在争夺储蓄业务时开始运用广告等营销手段，以此争取客户。之后，更多的银行开始仿效，积极地进行营销。

　　随后，英国的一些银行在20世纪60年代后也开始引入营销的思想进行经营管理。但是，60年代金融业在对营销的理解和运用上发展缓慢。这与金融业产品的特殊性有关系，工商企业的产品是形象鲜明的，而金融企业经营货币资金，金融产品的一个重要特点就是无形性，所以在进行广告和其他促销方式时，不太容易给客户很直观的刺激。而且金融机构产品当时还比较简单，技术含量较低，所以金融机构发现自己的营销方式很容易被模仿。另外，金融企业还有一个特点，就是需要与客户保持长期的联系。一般工商企业常常是完成一次销售就算成功，而金融企业真正需要的是长期客户。例如，一个银行通过营销手段短期内赢得了新客户，但是很快客户就被其他金融机构争取走了，这就不能算是成功的营销。于是，金融企业就对营销的效果感到困扰。

　　但不管怎样，先进的银行开始注意营销问题，并开始做一些基本性的营销工作，如改善服务态度，推行微笑服务，挪开现金业务柜台前的防护栅栏，改善服务氛围等。这一段时间，营销在金融业的发展是"可见"的，金融业内兴起了改进营业环境和服务面貌的风气。

■ 二、金融营销发展阶段(20世纪70年代—80年代)

20世纪70年代，金融业对市场营销的重视程度更进一步，金融机构开始逐步建立专门的市场营销部门。除了银行，更多其他金融机构也加入到金融营销的行列，这意味着金融营销的影响领域更扩大了。

但此时的金融营销还是以关注营销战术为主，并没有上升到战略层面。这段时间里，金融机构频繁、大量地在各种媒体发布广告。

实例1-1	国际银行的沉默广告

美国纽约国际银行在刚开张之时，为了迅速打开知名度，便想出了一个出奇制胜的广告策略。

一天晚上，全纽约的广播电台正在播放节目，突然间，全市所有广播都在同一时刻向听众播放一则通告：听众朋友，从现在开始播放的是由本市国际银行向您提供的沉默时间。紧接着整个纽约市的电台就同时中断了10秒钟，不播放任何节目。一时间，纽约市民对这个莫名其妙的10秒钟沉默时间议论纷纷，于是"沉默时间"成了全纽约市民茶余饭后最热门的话题，国际银行的知名度迅速提高，很快家喻户晓。

资料来源：(美)艾沃琳·艾尔林奇(Evelyn Ehrlich)，杜克·范纳利.金融服务营销手册[M].王国胜，缪成石，赵健明译.广州：广东经济出版社，2009.

不仅仅是广告的大量投入，金融机构还增加了销售人员，并积极地对外提供赞助，通过积极的公关行为，提升金融机构的社会形象，其中，美国运通公司赞助自由女神像修复是一个比较经典的案例。

实例1-2	美国运通公司赞助自由女神像修复

美国运通公司是一家知名的金融公司，主要业务是发行信用卡和旅行支票。1983年，美国运通公司通过赞助自由女神像修复工程，进行了成功的事件营销。

该公司通过保证使用信用卡每消费一美元就相应捐献出一部分的做法，大大提高了信用卡的使用量。美国运通公司看到了把自己的名字与一个美好事件连接在一起所带来的多重利益。之后，该公司还进行了很多次影响广泛的赞助活动。

资料来源：(美)艾沃琳·艾尔林奇(Evelyn Ehrlich)，杜克·范纳利.金融服务营销手册[M].王国胜，缪成石，赵健明译.广州：广东经济出版社，2009.

在这一时期，更重要的是创新产品不断出现，并因此爆发了"金融革命"。20世纪70年代西方的金融创新，大大促进了金融营销对整个西方金融业发展的影响。在这一时期，金融营销发展的主题是金融创新。

金融机构看到一般性的促销手段容易被模仿，所以把重心放在了产品的开发上，通过推出新的金融产品和服务来获得差别优势。金融业对于市场营销的运用从简单引入一些营销方法过渡到广泛运用营销思想，例如把市场调研、市场细分、市场定位引入银行发展战略中。

到了20世纪80年代，西方的金融业发展迅速，营销的重要性也得到了更多的重视，当时有人对英国的70家银行进行了一项调查，调查显示40%的银行已经把市场营销当作经营指导理念，但也有一些银行认为营销的作用是有限的。所以，在这段时间里关于市场营销的作用到底有多大，业界是存在争议的，但市场营销活动在金融业的迅速扩大是无法阻挡的趋势。

■ 三、金融营销成熟阶段(20世纪90年代以来)

20世纪90年代以来，经济全球化、技术进步等多方面的原因使经济发展、财富积累的速度前所未有地迅速。金融消费者对金融产品的需求在数量上和品种上大大增加了，金融业的竞争也面临前所未有的态势。金融机构需要创新金融产品，需要提供新型的金融服务，同时，旧的管理方式也无法适应新的发展，也需要引入新的管理方法。这时候，工商业界领先的市场营销管理战略和方法就很值得金融业借鉴。

西方的金融营销在这一时期走向成熟，越来越多的金融企业开始以市场为导向，把市场营销提升到战略高度，并把营销思想贯彻到日常经营的每一步细节。如汇丰银行、花旗银行这些国际大银行在20世纪90年代已经形成了一套成熟的营销思想。

实例1-3　　20世纪90年代的汇丰银行营销战略

首先，从汇丰设立的金融服务贵宾室来看一看汇丰的新面貌。汇丰为高收入客户开立了一种Asset Vantage的账户，开户的最低金额为26 000美元，对开有这种账户的客户提供专门的贵宾室服务。贵宾室的设计像是一间航空公司的头等舱乘客休息室，有着高档的家具、精致的装修、柔和的色调。顾客一进门便开始享受贵宾待遇，服务小姐笑脸相迎，并送上茶点、饮料；训练有素的职员在详细了解客户种种愿望和要求后，将向客户提供有关资料、互助基金、货币掉期等方面的建议及方案。汇丰银行号称拥有10万这样的客户，这些人可以享受较高的储蓄利率和宽松的信贷限额，还有负责电话储蓄的专门接线员提供服务。该行还着眼于新西兰和新加坡的中上收入消费者，开设了Asset Vantage分行。

其次，在不那么富裕的吉隆坡，该行正力图通过一项名为"伙伴"的计划建立顾客长期的品牌忠诚。此计划以2500美元的下限将中等收入的消费者吸引到银行来，汇丰希望随着这些人收入和对银行的需求增加，将和银行保持长期密切的联系。此外，汇丰对需要消费信贷的亚洲客户提供Power Vantage的账户，对小型企业家开立Business Vantage账户。这些措施都使汇丰将客户再次吸引回来，并保住了市场份额。

在努力营销零售业务的同时，汇丰银行还巩固了其批发业务机构，使其成为一家能满足公司贷款、发债、养老金管理等诸多金融需求的全能银行。

资料来源：戴路.汇丰银行的营销战略及启示[J]. 新金融，1997(3).

　　同时，经济全球化也导致了金融国际化趋势，美国、英国、日本等国家的金融机构开始发展成为国际性大公司，例如汇丰银行发展为汇丰集团，花旗银行发展为花旗集团。金融竞争也走出了国门，各大金融机构在全球广设机构，这也意味着金融机构要面对陌生的经营环境，竞争的难度加剧了，在打开市场和推动发展方面更需要市场营销理念的指引。

实例1-4　　　　　　　　金融"航母"浮现的背后

　　1994年以来，全球银行业并购浪潮不断高涨。1998年4月6日，美国著名的花旗银行与旅行者集团宣布合并，为花旗集团造就了资产近7000亿美元的全球最大金融企业。花旗集团在100多个国家拥有1亿个企业和私人客户，经营范围跨商业银行、投资银行、保险及基金业务等多种业务，形成一个规模巨大、服务全面的"金融超市"型金融集团。

　　资料来源：施炳强. 金融"航母"浮现的背后. 金融早报[N]，1998-4-15.

　　在亚洲，较早贯彻金融营销思想的是日本。日本在20世纪90年代加快了金融自由化脚步，出台了《金融控股公司法》《金融体系改革法案》等一系列法规，意味着金融机构可以经营的领域更加广泛，从而争取更多的客户。

实例1-5　　　　　　　　日本加快金融自由化

　　日本内阁会议于1998年3月10日通过了《金融体系改革法案》。
　　《金融体系改革法案》是日本金融改革中最重要的法案，由证券交易法、银行法、保险业法、证券投资信托法等几个与金融有关的法律修改组成。该法案放宽了对银行、证券、保险等行业的限制，将加快日本金融自由化的进程。
　　在银行业务方面，该法案解除了对金融控股公司的禁令，扩大了银行的经营范围，允许银行交叉经营证券、保险等所有金融业务，允许银行在窗口买卖股票和各种投资信托商品，以促进金融机构之间的竞争。
　　在证券交易方面，该法案将证券行业的许可制改为注册制；允许上市公司股票的场外交易；证券公司必须公布总资产中的自有资本比率；严格实施客户资产和自有资产的分别管理；设立"投资者保护基金"，在2001年3月以前，保护投资者存放在证券公司的全部资产。在此之后，每个投资者的最高保护限额为1000万日元；在1999年之前实现股票买卖手续费的完全自由化。
　　在保险业方面，该法案规定设立"投保者保护机构"。在2001年3月以前，一旦保险公司破产，"投保者保护机构"将从"投保者保护基金"中支付投保者的全部保险金，2001年4月之后则保护投保人90%的保险费；实施各种保险费的自由化，促进保险业之间的竞争。
　　在证券投资信托方面，该法案将证券投资信托业的许可制改为注册制；允许个人设立证券投资法人，个人可从欧美等国购买投资信托商品。

　　此间舆论认为，日本金融体系的重大改革必然促进金融业的竞争，导致金融机构的重新分化组合。

资料来源：日本加快金融自由化.世界贸易组织动态与研究[J]，1998(4).

　　经过了数十年的发展后，金融营销从产品营销发展到品牌营销，再发展到营销定位；从服务营销发展到整合营销，金融营销在金融业发展中已经取得了战略性地位。从全世界看，金融业普遍认可了营销制胜的理念，日常工作也已经以营销为主。

　　到了21世纪，金融营销出现了很多新特点，例如大型金融公司内部，交叉销售已经成为必需，即使是在公司内部，专业分工的边界也在模糊。另外，金融业和其他实体经济的联系越来越紧密，金融机构与其他组织进行联合营销也越来越常见。而且，从事金融业务的已经不再只限于传统的金融机构，互联网公司也开始涉足金融工具和金融业务的营销。

第二节　金融营销的含义及特征

　　金融业属于服务业，金融营销是服务营销的一个分支，是市场营销在金融业的延伸，要了解金融营销，首先要了解市场营销。

■ 一、市场营销的含义

　　早在1910年，美国的学者便提出了"市场营销"一词，之后这一概念被广泛地应用，并逐步形成了一门新的学科——市场营销学。

　　市场营销的概念产生后，很多学者都试图给出自己对于这一概念的理解，1910年巴特勒教授提出："关于产品的分配、管理的科学定义为市场营销。"

　　比较早的相对权威的诠释出自1960年美国市场营销协会的正式定义："市场营销是引导物资与劳务从生产者流转到消费者或用户所进行的一切企业活动。"这个定义强调了营销作用的过程，但它偏重于销售的意味。

　　1985年，美国市场营销协会对这一概念进行了重新诠释："市场营销是对想法、货物与劳务进行构思、定价、促销和分销的计划与实施的过程，由此产生满足个人和组织目标的交换。"从这一个概念的更新，我们可以看出产业的变化，市场营销针对的客户包括了想法，也就是因为看到了现实中出现了一些智力产业。而且对营销涵盖范围的描述也进行了扩大，包括了定价、计划等在销售之前的事件，这就是一个范围远大于销售的概念。

　　21世纪，美国市场营销协会再次对市场营销的概念进行了新的诠释："市场营销既是一种组织职能，也是为了组织自身及利益相关者的利益而创造、传播、传递客户价值，管理客户关系的一系列过程。"这个定义已经远离了销售为核心的思想，而是强调了客户价值，不再只是着眼于销售的结果，而是看重客户关系管理。

在市场营销概念的发展过程中，对这一观念的诠释都是在不同经济发展背景下做出的，从最初的产品观念、推销观念发展为后来的管理观念、客户价值观念，不同的时代人们对营销的理解都会是不一样的，这是时代发展导致的思想进步，如今，营销作为一种战略管理手段已经成为企业的共识，"营销为王"的时代已经到来。

■ 二、金融营销的内涵

(一) 金融营销的概念

金融营销概念首先是在银行业得到运用的。1958年，全美银行协会会议上第一次在银行业界提出了"银行营销"的概念。

20世纪70年代，《银行家》杂志给出了金融营销的定义："把可盈利的银行服务引向经过选择的客户的一种管理活动。"我们注意到在这个定义里，营销的标的物不是所有的银行服务，而是可盈利的银行服务；而且营销目标也不是所有客户，而是经过选择的客户。

之后很多学者和业界人士也提出了多种对金融营销的理解，侧重点各有不同。我们可以认为："金融营销是金融机构对金融产品的营销活动，指金融机构以市场需求为基础，以客户为核心，利用自己的资源优势，满足客户的金融需求，实现金融机构的盈利和发展。"[①]

(二) 金融营销的要素

金融营销涉及至少三个要素：金融营销的主体——金融机构，金融营销的客体——金融产品以及金融市场。

1. 金融营销的主体

金融营销的主体是金融市场上的金融机构，主要的金融机构有商业银行、保险公司、证券公司、投资基金、信托公司等。

商业银行一般经营存款、贷款、中间业务等。商业银行往往是一个国家规模最大、影响力最大的金融机构，提供的金融产品种类较多，客户数量也十分庞大。

保险公司是经营保险业务的金融机构，保险公司一般可以按照业务种类分为财产保险公司、人寿保险公司及再保险公司。保险公司向客户收取保费并签订保险合同，约定特定的事件发生后，保险公司予以赔偿或给付资金。

证券公司在不同的国家有不同的称谓。在我国，证券公司是指依照《中华人民共和国公司法》和《中华人民共和国证券法》的规定设立的，并经证券监督管理机构审查批准而成立的专门经营证券业务，具有独立法人地位的有限责任公司或者股份有限公司。在日本，

---

① 叶伟春. 金融营销[M]. 北京：首都经济贸易大学出版社，2009.

经营证券业务的机构也被称为证券公司。在美国，经营证券业务的机构被称为投资银行或证券经纪商。

投资基金是一种利益共享、风险共担的集合投资机构，投资基金也被叫做共同基金。投资基金产生的原因是证券市场上的金融产品越来越丰富并且复杂化，普通投资者很难驾驭这些金融工具，需要将资金委托给专门的投资管理公司，由专业人士集中运作，实现投资分散和降低风险的目标。

信托公司以信任委托为基础，受客户委托进行货币资金和实物财产的经营管理。信托业务的关系人有委托人、受托人和受益人。因为信托是以信任为基础，所以一般要求受托人应具有良好的信誉，而且，信托成立的前提是委托人要将自有财产委托给受托人。

金融业还有很多其他类型的金融机构，如政策性银行、信用社、基金公司、财务公司、金融租赁公司等。不同类型的金融机构的主要资产的负债也各不相同，如表1-1所示。

表1-1 不同金融机构的主要资产和负债

	金融机构的类型	主要负债(资金来源)	主要资产(资金运用)
存款性金融机构	商业银行	存款	工商信贷和消费者信贷、抵押贷款、联邦政府证券和市政债券
	储蓄银行	存款	抵押贷款
	信用合作社	存款	消费者信贷
	契约型储蓄机构		
	人寿保险公司	保费	公司债券和抵押贷款
	财产和意外灾害保险公司	保费	市政债券、公司债券和股票、联邦政府债券
	养老基金、政府退休基金	雇员和雇主缴款及政府财政补贴	公司债券和股票
投资型中介机构	投资银行	股份	证券承销、经纪和自营业务
	共同基金	股份	股票和债券
	货币市场共同基金	股份	货币市场工具
	金融公司	商业票据、股票、债券	消费者信贷和工商信贷
	财务公司	企业集团内部集资	贷款、票据贴现、投资
	信托公司	受托资产	证券投资
	金融租赁公司	金融机构借款	动产、不动产的租赁

资料来源：米什金.货币、银行和金融市场经济学[M].北京：北京大学出版社，2011.

2. 金融营销的客体

(1) 金融产品的含义

金融营销的客体是金融产品。金融产品的概念有广义与狭义之分，狭义的金融产品是指由金融机构提供的各类金融工具，广义的金融产品包括金融工具及各种金融服务。

(2) 金融产品的分类

目前的金融产品可以分为两大类：一类是基础金融产品，另一类是衍生金融产品。基础金融产品包括存款、贷款、黄金、外汇、票据买卖、股票、债券、信托及租赁等。衍生金融产品是在基础金融产品上派生出来的，包括期货、期权、远期、掉期、互换等。

(3) 金融产品的收益性与风险性

金融产品两个最基本的特点就是收益性和风险性。客户之所以购买和持有金融产品，主要原因就是这两点，或者是为了规避风险，或者是为了让自己的钱通过金融投资升值。收益性是金融产品可以向客户提供的预期收益的大小，风险性是金融产品为客户带来收益或损失的可能性。一般而言，高风险、高收益是金融市场上永恒不变的法则。当然风险高不一定意味着必定会使客户亏损，也有可能使客户获得很大的利润，风险性指的是一种不确定性的大小。例如，银行存款利率一般被认为无风险利率，因为银行存款的风险小，所以其利率自然也就会低于其他金融产品的收益率。而金融衍生产品的风险就比较大了，著名的巴林银行倒闭的导火索就是金融衍生产品的投资失利。

知识链接1-1　　巴林银行倒闭事件：28岁交易员搞垮巨头

1995年2月27日，英国中央银行宣布，英国商业投资银行——巴林银行因经营失误而倒闭。消息传出，立即在亚洲、欧洲和美洲地区的金融界引起一连串强烈的波动。东京股市英镑对马克的汇率跌至近两年最低点，伦敦股市也出现暴跌，纽约道·琼斯指数下降了29个百分点。

李森是巴林银行新加坡分行负责人，年仅28岁，在未经授权的情况下，他以银行的名义认购了价值70亿美元的日本股票指数期货，并以买空的做法在日本期货市场买进了价值200亿美元的短期利率债券。如果这几笔交易成功，李森将会从中获得巨大的收益，但阪神地震后，日本债券市场一直下跌。据不完全统计，巴林银行因此而损失10多亿美元，这一数字已经超过了该行现有的8.6亿美元的总价值，因此巴林银行不得不宣布倒闭。这家有着233年历史，在英国曾发挥过重要作用的银行换了新主。3月2日，警方将李森拘捕。

3. 金融市场

金融市场是资金融通的市场，它是资金供应者和资金需求者通过交易金融工具进行融通资金的场所。

金融市场按照期限性可以分为货币市场和资本市场。货币市场是短期资金市场，是交易一年以内金融工具的金融市场；货币市场包括同业拆借市场、国库券市场、票据市场、大额可转让定期存单市场、短期信贷市场以及回购协议市场等。资本市场是长期资金市场，是交易一年以上金融工具的金融市场，资本市场主要包括股票市场和债券市场。

按照功能，金融市场可以分为一级市场和二级市场。一级市场也被称为发行市场，是新的金融工具发行的场所；二级市场也被称为流通市场，是已发行金融工具交易的场所。

■ 三、金融营销的特点

金融业属于服务业，金融营销也是服务营销的一个分支。金融营销和工商企业的产品营销不同，与其他服务业营销相比也有自身鲜明的特性。

1. 营销客体的无形性

金融营销的客体——金融产品具有无形性，这使得金融营销比一般的工商企业营销更加困难。在金融营销中，很难让客户像挑选工商企业产品一样，一眼就看到产品的形态和功能。这就需要在营销中大量地进行说明、讲解，为了使无形产品能够便于记忆、辨识、选择，金融机构需要大量的营销人员和营销手段来吸引客户。

2. 金融产品的不可储存性

一般的有形产品生产好之后，可以储存下来，等待出售。但金融产品的生产与消费是同一个过程，无法储存。所以在金融营销中，客户的参与性很强，金融机构与客户的沟通就非常重要，过程管理对于金融机构尤其重要。

3. 交易的持续性

很多产品在销售完成后，较长一段时间里客户不会再进行重复购买及与企业打交道，服务也是一样，如理发、旅游等。但是，金融产品在购买之后的很长一段时间里，客户会不断与金融机构打交道。客户到银行存款，之后可能还会去续存，或者也可能取出一部分。客户购买了基金，如果基金绩效好，有可能还会追加购买。如果一个人购买了养老保险，那么在他的余生数年里，都要不断地缴费或者领取养老金。交易的持续性使金融机构在营销中需要特别关注客户关系管理。

4. 买卖双重营销

一般的交易中，买卖双方扮演着固定的角色，例如客户去逛商场，就是要去购物；客户去健身会所，就是享受健身服务。而金融机构的特殊之处在于，很多金融机构是既买又卖，资金来源与客户有关，资金运用也与客户有关。客户到银行既可以存钱，也可以贷款；前者是客户提供资金给银行，银行付利息，买入客户的资金使用权；后者是银行提供资金给客户，客户付利息，买入银行的资金使用权。甚至，同一个客户也有可能同时在银行既有存款，又有贷款，买卖双方在不同的金融交易中可以互换身份。在证券市场上也是一样，证券公司有可能今天买入股票，而明天又卖出股票。

第三节　金融营销组合策略

金融营销组合策略是指金融企业综合运用市场营销策略和手段，达到经营目标，取得理想的经营成果。

专家学者们最初提出的营销组合策略理论是4P营销组合理论。20世纪60年代，杰罗姆·麦卡锡提出企业营销的四个基本策略的组合，即"4P's"理论，这四个营销组合要素为：产品(Product)、价格(Price)、分销(Place)和促销(Promotion)。

20世纪80年代后，由于服务业的迅速发展，产业结构在发生变化，对于服务营销的研究也就成为热门，传统的4P营销组合更适合产品营销，而无法完全涵盖服务营销要素。因此，在80年代，学者们提出在传统的4P理论上应该增加三个服务性的策略，用于服务营销实践，这三个新的要素为：人员(People)、过程(Process)、有形展示(Physical Evidence)，服务营销的7P营销组合理论便形成了。

金融营销属于服务营销的范畴，所以探讨金融营销的问题适用7P营销组合理论。也就是在金融营销组合中有7个要素：产品、价格、分销、促销、人员、过程、有形展示。

■ 一、产品

产品策略是金融企业以为目标客户提供所需求产品的方式实现营销目标的策略，该策略包括对产品品牌、产品种类、产品质量及产品特色等要素的组合和运用。

金融企业赖以生存的基础是为客户提供适合的金融产品，这是金融企业开展市场营销活动的基础。从本质上看，金融产品其实是一种服务，一个金融产品可能只包含一种服务，也可能是多项服务的组合。产品策略的实施就是要求金融企业开发更多的金融产品以满足客户日益多样化的金融需求。所以金融产品创新是金融企业永恒不变的主题，金融产品创新可能是完全没有出现过的新产品开发，也可以是模仿原产品或者是原产品基础上升级的新产品。

实例1-6　　　　互联网"爱情保险"抢滩情人节市场

2014年情人节恰逢中国传统节日元宵节，在与传统的抗衡中，商家"抢滩"情人节市场的热情丝毫未减。长安保险公司便在情人节前夕推出了"爱情险"，其产品共包括六种产品形态，婚姻津贴保额从120元至131.4万元不等。记者了解到，此次应景推出的"爱情险"采取线上与线下相结合的形式，均以电子保单出单。

除了给情人节增添一份"浪漫"，长安保险此次推出的"爱情保险"也是个人重大疾病保险与附加婚姻津贴保险的产品组合，被保险人除了在第五年开始可以获得婚姻津贴保障外，每年还能获得定额的重大疾病保障。

"不论已婚还是未婚人士均可购买，但是5年后需要凭借结婚证领取本金和利息。"长安保险总裁助理姜南说。

另一家保险公司也在情人节前夕限时推出了怀孕险。若被保险人在保险期期内怀孕，就可获得怀孕津贴。

资料来源：魏董华.互联网"爱情保险"抢滩情人节市场.新华网，2014-2-14.

■ 二、价格

价格策略是金融企业通过制定、变动金融产品价格等方式实现营销目标的策略，具体涉及确定金融产品基本价格、折扣价格、付款期限等方式的组合和运用。

金融产品的定价关系到产品能否成功营销，营销成功后能获得多少利润。定价要合理，过高会失去客户，过低又影响效益。而且，金融产品的价格不同于一般工商企业的产品价格，金融企业在定价方面的自主权更弱，例如利率、汇率都是金融产品的价格，但是它们往往要受一国政策因素的制约，受政府管制也较多，如高利贷问题就常常会成为一个法律问题。

金融产品定价的影响因素很多，如运行金融产品的成本、资金成本、产品特点、产品的收益和风险、资金的市场供求状况以及同类产品的价格等。金融企业应该在法律规定范围内合理定价，并灵活调整价格，达到经营目标。

实例1-7　银行理财未达预期最高收益　多是结构性产品

平均5%左右的确定性收益，让银行理财产品成为最热门的大众情人，普通投资者早已习惯了"问清楚收益就出手"的购物法则。但实际上，每年都有一些银行理财产品未能达到最高预期收益率，如2014年就约有0.4%已公布收益率的产品未能达到最高收益。

银行理财产品不能达到最高预期收益其实并非"新闻"，最近三年都出现过这一情况，每年基本都超过100款。

产品为何不能实现最高预期收益率？普益财富研究员叶林峰表示，未达最高预期收益率的产品大部分是结构性产品。而数据也显示，2014年每月未达到最高预期收益率的产品至少8成以上为结构性理财产品。这一情况也很普遍，如2011年未实现最高预期收益率产品中有31款为结构性产品，占比达到83.7%。

何为结构化产品？通俗讲，类似和银行来一场赌博，赌赢了赚取最高收益，赌输了可能只有最低收益、没有收益或者亏损。因此这类产品往往预期最高收益率很高，有较高吸引力，但是否能达到最高预期收益率要取决于挂钩资产的实际表现，也和产品设计有密切关系。

资料来源：银行理财未达预期最高收益　多是结构性产品[N]. 中国基金报，2015-2-2.

■ 三、分销

分销策略是指金融企业选择适合的分销渠道，并组织金融服务传递来实现营销目标的策略。具体策略包括渠道覆盖面的确定、渠道方式的选择、服务网点的设置以及服务传递过程设计等策略的组合和运用。

金融企业的分销渠道可以采用多种形式，传统的分销渠道是设置分支机构、营业网点。近年来，金融企业越来越多地运用起新的分销渠道，利用现代通信技术及网络的新型营销渠道正在成为金融企业越来越重要的渠道选择，如ATM、POS、网上银行、手机银行等。另外，借助其他中间商的方法也越来越多，如代理行、行际通存通兑、同业联盟、联合营销等分销渠道也被广泛运用。

随着金融业对社会影响的加深，客户金融需求的提高，金融企业分销渠道就必须面临形式多样化的要求。另外，分销渠道的选择还面临成本约束，要讲求经济效益，还要保障服务质量。

| 实例1-8 | 微信银行　你用了吗 |

微信用户只需在微信界面通过"添加朋友"或者扫二维码关注指定银行的官方微信公众号便可进入微信银行的服务界面。"进入微信平台后，可以将微信账号与客户信息绑定，绑定后就能轻松实现余额查询、明细查询、信用卡还款、生活缴费等多项功能。部分业务只需点击一下，即可快速办理，操作十分简单。"业内人士表示，"便利"是微信银行最突出的特点。人们可以足不出户，仅花几秒钟动动手指就能完成许多银行业务操作，无需再奔波于营业网点之间。

此外，微信银行搭建了与用户零距离沟通的"对话式"平台。许多银行在微信上的对话形式十分活泼。例如，"您有任何想了解或办理的银行业务，都可以用力输入或大声说出，小微会第一时间为您解答！"不少用户纷纷表示，这种以微信聊天的方式办理业务或者进行咨询，让人感觉更加亲切。

据悉，目前几乎所有银行都已经开通了微信银行服务，并鼓励持卡人进行微信绑定。大部分微信银行都开通了账户查询、快速还款、账单分期、积分兑换、理财购买等基础服务，也逐渐将账户变动提醒业务转移到微信平台。除此之外，许多银行还开拓了不少特色功能，为市民的金融生活提供更加周到的服务。

资料来源：龙雨晴.微信银行　你用了吗？[N].郑州日报，2014-11-13.

■ 四、促销

促销策略是指金融企业利用各种手段激起金融消费者购买欲望，从而促进金融产品销售的策略，例如广告、人员推销、营业推广以及公共关系等策略的组合和运用。

促销是金融企业最早运用也最常用的营销手段。因为金融服务的无形性给客户的影响不是直观的，所以需要营销人员更多的说明和解释；而且某些金融产品复杂性高，不容易使客户理解，甚至美国金融监管部门的官员们在次贷危机爆发后也曾经抱怨，投资银行的金融创新产品根本搞不懂，这也需要金融营销人员为客户进行金融消费的指引。通过营销人员的促销行为，让缺乏金融专业知识的客户了解产品信息，激发客户的购买欲望，选择适当的购买渠道，最终扩大金融产品的销售。

金融企业的促销方式主要包括广告、人员推销、营业推广及公共关系等。善用这些促销策略，不仅有助于金融企业的成功营销，还可以帮助金融企业提升社会形象。

■ 五、人员

金融企业提供的产品实质是服务，而服务往往是由人来完成的，即便是在自助服务中，也需要一些后台人员来维护系统。人是金融企业服务的提供者，有时客户也会把员工视为服务的一部分，例如，金融企业员工精神风貌好，服务态度耐心，客户会有好的服务体验，员工的效率和态度也成为服务的组成部分，直接影响客户对金融产品的选择和消费。出色的员工才能提供出色的服务，所以金融企业在员工管理和与客户沟通方面需要不断加强。金融企业应制定正确的人力资源管理策略，激励员工努力工作，满足员工的职业需求，留住优秀的员工。

实例1-9　　　　　银行职员集体跳槽吃官司

　　33岁的马丽，毕业于南京大学。几年前，她以优异的成绩进入扬州市某国有银行工作。马丽表示，经过几年的奋斗，她所在的业务部门，无论是业绩还是综合考核成绩，均在全省名列前茅。但由于种种原因，马丽一直没能获得晋升的机会，这让她很失落。

　　"凭你的客户资源，在我们银行肯定能做主管。"2013年年底，受到某商业银行邀请加盟的马丽很心动。马丽称，一家商业银行为了招募自己，不仅开出百万年薪的承诺，还答应帮其解决行政问题。为了获得更好的发展空间，马丽休完年假以后，向原单位提交了辞职申请书，前往新单位任职。

　　受职员集体跳槽影响，某国有银行不仅业绩出现下滑，整个团队也是人心涣散。为了挽回损失，该银行立刻启动了司法诉讼程序。相关工作人员告诉记者，由于银行工作岗位比较特殊，为了金融安全起见，单位曾与马丽等骨干职员签订了特殊领域的用工劳动合同，即员工辞职以后，三年内不得前往相同的行业就业。因马丽等人的跳槽行为，违背了相关法律法规以及职业道德，该国有银行随即将接收马丽等人的用人单位以及马丽等多名员工，分别告上了法庭，要求用人单位承担上百万元的巨额赔偿(包括员工培训等费用)。经过多次开庭调解，马丽最终一次性赔偿原单位各项损失10万元，原单位不再追究马丽的责任。而其他诉讼案件，还在进行之中。

　　资料来源：银行职员集体跳槽吃官司[N].扬州日报，2014-2-17.

■ 六、过程

　　一般企业产品的生产过程和营销过程是分离的，但金融企业的营销过程往往也是金融产品的消费过程，由于服务无法储存，所以金融服务的提供和消费就是无法分离的同一个过程。以理财业务为例，理财师需要了解客户资产状况和风险偏好，在此基础上制定适合客户的理财规划，或推荐相应的理财产品。在这个过程中，应倾听、了解客户，发现客户的问题和需求，与客户共同讨论理财方案，要不断地与客户进行有效沟通，沟通过程的良好与否直接决定客户能否接受理财方案或购买理财产品。

　　对于提供服务的企业，过程管理非常重要，因为客户会把过程体验也当作服务质量的一部分，金融企业需要合理地组织、积极地协调控制，有效控制服务的各个环节，使服务提供的过程顺畅，保证营销工作的顺利完成。有些金融企业在提供服务过程中，由于服务流程出现问题，导致客户不满，甚至投诉，长此以往，必然导致客户的流失。

■ 七、有形展示

金融产品的无形性，使得金融企业总要想办法给客户留下更为直观的印象。无形的金融产品确实需要通过一些有形的元素来展示，使无形的金融服务尽可能地有形化。有形展示的策略涉及很多方面，首先给客户留下印象的是实体环境以及提供服务时需要的实物设备。例如，银行建筑、装修特点、服务区域安排、告示牌、信息屏幕以及颜色、声音、服装等，还有一些实体性线索，如标志、提示等。

如果金融企业有一个清晰可辨的外观，客户就很容易发现企业的分支机构在哪里；如果营业场所井然有序，客户就很容易产生信赖感；安放先进的电子设备，可以帮助客户得到更为迅速的服务。事实证明，良好的有形展示对增加销售是有效的。例如，银行大楼往往是高耸庄严，给人肃然起敬的感觉，这是因为银行经营的是信用业务，而信用的基础是信任，一个看起来有雄厚实力的银行会让客户更加放心。

知识链接1-2　　　　　**香港金融圈的建筑外观之争**

"风水第一"的汇丰银行随着香港的兴盛而兴盛，可是在20世纪80年代后期却遇到了对手——中国银行。据称当年英国政府特意将中环位置极小、交通较差的一块地方给中国银行，建筑预算也只有区区1.3亿美金，但美籍华人设计师贝聿铭却出乎意料地设计出了造型独特的高楼。在建筑风水上，造型尖锐的中银大厦如同一把三面刀刃的钢刀，充满杀气。

1985年起动工的中银大厦，刀刃一面指向汇丰银行，其时汇丰业绩突然倒退，股价随之大跌。请教过风水师后，汇丰颇有创意地在楼顶架起两个"大炮"，与中银形成"刀炮之战"。

上例中，汇丰银行的业绩倒退有巧合的成分，"风水"一说也有很强的主观色彩。但中银大厦以其独特的建筑外观吸引众人的目光，已经成为香港的地标式建筑，而其与汇丰大楼不得不说的故事，也使中银大厦赢得了更多的瞩目。

■ 本章小结

20世纪50年代至60年代是金融营销萌芽阶段，20世纪70年代—80年代是金融营销发展阶段，20世纪90年代以来是市场营销成熟阶段。

金融营销是金融机构对金融产品的营销活动，指金融机构以市场需求为基础，以客户为核心，利用自己的资源优势，满足客户的金融需求，从而实现金融机构的盈利和发展。

金融营销涉及至少三个要素，金融营销的主体——金融机构，金融营销的客体——金融产品以及金融市场。

金融营销的特点有：营销客体的无形性、金融产品的不可储存性、交易的持续性、买卖双重营销。

金融营销组合中有7个要素：产品、价格、分销、促销、人员、过程、有形展示。

思考题

1. 金融营销有哪些特点？
2. 金融营销7P要素组合策略的内容是什么？

案例讨论

服务不专业投诉率居高不下　金融机构服务质量有待提升

银行窗口排队等候时间过长、ATM等自助设备故障修复不及时，银行保险理财产品销售误导、车险定损理赔纠纷频发……近几年来，伴随着公众金融服务需求的爆发性增长，金融机构的服务质量问题引起广泛关注。

服务不专业投诉率居高不下

上海网友"Vicky"最近很恼火。她日前在中行存取款一体机进行现金存款后，发现竟然没有到账，于是致电客服。然而，中行电话客服的回复却是：周末没有人上班，周三前才给答复。当她问如何处理时，客服竟然称："此类事故时常发生，银行不会拿你这点钱！"

类似"Vicky"的遭遇不是个例。媒体报道称，有银行卡用户在ATM取钱时遭遇吞卡，致电客服后，客服表示要过两天才能处理。而当持卡人打电话称ATM多吐了钱时，银行工作人员不到半小时就赶来处理了。金融从业人员的不专业也饱受消费者诟病。江苏的李女士因为孩子在日本留学，需要购汇日元并直接汇款到孩子的银行卡里。比较了几家银行后发现华夏银行免收电报费150元，手续费也是最低的千分之一。然而，购汇30万日元后却被收取了20.29元人民币和5500日元的其他费用。咨询客服，客服也表示不清楚。在她投诉到媒体后，华夏银行才告诉她，5500日元的费用包括每笔业务3000日元的费用和日本银行收取的2000日元费用。"既然有标准，为什么不提前告知呢?而且我咨询后也没有得到专业的回复。"李女士说。正是没有重视消费者的金融服务诉求，金融服务业的投诉也一直居高不下。根据中消协的分析，银行服务投诉已从最初的排长队问题延伸到银行卡收费、理财产品误导、ATM资金安全等专业性更强的问题上。而在保险服务方面，销售误导和理赔难依旧是投诉大户。根据中国保监会的统计，2013年上半年，保险消费者反映投诉事项共10 451个，同比增长了54.78%。其中，理赔纠纷投诉3055个，占财产险公司合同纠纷类投诉的79.31%；销售误导2067个，占人身险公司违法违规类投诉的91.26%。

服务品质滞后于需求，亟待提升

针对金融服务业存在的问题，监管部门和相关金融机构也在积极改进。中国银行业协会专职副会长杨再平介绍说，为了提升银行业服务水平，各银行金融机构2012年共完成了300多个流程优化项目的流程改造，主要包括开销户、柜面服务、个人信贷、银行卡、投资理财等多个环节。同时，进一步深化了"小前台、大后台"的服务作业模式，缩短了客户办理业务时间，提高了服务效率。在改进服务过程中，各银行除了力推普惠金融，保障残障人士的金融服务需求，还积极创新，突出个性化服务。亮点纷呈的个性化服务，提供给老百姓全新的服务体验，创造了新的服务价值。保险业也在积极地通过专业服务来争取客户，以实现逆市增长。"从全行业整体情况看，银行的服务水平、环境、质量都有了明显的提高。但银行服务改进工作在总体上仍然滞后于社会大众日益增长的金融服务需求。"杨再平说，如服务效率与消费者预期有差距、理财产品销售存在误导现象、电子银行安全性及人性化服务有待加强以及客户信息保护机制有待进一步完善等问题仍然不同程度地存在。为此，中国银行业要进一步提高对金融消费者服务的重视程度，认真查找差距，审视问题，不断改进客户服务。

中国保险行业协会也表示，保险业目前处于结构调整和行业转型的关键历史时期，下一步将强化行业自律，切实提升保险服务质量和满意度。

案例资料来源：聂国春. 服务不专业投诉率居高不下　金融机构服务质量有待提升[N]. 中国消费者报，2013-9-16.

案例讨论题：

1. 金融营销的根本目的是什么？
2. 如何应对金融营销中的投诉问题？

⋮⋮⋮ 推荐读物

(美)杰·纳格德曼(Jay Nagdeman). 金融服务营销实务[M]. 张韬等译. 北京：对外经济贸易大学出版社，2013.

⋮⋮⋮ 本章参考资料

1. (美)艾沃琳·艾尔林奇(Evelyn Ehrlich)，杜克·范纳利. 金融服务营销手册[M]. 王国胜，缪成石，赵健明译. 广州：广东经济出版社，2009.

2. (美)杰·纳格德曼(Jay Nagdeman). 金融服务营销实务[M]. 张韬等译. 北京：对外经济贸易大学出版社，2013.

3. 安贺新，张宏彦. 商业银行营销实务[M]. 北京：清华大学出版社，2013.

4. 李小丽，段晓华. 金融营销实务[M]. 天津：天津大学出版社，2012.

5. 陆剑清. 金融营销学[M]. 北京：清华大学出版社，2013.

6. 潘海英. 我国商业银行营销管理研究[M]. 武汉：武汉大学出版社，2010.

7. 孙国辉，李煜伟.金融企业营销管理[M].北京：北京大学出版社，2008.

8. 王方华，彭娟.金融营销[M].上海：上海交通大学出版社，2005.

9. 杨米沙，张丽拉，刘志梅，栾淑彦.金融营销[M].北京：中国人民大学出版社，2011.

10. 叶伟春.金融营销[M].北京：首都经济贸易大学出版社，2012.

11. 周建波，刘志梅.金融服务营销学[M].北京：中国金融出版社，2005.

12. 周晓明，唐小飞.金融服务营销[M].北京：机械工业出版社，2011.

第二章
金融业营销环境分析

本章学习目标

- 了解金融营销环境的分类及特点
- 掌握金融营销环境的宏观分析
- 掌握金融营销环境的微观分析

本章主要概念

金融营销环境、PESTN分析法、SWOT分析法

欧美制裁俄罗斯的大赢家：中国银联卡

西方认为，制裁正使俄罗斯变得越来越孤立。然而，事实真的是这样吗？俄罗斯与金砖国家盟友签订了去美元协议以及贸易协定，并同时对欧美进行制裁反击。

俄罗斯亿万富翁Gennady Timchenko受到了欧美旅行禁令和资产冻结的影响，他已决定撕毁他的Visa卡和Mastercard卡，使用中国银联信用卡。他表示，在某些方面，银联卡比Visa更安全——至少美国人管不了它。

美国的制裁名单给俄罗斯大亨及其妻子带来了麻烦。俄罗斯总统普京在2014年4月17日的公开发言中称，由于信用卡被锁，Gennady Timchenko的妻子甚至不能为手术付款。普京称这次事件是对人权的侵犯。

美国金融博客Zerohedge称，尽管奥巴马希望对俄罗斯寡头的制裁可以给普京带来内乱的局面，但这或许只会将普京逼入生存模式，并给西方带来重大影响。

资料来源：欧美制裁俄罗斯的大赢家：中国银联卡. http://gold.jrj.com.cn/2014/08/04073817732389. shtml，2014年8月4日.

第一节　金融业营销环境及特点

在金融营销过程中，首要的一件事情就是对营销环境的把握。因为金融企业所处的营销环境是在不断变化的，这种变化有可能是对金融企业有利的，也有可能是不利的。有利的市场环境可以给金融企业带来新的发展机会，而不利的环境可能会使金融企业面临经营困境。但现实中，营销环境中往往是机会与威胁共存的。而且，不同的金融企业面临环境变化时的处境也是不一样的，某些环境变化对某类金融企业是有利的，对其他金融企业可能就是不利的。

了解所处的环境是金融企业市场营销的基础。金融企业在熟悉所处的环境基础上，才能够制定适当的营销策略，从而达到经营目标。分析金融企业营销环境及其特点是金融企业发展的前提，在金融企业市场营销中起着基础性的作用。

■ 一、金融营销环境的内涵

(一) 金融营销环境的概念

菲利普·科特勒对企业营销环境的定义为："营销环境是由企业营销管理职能外部的因素和力量组成的。这些因素和力量影响营销管理者成功地保持和发展与其目标市场顾客交换的能力。"

我们可以认为，金融营销环境是指影响金融企业营销的因素的总和，也就是一切推动或制约金融企业营销活动的外部因素的集合，是影响金融企业生存和发展的各种外部条件。[①]

(二) 金融营销环境的分类

金融企业要想进行成功的营销，首先就要分析营销环境，金融企业营销环境的分析涉及的内容非常多，大致可以分为两大类：宏观环境和微观环境。

宏观环境是影响金融营销的各种社会因素及自然因素，包括政治环境、经济环境、文化环境、技术环境、自然地理环境等因素。宏观环境的特点是影响广泛，如利率市场化对所有的金融企业就都有影响。

实例2-1 **利率市场化对于金融机构的冲击有多大**

利率市场化将为保险行业带来广阔的发展空间。作为外资保险公司中的"领头羊"，友邦保险首席市场官张晓宇指出，2013年8月保监会逐步放开利率市场化，这令保险行业有了更大的发展空间。不过，放开后许多小公司的业务发展步伐较为激进，这使得行业需要去思考一个问题，那就是除了传统意义上的提高投资收益之外，保险公司自身运营的价值链到底是什么？同时，从普通投资者的感受来说，目前金融市场"重当前利益、轻风险提示"，金融机构对客户的引导有所欠缺。

银行方面，中国农业银行金融市场部副总经理彭向东表示，在大资管时代中，包括基金、信托及私募等7类经营主体的实际差异表现明显。面对相互竞争关系和外部的压力，银行有望进行积极转型。

不得不说，在利率市场化的大势下，整个商业银行，特别是零售银行这块，其有望变成一个财富管理平台。但是，在这过程中，银行业又将受到多大的冲击，中央财经大学中国银行业研究中心主任郭田勇认为其难以预料。从境外市场的经验判断，美国在20世纪60、70年代的利率市场化之前，有约9000家银行，但现在只有3000多家，下降的幅度非常大。不过，利率市场化也给了部分银行壮大的机会。例如美国富国银行在70、80年代的美国利率市场进程中，通过做小微金融将根基打得非常扎实。银行需进行多元化差异化的经营，但其怎样将财富管理这块业务稳定住，不光是得会开药方，关键还得产好药，这是对银行的考验。

资料来源：张苧月.利率市场化对于金融机构的冲击有多大？[N].上海证券报，2014-3-24.

微观环境是与金融营销具体活动直接相关的因素，包括客户、竞争者以及金融企业的内部环境。微观环境直接影响金融企业的营销活动，微观环境影响因素表现得具体而直观。

例如，当某个客户或一些客户对金融企业的营销活动不满意，他们就会以投诉甚至撤销账户的方式来表达，这些行为会直接影响金融企业的营销业绩和企业声誉。而金融企业

---

① 安贺新，张宏彦.商业银行营销实务[M].北京：清华大学出版社，2013.

就需要反应敏捷，立刻有效处理这些问题，挽回企业的声誉。

■ 二、商业银行营销环境的特点

金融企业要全面认识所处的营销环境，就需要把握营销环境的特点，金融企业的营销环境具有客观性、复杂性、动态性及不可控性等特点。

(一) 客观性

客观性是指金融营销环境的存在是不以某一个金融企业的意志为转移的。以经济大环境为例，重要的经济指标状况都会影响金融企业的经营，如国民经济的增速、通货膨胀率、经济景气周期，这些因素都不是能由哪一家金融企业来决定的，金融企业需要对这些客观环境因素进行预测和判断，并作出针对性的战略调整。有些金融企业的预测还常常被其他业界人士当作重要参考，像著名的金融公司——高盛和摩根士丹利，在经济信息预测方面就受到全世界的关注。

实例2-2 高盛与摩根士丹利预测2015年中国经济增速为7%

"低通胀(Low Flation)"被高盛与摩根士丹利同时视为2015年全球经济增长面临的最大风险，摩根士丹利更是提出世界经济或呈现出"三不"局面——"不稳(Bumpy)、不高(Below Par)、不强(Brittle)"。高盛虽然乐观预期2015年全球经济将加速增长，但国家间差距会进一步拉大，美国经济"领头羊"的地位越发显现。

对于2015年中国的经济表现，高盛与摩根士丹利均预测经济增速为7%，增长持续放缓将成为主要趋势，房地产与信贷失衡问题仍然存在。对于人民币汇率的走势，摩根士丹利认为2015年将维持缓慢平稳的升值，而高盛则预测上半年人民币会出现技术性贬值，全年走势"先贬后升"。

虽然市场对美联储加息预期不断升温，但高盛与摩根士丹利均表示2015年美联储将继续维持宽松政策，摩根士丹利预期美联储加息时间为2016年1月。

对于2014年美元带来的牛市盛宴，摩根士丹利方面认为2015年美元将继续走强。"美元的牛市才刚刚开始，毕竟之前已经熊市了30多年，现在是时候继续上涨了。"对此，高盛则更加未雨绸缪地表示："虽然2015年美元仍是主旋律，但美国可能不会乐于见到美元的大幅升值，过度强势可能会引发贸易保护主义的抬头。尽管目前美元的上涨并未引起美国的过度关注，但是如果美元持续升值的话，立法者可能会对此作出侧面回应。"

在2015年经济预测报告中，摩根士丹利对于今年油价的预期仍保持在每桶88美元的高位。该行经济学家专家组发表预测称："2015年国际原油价格将反弹回每桶85美元左右。"

然而，高盛却认为，虽然目前无法预计油价将跌至什么水平，但较为肯定的是，油价将低于此前每桶80～85美元的预期价位。

资料来源：李燕华. 高盛与摩根预测2015年中国经济增速为7%. 新浪财经，2015-1-12.

(二) 复杂性

金融营销环境的范围很广，所有可能会影响金融企业经营业绩的因素都需要关注，这些因素不仅范围广、数量多，而且还会彼此相互作用和联系。在进行环境分析的时候需要综合考虑各种因素，进行辩证分析。例如利率变动本身就会影响到商业银行的存贷款业务和理财业务，另一方面，利率变动还会影响股市，而股市资金流动的变化又会对银行资金产生影响。金融业环境的复杂性只有业内专家才能充分了解。从市场分类看，资本市场与货币市场会互相影响，也存在资金竞争。从行业看，银行、证券、保险、信托等行业互相联系、互相影响，既存在竞争，又存在合作。例如，保险业如今的发展已经离不开银行，银行保险销售渠道已经成为很多保险公司增长最快的销售渠道，虽然会导致部分银行存款转为保险资金，但银行却因此发展了中间业务，赚到了手续费。

实例2-3　2014年金融业盘点：银行、股市、理财均火热

2014年的金融业可谓战火不断，好戏连台。如果用一个字来概括的话，就是都曾经很"火"。年初，余额宝开始火热，并带火各种"宝"类理财产品，与银行展开"吸储大战"。银行也不示弱，很快作出反击，推出多款类似余额宝的T+0式高收益理财产品。互联网理财P2P紧随其后，动辄20%的高收益率让人眼前一亮，也让银行理财和"宝宝军团"黯然失色。最火的莫过于岁末突然而至的牛市，股市冲破3100点，惹火全民炒股。越来越多资本涌向股市，却愁煞货币基金。股市热潮影响下，货币基金频遭赎回风险。年底，货币基金还是以安全性扳回一局。保险业为冲规模，也频推趸缴理财业务，上演年底最后一搏。

回眸2014年的金融业，银行、股市、基金、保险、理财，既有各自的火热，又有关联的火热。

资料来源：刘素宏.2014金融业盘点：银行、股市、理财均火热[N].新京报，2014-12-24.

(三) 动态性

金融营销环境始终处于变化之中，总有一些环境因素在发生改变，变化才是金融营销环境的常态。例如，产业机构在不断发生变化，20世纪80年代的改革开放使外向型经济部门成为银行信贷扶持的重点，到了90年代末启动内需成为新的重点，21世纪又开始强调绿色信贷政策。再如，中国保险业最初的发展重点是财产保险，当居民富裕起来，对生活品质要求变高的时候，人身保险变得越来越重要。营销环境总是在变化的，对于金融企业而言，唯有应对变化、应对挑战是不变的法则。

(四) 不可控性

通常情况下，营销环境是金融企业无法控制的外部影响因素。宏观环境状况要看一国乃至全球的发展情况，即便微观环境也存在很多不可控性，如客户的需求和竞争对手的

行为就是很难控制的。如果一个商场的客户走进商场，他可能没有想买任何东西，只是闲逛，店员的热情促销有可能打动他，使他消费。而金融消费则不同，客户的目的性更强，金融消费者一般不会到一个金融场所去无目的地闲逛。客户走进一家金融企业往往就带了很强的目的，已经准备好办理某种业务了。即便金融企业通过营销打动客户，出售了产品，前提也是客户有这方面的潜在需求。所以，客户的需求决定于客户而非金融企业，推荐客户不需要的金融产品最终是不可能真正成功的。曾经有客户经理把15年期的保险产品推荐给80多岁的老人，当老人回家弄明白是怎么回事之后，就找客户经理要求退保。

实例2-4 "土豪"为避税买巨额保险

一份千万元保险单的投保人和被保人都是年仅22岁的女孩小华(化名)。据了解，小华的父母是私营企业主，他们一次性支付1000万元，为独生女投保的这份巨额保单是为期一年的短期险。投保期间，如果被保人身故，可以返回本金，另外获得187万元保险赔付金。如果没有意外，一年后可以享受3.5%的固定收益。

不少富人买保险还有更令他们心动的理由：可以避税避债。根据《中华人民共和国保险法》规定，保险赔款免缴个人所得税，以后即使开征遗产税也可以免缴。此外，保险的受益人可以指定传承资产。即使企业以后经营不善破产，受益人获得的保险金不属于被保险人的遗产，也不用清偿被保险人生前债务。这相当于在企业财产和个人财产之间建起了"防火墙"。

资料来源："土豪"为避税买巨额保险. http://www.hzins.com/study/detal-90548.html，2014-3-4.

第二节 影响金融业营销的宏观环境分析

金融业营销的宏观环境分析方法主要有两种，一种是PESTN分析法，一种是SWOT分析法。

一、PESTN分析法

PESTN分析法主要针对影响金融营销5个方面的因素，包括政治环境(Political)、经济环境(Economic)、社会文化环境(Social)、技术环境(Technological)和自然环境(Nature)。

(一) 政治环境

历史唯物主义认为，经济基础决定上层建筑，但上层建筑也会反作用于经济基础。金融企业的经营总是要发生在某一个国家或地区，就不可避免要受到该国的政治、法律层面的影响和制约。金融企业的营销人员首先要了解面临的政治局势，遵守一国的法律规章，成功经营的前提是合法经营。

广义的政治环境包含金融营销面临的所有外部政治局势，既包括国内政治环境，也包括国际政治环境。具体来说，一国政局是否稳定会影响金融企业能否稳健经营。例如，在某一次非洲国家的政变中，中国的驻非企业遭受了惨重的损失，而相关银行贷款项目也成为不良贷款。还有，政府的政策颁布或调整也会影响金融企业的市场营销，某些国家在颁布了遗产税法律后就会出现富翁争买保险、信托避税的现象。金融企业经营中，不仅要关注国内政治环境，也要关注国际政治环境变化，规避风险，抓住机遇，拓展营销成果。

政治环境不仅包含了政治局势和政府政策，还包括法律环境。金融企业的人员应熟悉各类法律规章。从守法经营角度，金融企业自身经营要遵守经济、金融法律法规，开展业务要在法律允许的范围内进行。从了解客户角度，金融企业的相关人员还要了解主要客户所在行业的相关法律，对于有违背法律行为的客户，在信用评价上要格外慎重。法律的制约对金融企业营销影响深远，美国的金融企业因为规避金融法律制约而在20世纪70年代掀起了金融创新热潮；德国的法律允许混业经营，于是该国就出现了一些"金融航母"般的大型银行。

随着金融国际化趋势的推进，越来越多的金融企业开始跨国经营，或在国内办理国际业务，国际业务的经营还要遵循国际惯例。

(二) 经济环境

经济环境包括影响金融企业营销的所有外部经济因素。金融企业所需要关注的经济环境要素包括很多方面。

1. 基本经济状况

一国的基本经济状况包括基本经济制度、经济结构、经济发展阶段等。基本经济制度包含了所有制及收入分配制度等，这些因素对经济行为影响深远。例如，在中国，基本经济制度是公有制，所以国有企业占据了先天的优势，金融企业总是乐于跟大型国企建立合作关系。经济结构也会影响金融行为，国家重点扶持的产业和发展迅速的产业会优先得到金融资源，发达国家一般第三产业比较成熟，这些国家就有很多为第三产业服务的金融机构和产品；而一些贫困国家，银行还在与高利贷做斗争。经济发展阶段决定了大部分客户的需求特点，在发达国家金融衍生产品已经为普通人所熟知了，而欠发达国家和地区的客户需要的主要是基本的金融产品，甚至有些地方的客户连基本金融产品都得不到满足。诺贝尔和平奖得主尤努斯之所以成立一家"穷人的银行"，就是基于孟加拉的发展现状，很多人还挣扎在赤贫线上，而格莱珉银行的贷款成功解救了他们。

2. 经济指标情况

金融企业需要关心经济景气周期、经济增长态势的状况和变化，通过关注基本经济指标，可以对一国的收入状况、分配情况进行判断和预测，这些指标包括GDP、CPI、人均国民收入、贸易顺差或逆差、储蓄率等。

GDP增速是金融业非常关注的问题，如果预测GDP增速会放缓，银行发放信贷就会慎重考虑，证券投资者在估计股指上涨程度时也不会非常乐观。CPI的上涨意味着金融产品的实际利率是下降的，因此CPI较高的年份，低利率的金融产品就会格外不受欢迎。人均国民收入的高低决定着普通居民个人的财富积累状况，一般人均国民收入迅速上升的时期，居民对金融产品的需求也会急速上升。国际贸易状况会影响外向型企业的发展，还会影响汇率和外汇业务的发展。

金融企业对经济环境充分地了解和分析，对未来的经济环境变化进行合理的预测，有助于金融企业恰当、灵活地调整营销战略，提升营销业绩。

3. 国际经济环境

在经济全球化的浪潮下，金融市场的国际关联性越来越高，一国的金融态势有时也会受到国际金融市场的影响。例如，金融危机有时也会存在跨国传导机制，2008年的次贷危机虽然对我国金融企业的直接影响不算很大，但是由于发达国家消费减少导致出口企业经营业绩下滑，一些沿海地区的银行的外向型企业客户就无法及时归还银行贷款了。例如美国股市上涨，有时也会影响其他国家投资者的信心，导致其他国家股市股指的上涨；反过来，如果美国资本市场出现问题，也会连累其他国家的金融资产。

实例2-5　　高盛令利比亚主权基金亏损高达98%

据《华尔街日报》得到的内部备忘录，当2008年雷曼兄弟倒闭、信贷市场冻结时，利比亚与高盛合作的投资几乎损失殆尽。其中，相关证券的价值猛跌，所有的交易都在赔钱。而到了2010年2月，上述利比亚主权财富基金的投资价值仅为2510万美元，跌幅达到98%。

显然，利比亚方面对高盛倍感愤怒。利比亚主权财富基金的员工认为，高盛已经歪曲了投资和贸易，且"没有适当的授权"。在的黎波里，利比亚投资局的一名高管与高盛的两名官员发生了冲突，高盛的官员对此十分恐慌，不得不向上司作电话请示。而在他们翌日离开利比亚前，高盛还为他们安排了一名保镖。

高盛不希望与利比亚的关系变糟，最终向利比亚提供了六个选项来挽回损失，其中一个选项就是令利比亚主权财富基金成为高盛的最大股东之一。

资料来源：金霁. 高盛令利比亚主权基金亏损高达98%[N]. 广州日报，2011-6-1.

（三）社会文化环境

社会文化环境主要是指影响金融营销的社会文化背景，主要包括社会中人口分布及构成、风俗传统、道德准则及价值观、信仰状况、人民受教育程度、消费习惯等。

文化环境是在人们长期的社会实践中逐渐形成并丰富起来的，是一种历史现象的沉积，不同社会文化背景下成长起来的人们会有不同的价值观念、伦理道德、行为习惯，这些也会影响金融消费和金融产品的选择。

一个社会中人们长期形成的基本观念和行为取向是不容易更改的，传统的价值观念及对道德和金钱等问题的判断会影响人们对金融产品的认可程度，也会影响金融消费习惯。

例如，在中国改革开放前，人们对个人借贷是持消极看法的，负债被看做是生活不好的状态，但在20世纪90年代之后，消费信贷的发展更新了人们的观念。由此可见，传统观念不是不能被打破，如果金融企业确实推出了能为客户解决问题的金融产品，创新是可以被接受的。

另外，宗教信仰对金融行为的影响也非常深远，金融企业在经营中要避免由于宗教信仰方面产生的矛盾和冲突，必要时，也需要为具有特定信仰的族群提供适合的创新金融产品。

(四) 技术环境

近几十年来，技术进步日新月异，为各个行业带来了冲击和机遇。对金融业而言，技术进步有两方面的影响，一是对金融企业自身发展的直接影响，二是技术进步对客户的影响导致的对金融企业的间接影响。

第一，技术进步影响金融业的经营效率。金融企业对计算机和网络技术的运用，极大地推进了金融业的效率，金融业以极快的速度更新换代，用微机操作代替了手工操作，业务的准确性和及时性大大提高。

实例2-6　　　　　新兴技术开启银行未来

虚拟化技术的全面使用

虚拟化技术是各银行数据中心普遍使用的技术。统计数据显示，截至2013年年末，三分之二以上的银行都增加了虚拟化技术的投入。

大数据云计算应用尝试

在光大银行率先使用Hadoop架构的应用来进行核心历史数据的查询后，农行设计了以Hadoop为基础架构进行网银历史数据查询的应用和后期对互联网金融数据的处理应用。

Hadoop是全球使用率第一、专为存储和海量数据处理硬件集群制定的开源软件框架。百度、淘宝、Facebook和Ebay都不同程度地采用了这个架构建立搜索引擎。

Hadoop框架并不只限于查询类应用，例如，摩根大通在Hadoop平台上进行反洗钱和风险控制的分析；摩根士丹利则在其上做投资组合分析等。总的来看，运用Hadoop框架能够将普通的服务器连接起来获得超级计算机的计算和存储功能；作为核心资料的大数据经过云计算或者数据挖掘后才能产生真正的商业价值，为银行创造财富。

资料来源：新兴技术开启银行未来[N]. 中国城乡金融报，2014-10-8.

第二，技术革新提升了客户管理水平。通过专门的客户信息管理系统，使金融企业能够有效地储存和分析客户信息，即便有的大型金融企业管理着数以亿计的账户，也可以有条不紊。

第三，技术变化促进了服务渠道的多元化。新式的通信技术和网络服务技术为金融企业提供了更多的接触客户的渠道，自助金融设备、网络金融服务、手机理财软件等多元化的渠道延伸了金融服务的可达性，满足了不同客户的金融需求。

第四，技术革新改变着客户选择战略。技术进步改变着产业结构，那些曾经被金融企业看重的行业或企业，可能因为技术落后而很快被淘汰出优质客户名单，而曾经不被看好的客户也可能在很短的时间里被重新定位为重点客户。

(五) 自然环境

自然环境分析的内容是影响金融企业营销的自然地理因素的综合。一国的自然环境包括地形、地貌、自然资源及气候条件等。自然环境对金融营销活动的影响非常大，例如很多保险合同都把地震、海啸等自然灾害列为不可抗力，不在赔付范围之内。由于自然资源禀赋的不同，一个国家或地区的产业结构也会受到影响，而为这些产业服务的金融企业也会推出与之有关的服务，例如，澳大利亚以出口铁矿石闻名，一家经营铁矿石的公司就获得了多家银行联手为之提供的采矿融资。

金融企业需要结合所服务当地的自然地理特点，推出相应的服务，解决客户的问题，满足客户的需求。

知识链接2-1 　　　　　　**海拔5373米的"汽车银行"**

从西藏首府拉萨到岗巴、墨脱等县域再到立有"世界之巅"纪念石碑的山南浪卡子县普马江塘乡，随着海拔的升高这里的生态环境逐渐恶化，人均寿命甚至不过50岁。

但有人生存生活就得需要钱，要脱贫建业就需要资金的融通，从在城市中各家银行业金融机构相互竞争获取利润，到农业银行一家几乎"包揽"了县域及以下农牧区的半政策性金融服务，他们通过马背银行、摩托车银行、自主取款点等手段和方式，实现了金融服务全覆盖的目标。

农行西藏分行浪卡子县打隆镇营业所海拔4300米，营业所只有四个工作人员。浪卡子县支行有八个营业所，打隆镇是其中之一，这里有98个行政村和163个自然村，如果将这些村子画圈的话，最远的一个距离镇上有167公里。

汽车银行给当地农牧民提供现场存款、转账的服务，虽然占堆所在的营业所已经实现了ABS网点，但每次到乡、村办理业务，因为网络不通、农牧民又不识字，存款转账现场都是先按手印，而后再电子化录入。有些也可以在现场办理小额贷款的"贷款证"，现场发证，但贷款取现还是需要到镇上的营业所。

■ 二、SWOT分析法

SWOT分析法是对企业的内外部环境进行评价，也被称为内外部分析法。它由S、W、O、T四个要素组成，分别代表优势(Strengths)、劣势(Weaknesses)、机会(Opportunities)和威胁(Threats)，也被称为强弱机威综合分析法。它是适用于银行竞争态势的分析方法，也是市场营销的基础分析方法之一。

这种方法用以分析金融企业在竞争中所处的态势，然后制定出相应的发展战略。这种分析方法常常以图形作为辅助，是一种较为直观的分析方法，如图2-1所示。

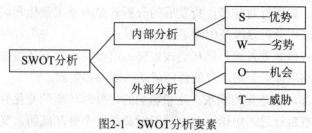

图2-1　SWOT分析要素

SWOT分析流程是先从内、外部两个角度进行分析，判断金融企业在竞争中所处的态势并得出结论，最后进行战略选择，如图2-2所示。

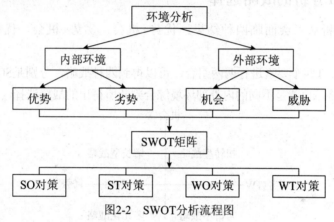

图2-2　SWOT分析流程图

(一) 内外部环境分析

1. 内部环境分析

内部环境分析就是对金融企业自身的优势(Strengths)和劣势(Weaknesses)进行分析；而外部环境分析就是对金融企业面临的外部机会(Opportunities)和威胁(Threats)进行分析。

内部环境分析也被称为S/W分析，金融企业在对比业内其他同行情况下，分析自身的优势和劣势，以便在营销中发挥优势，避开劣势。内部分析主要包括金融企业的资金实力、资产质量、业务构成、盈利能力、网点布局、客户结构、员工素质等。一般我们认为，网点分布广、资金实力雄厚、业务种类丰富、优质客户多的银行是具备优势的，但优势和劣势有时也需要辩证去看待，曾经一度中国的银行以员工众多、网点众多为荣，但到了20世纪90年代末，中国的大银行发现人多网点多有时会成为负担，尤其是某些网点亏损的情况下，于是当时的大银行纷纷实施了减员增效、撤并亏损支行的措施。

银行需要在制定营销策略时，充分发挥已有的优势，同时避开劣势，开展适合自身的营销活动，而不是盲目地与竞争对手攀比。

2. 外部环境分析

外部环境分析也被称为O/T分析，是金融企业在了解各种宏观、微观环境因素基础上，分析产品推广的潜力、盈利程度及风险状况等，从而得出适应外部环境或应对外部环境变化的营销策略。如银行对住房信贷发展的分析就要涉及工业化和城镇化进程对房价的影响；养老保险的推广分析就涉及中国老龄化问题。

外部分析的重点就是要发现外部机会或威胁，机会是指外部环境变化带来的金融消费需求，威胁是指外部环境对金融企业的营销活动的制约和阻碍。

内部环境与外部环境是互相联系、互相影响的，外部环境的变化有时也会引起内部环境的变化。例如外资银行进入中国，对中国银行业是一个外部威胁，又因为外资银行高薪挖角，造成部分中资银行人才流失，一定程度上削弱了中资银行的内部优势。

(二) SWOT分析的战略选择

经过环境分析后，会面临四种结果：优势+机会，劣势+机会，优势+威胁，劣势+威胁。

将S、W、O、T四个要素进行两两组合，可以得到四种战略，分别是SO战略、ST战略、WO战略、WT战略，也就是不同的内外部环境综合判断所得出的战略选择，如图2-3所示。

图2-3　SWOT分析的战略选择

1. SO战略(增长型战略)

金融企业内部有优势且外部有机会，适用SO战略，也就是增长型战略，即发挥内部优势，抓住外部机会。

2. ST战略(多元化型战略)

金融企业内部有优势，而外部威胁多于机会，适用ST战略，也叫多元化战略，即充分利用内部优势，同时避开外部威胁，多元化经营可以在不放弃原有市场的情况下拓宽业务领域，分散风险。

3. WO战略(扭转型战略)

金融企业优势不突出，但是外部机会又是存在的，这时应运用WO战略，要抓住机会发展，就需要扭转自身的预势，解决内部问题，或者避开存在劣势的经营领域。

4. WT战略(防御型战略)

当金融企业自身没有突出优势，又面临外部威胁时，运用WT战略，重视自身存在的问题，避免激进的营销策略，做好风险防范。

第三节 影响金融业营销的微观环境分析

■ 一、金融业客户需求与行为分析

(一) 客户需求分析

1. 客户需求的构成

(1) 资金融通

资金融通是很多金融企业的基本职能，银行、保险、证券、信托、财务公司等多种金融机构都可以通过业务运作进行融资。银行吸收存款、发放贷款，把社会闲散资金投入需要资金的部门；企业通过投行的帮助在证券市场卖出股票、债券达到融资的目的；保险公司收取众多投保人的保费，向少数发生损失的客户赔付，也可以看做有融资意义。

(2) 规避风险

客户的许多金融行为都是为了规避风险，就是最简单的存款都有着规避风险的意味。客户存款到银行不仅是为了获得利息，也是为了避免保管现金的风险。而更进一步的保管箱业务就为客户提供了更宽泛的资产保护功能。

企业购买金融期货避免市场变化导致的价格风险，个人购买保本理财产品也是为了最大程度地避免投资风险。

(3) 财富管理

财富管理包括多方面的内容：资产增值、收支安排及财产传承等。客户不仅要考虑自己的财富管理，还要考虑财产的传承问题。有的人因为没有事先做好财产传承规划，而使家人陷入窘境。在财产传承方面，保险、信托基金都是比较适合的金融工具。现在国内一些"富一代"正在着手创立一种被称为"败家子基金"的子女信托基金，事先为子女安排好未来的资金用途和资金支付方式，"富爸爸"们想要尽量避免子女们不善理财而导致的问题。实际上，这类财产传承金融产品在欧美国家由来已久。

实例2-7 **美国富豪怎样给子女留财产：创信托基金 捐慈善**

美国顶级富翁巴菲特的三个子女每人将得到20亿美元的由"亲爱的老爸"创立的基金。那么他们父亲剩下的钱呢？全部都捐给了慈善事业。

"我们在这一问题上的困扰似乎超过了其他问题。"一位千万富翁说。这位商人和他的夫人拥有数亿美元身家，他们希望能有一个家庭财政计划，既能照顾他们的子女，又不会将他们宠坏，以防两人突然出现不测。

受到巴菲特的启发，他们为正值大学年龄的孩子每人创立了一份250万美元的信托基金。基金由托管人管控，根据教育、医疗或是购入房产、创办公司等情况将一定款项交付

给子女。基金中暂未动用的钱财将继续用于投资。

在子女40岁之前，这些限制将一直有效。40岁之后，这些钱财才由他们随意支配。在子女二三十岁时，这笔资金是他们事业的起步资金，到了40岁，他们也就成熟到能够理智地处理钱财了。

除此之外，这个富裕之家的剩余财富将汇总为一笔基金，并最终由子女管理，但这笔钱只能用于慈善事业。

资料来源：美国富豪怎样给子女留财产：创信托基金　捐慈善[N]. 参考消息，2014-8-14.

(4) 金融服务

金融服务是金融企业利用自身的设备、信息等资源为客户提供的各类服务。金融机构承担了很多金融服务职能，例如证券公司的人员为投资人进行股票分析，银行为企业与个人提供各类结算服务等。

金融服务的内涵也在不断丰富，例如，过去转账结算服务的主要消费者是企业，但现在个人也在越来越多地使用信用卡、网上支付等方式进行结算。

2. 客户需求的层次

(1) 一般服务需求

一般服务需求是指客户对金融企业的服务需求仅仅停留在最普通、最常见的业务上，没有更高、更复杂的要求。对于这类需求金融企业可以用标准化服务来满足，例如银行为办理小额存取款的客户准备了自动存取款机，客户可以在自助设备上自己完成所有的操作。

(2) 优质服务需求

优质服务需求是指客户在满足了基本需求的基础上，对服务效率与服务态度提出的更高的要求。服务过程中的每一个细节都有可能影响客户的服务体验，例如，硬件设备的稳定性、员工的素质和服务意识、客户的等待时间长短等，都影响着客户对服务的质量评价。

实例2-8　　北京实行手机"挂号"进银行　市民不再"排大队"

用手机的GPS定位和移动互联网功能，就能直接在手机上"领号"，还可以实时掌握前面还有几人排队；银行用一张覆盖所有网点的网络，能实时了解各个网点排队的情况，并依据这些数据优化配置，节约市民排队时间。

"在新系统的手机银行客户端里，我们已经开始利用GPS定位和手机银行帮助用户缩短排队时间。"昨日，民生银行的新银行系统正式上线，现场工作人员一边说着，一边晃了晃手中的手机。

手机银行怎么能解决排队的问题？看见不少市民疑惑的表情，工作人员打开手机银行的客户端，单击"网点和排号"按钮。"魏公村支行，860米；中关村支行，1200米……"短短几秒钟之后，附近的银行网点已经显示在手机屏幕上。

"现在智能手机基本都内置了GPS全球定位系统，手机银行就是利用了这一功能，帮市民找到离自己最近的网点。"工作人员随后选择魏公村支行，单击"我要排号"的黄色按钮，手机屏幕上立即显示"获得个人储蓄业务排号，C063号"的字样，屏幕下方还有提示："目前排队人数：6。"

这一系统在一年多以前投入试运行时，工行网点的每人次平均排队时间为27分钟左右；而到2012年年底，人均排队时间已经降至16分钟。

资料来源：杨汛.北京实行手机"挂号"进银行　市民不再"排大队"[N].北京日报，2013-7-5.

(3) 个性化服务需求

个性化服务需求是指客户对金融服务有特别的要求，希望金融企业帮助定制专门服务。要满足个性化需求，意味着金融企业要把每一个客户当作一个细分市场，根据客户的具体要求来提供相应的服务。理财服务和私人银行服务就是典型的个性化服务，结合客户的风险偏好、理财目标、个人资产状况及投资经验，客户经理为客户提供的每一份理财方案都不可能是完全一样的。

个性化服务开展中也会遇到一些问题，金融企业往往不可能得到客户非常全面的信息，如果太过触及客户隐私，可能会招致客户的反感。另外，这种服务加大了员工工作的复杂性，而且过于分散的个性化服务导致金融企业成本的上升。所以金融企业需要先进行客户筛选，首先对高净值人士提供该类服务，等条件成熟之后，再逐渐地扩大服务范围。

实例2-9　私人银行：个性化服务拼争土豪

"私人银行"对很多人来说都是一个神秘的名词，私人银行并不是私人开设的银行，而是银行专门针对财富人群进行的一种私密、个性定制的高端财富管理服务。如何通过个性化服务赢得"富人"客户的青睐是其突围的关键。

相对于传统的个人金融服务，从投资配置到资产传承，私人银行都能根据客户需求制定个性化的金融服务。

在私人银行推出的业务中，海外留学和海外房产资讯等增值服务特别受到客户的青睐。私人银行会根据客户子女的兴趣爱好、特长表现等，为其筛选适合的国外名校，帮助客户与校方沟通，并协助办理相关手续。另外，部分银行也根据私人银行客户的兴趣爱好定制一些独特的旅行路线，受到客户的认可。

资料来源：闫瑾，岳品瑜.私人银行：个性化服务拼争土豪[N].北京商报，2010-11-13.

(二) 客户的行为分析

不同的个人客户进行金融消费的习惯和喜好都不一样，影响个人客户行为的因素非常多，主要有年龄、财富、受教育程度、生活消费方式、心理因素等。

(1) 年龄。年轻的金融消费者往往可以很容易接受新的金融产品，有时候是因为这些产品适合自己，也有的时候只是为了展现时尚。

(2) 财富。财富积累程度也会影响客户行为，一般在投资问题上，资金充裕的客户就可以考虑分散投资和分散风险，同时持有多种金融产品；但资金较少的客户就没有办法分散投资，就需要挑选最适合的金融产品。

(3) 受教育程度。一般来说，受教育程度较高的客户会更容易接受复杂的金融产品，他们不会简单地接受营销人员或客户经理的建议，而是会提出自己的想法，寻找自己满意的金融产品。

(4) 职业状态。工作忙碌与否和金融产品购买也有很大关系，有大量空闲时间的人有可能选择自己盯盘炒股票，而工作繁忙的人显然没有足够的时间，于是基金等专业理财产品就成为首选。

(5) 生活消费方式。有的客户在做任何购买决定时都喜欢货比三家，这些客户在金融产品选择时，也会精挑细选，不会冲动购买。还有的客户不喜欢出门，不喜欢麻烦，喜欢"宅"在家里，所有便捷的金融消费方式都会受到他们的欢迎。

(6) 心理因素。客户的性格、阅历、成长经历等会影响客户的金融消费心理，而这些心理因素会影响客户的购买选择，这些心理包括追求质量、追求实用、追求廉价、追求方便、注重品牌、注重信誉及猎奇心理等。例如，对于追求方便的客户来说，在选择保险产品上他们会倾向于一次趸交保费的产品。

■ 二、金融业竞争者分析

(一) 竞争者的数量

一个行业里竞争者数量的多寡，往往是由行业利润的丰厚程度决定的，在很多国家，金融业都是最赚钱的行业之一，所以竞争的激烈程度也很高。

竞争者的数量还和国家法律政策规定有关，如果一个国家对金融业设置严格的进入壁垒，竞争者的数量就会被控制；如果一个国家金融业进入壁垒较低，金融机构的数量就会增长迅速。中国曾经只有一家人民银行，自然不存在竞争，四大行时代，专业分工明确，竞争也不会激烈，但是20世纪80年代以来，由于金融业开放程度的增加，竞争愈演愈烈。以银行业为例，先是四大行打破专业分工，然后是股份制银行成立，外资银行进入，后来国家又鼓励村镇银行设立，这些都加剧了银行业的竞争。

金融业竞争者的数量还和金融市场发达程度有关，市场越发达，竞争者越多，美国就有许多社区银行，这些小银行成千上万。《华尔街日报》称美国银行数量最多时曾达到18 000家。

竞争者的数量多少不仅与金融业的利润有关，还于政策制度有关。实行分业经营的国家里，银行、证券、保险各自经营，没有直接竞争，银行的竞争者是其他银行，证券公司的竞争者也只是其他证券公司，但是实行混业经营的国家，竞争状况就会比较复杂。

　　另外，产业机构变化和技术进步也会催生新式竞争者，例如互联网金融的兴起，使得传统金融机构又要面临IT和电商背景的竞争者。

（二）竞争者的市场份额

　　市场份额就是每一个金融企业的业务量在市场上的占比。在每一种业务营销中，所有的竞争者面对的是同一个市场，一段时间里，市场的规模是有限的，如果一个金融企业想要扩大市场份额，就意味着要从竞争对手那里抢到客户，争取到业务。

　　为了争取更大的市场份额，金融企业会采取各种手段进行营销，同时会排斥新的竞争者进入行业。

（三）竞争者的营销活动

1. 竞争者的产品策略

　　金融产品有一个明显的特点就是易模仿性，往往一家金融企业推出了一种新产品，很快就会被模仿，这与金融产品的实质是服务有关系，所谓金融产品往往是一种服务安排，一旦公之于众，大家就会明白它的运作原理和过程，根本无法像工商企业那样去注册专利技术。这也是金融业竞争尤其激烈的原因。

　　所以金融企业需要不断地金融创新，不断满足客户的新的需求。以人无我有、人有我优的原则去进行产品研发、推广。

2. 竞争者的价格策略

　　价格竞争是对付竞争对手的常用方法，通过价格策略进行竞争，常常会让人想到低价策略，金融企业可以通过降低金融服务价格的方式，让利给客户，以此吸引客户。但也不是所有的低价策略必然成功，降价固然会吸引客户，但这些客户往往不是忠诚客户。大银行有时故意对小客户进行收费，这是一种排斥低价值客户的一种手法。例如花旗、汇丰等外资银行开始向小客户收取账户管理费后，中资银行并没有因为获得了花旗、汇丰不在乎的小客户而感到欣喜，它们也开始推出了小额账户收费的策略。

3. 竞争者的促销活动

　　促销有很多种方式，如广告促销、营业推广促销、公共关系促销、人员促销等。金融企业常常会推出各种促销活动，从竞争对手那里抢夺客户。

　　20世纪80年代起，为了竞争存款，中国的银行就纷纷推出过奖励储蓄等促销手段。90年代后，金融企业的促销手段更是层出不穷，车身广告、媒体广告、公益活动、存款送话费、存款送手机等，很多金融企业还竞相寻找合作伙伴、代言人等。

实例2-10　　保险公司代言人：李娜打头炮　成龙姚明当仁不让

泰康："娜"么不一样

作为泰康人寿形象代言人的李娜，每一次发球、每一个回击，都让"泰康人寿"四个字在她的袖口"挥舞"。当她举起那座用数不清的泪水和汗水换来的奖杯的那一刻，她球衣袖口上四字的中文标识"泰康人寿"也颇为耀眼，这四个字也将注定出现在世界各地的新闻窗口上，为世界瞩目。

国寿：追求"高大上"

早在2007年，中国人寿就将第一位全球代言人的橄榄枝递向了处于事业巅峰期的篮球巨星——姚明。选择拥有高大形象的姚明作为代言人，用当下最流行的网络语言"高大上"(高端、大气、上档次)来形容再贴切不过了。

太平：目标国际化

总部设在香港的太平保险将选择代言人的目光投向了走向国际的成龙大哥。签约成龙，太平既提升了品牌知名度，也通过成龙搭建起了和消费者之间的沟通桥梁，使更多消费者了解太平。广告以太平树的成长作为贯穿全片的主线，分别截取了香港、上海、北京、澳门、新加坡和英国等不同地域场景。和平、国际化作为主基调的广告片一经播出便大受好评。

平安：将"亲民"进行到底

2012年，凭借"中国好声音"而声名大噪的平安，用他清亮的嗓音和"邻家大哥"的清秀气质走红。从他一出来，观众便纷纷表示他好似天生就是要为平安保险做代言人一样，"平安就是'分分钟'在为平安保险做广告啊"！和平安保险的其他形象代言人——"葛大爷"葛优、"国民媳妇"海清一样，平安也足够亲民。

资料来源：保险公司代言人：李娜打头炮 成龙姚明当仁不让[N]. 证券日报，2014-1-30.

▦ 本章小结

金融营销环境是指影响金融企业营销的因素的总和，也就是一切推动或制约金融企业营销活动的外部因素的集合，是影响金融企业生存和发展的各种外部条件。

金融企业营销环境大致可以分为两大类：宏观环境和微观环境。金融企业的营销环境具有客观性、复杂性、动态性及不可控性等特点。

金融业营销的宏观环境分析方法主要有两种，一种是PESTN分析法，一种是SWOT分析法。PESTN分析方法主要针对影响金融营销的5个方面的因素，包括政治环境(Political)、经济环境(Economic)、社会文化环境(Social)、技术环境(Technological)和自然环境(Nature)。SWOT分析法对企业的内外部环境进行评价，也被称为内外部分析法。它由S、W、O、T四个要素组成，分别代表优势(Strengths)、劣势(Weaknesses)、机会(Opportunities)和威胁(Threats)，也被称为强弱机威综合分析法。

经过环境分析后，会面临四种结果：优势+机会，劣势+机会，优势+威胁，劣势+威胁。

将S、W、O、T四个要素进行两两组合，可以得到四种战略，分别是SO战略、ST战略、WO战略、WT战略，也就是不同的内外部环境综合判断所得出的战略选择。

微观环境是与金融营销具体活动直接相关的因素，包括客户、竞争者以及金融企业的内部环境。

⣿ 思考题

1. PESTN分析法包含哪几个要素？
2. 如何对一个金融企业进行微观环境分析？

⣿ 案例讨论

尤努斯：为穷人服务的银行

普惠金融的成熟与流行，在很大程度上归功于其首倡者、孟加拉国的诺贝尔和平奖得主穆罕默德·尤努斯(Muhammad Yunus)。2012年，在NU SKIN如新集团举办的第三届大师趋势论坛上，尤努斯作为主讲大师，同在场听众与广大公众分享了"社会化企业"的理念与实践。

1976年，尤努斯还是孟加拉国吉大港大学的经济学教授，在走访学校附近的乔布拉村的时候，他将个人的27美元贷给了当地42位贫困妇女。

谁也没有想到，这一小小善举竟成为"小额信贷运动"的第一笔贷款，而这场日益壮大的运动，日后为尤努斯赢得了"穷人的银行家"这一美称。

尤努斯发现，贫困者最大的困境是缺乏摆脱贫困的手段。许多贫困家庭本可以搞一些手工业等小本经营，但就是缺少启动资金，事实上，这笔钱的数目根本不大。

可问题就出在这里，恰恰由于金额太小，世界上几乎没有一家银行或正规贷款机构愿意发放这样的贷款。这一方面是因为放贷方的收益微不足道，算上成本几乎无利可图；另一方面是因为传统上认为穷人的信用水平低、还款能力差，收回贷款的风险很高。

"我问银行，你们为什么不借钱给这些穷人呢？银行说不行，因为穷人缺乏信用。我跟银行讲了很多次，银行都不理会我。"尤努斯在论坛上回忆说，"最后，我就跟银行说，我来作担保，这些借据我都会签，如果这些人不还钱的话，银行可以来找我追账，我会负责付清款项。终于，银行同意了，现在穷人可以向银行贷款，但前提是必须由我来作担保。"

随着担保的金额越来越多，银行开始限制尤努斯担保的贷款总数。于是他想，为什么不自己创立一个银行呢？他同孟加拉国政府沟通了几年，终于拿到了银行业执照，建立了世界上第一家专门向穷人服务的银行——孟加拉乡村银行(也叫做格莱珉银行)。

1983年，孟加拉乡村银行开始放款，从此"一发不可收拾"。2012年，该银行借款人总数高达850万人，其中97%是女性，每年的放贷金额达到了12亿美元。

这家"穷人银行"的迅猛发展打破了人们对银行业的思维定势——银行是为有钱人服务的，是钱生钱的地方。"穷人银行"证明，银行也可以是为穷人服务的，也可以是诞生希望的地方，而且，这种模式是可持续的。

"钱从哪里来？"尤努斯说，"除了放贷，我们也吸收存款。这些存款都是来自村子里的钱，而不是来自大城市的钱。与此同时，贷款的还款率非常高，97%的人都会还钱，我们的坏账率还不到1%。"

孟加拉乡村银行也有董事会，其成员都是借款人相互推选出来的。"全世界没有一家如此规模的银行，它的董事大部分是贫穷的农村妇女。"尤努斯说。

案例资料来源：尤努斯：为穷人服务的银行. 和讯网，2013-12-2.

案例讨论题：

1. 环境对金融企业经营有什么影响？

2. 格莱珉银行是否改变了当地的经济环境？

推荐读物

安贺新，张宏彦. 商业银行营销实务[M]. 北京：清华大学出版社，2013.

本章参考资料

1. 安贺新，张宏彦. 商业银行营销实务[M]. 北京：清华大学出版社，2013.

2. 韩宗英. 金融服务营销[M]. 北京：化学工业出版社，2012.

3. 梁昭. 金融产品营销与管理[M]. 北京：中国人民大学出版社，2012.

4. 陆剑清. 金融营销学[M]. 北京：清华大学出版社，2013.

5. 舒新国. 银行市场营销[M]. 北京：经济科学出版社，2011.

6. 罗军. 银行营销管理[M]. 成都：西南财经大学出版社，2010.

7. 叶万春. 服务营销管理[M]. 北京：中国人民大学出版社，2003.

8. 叶伟春. 金融营销[M]. 北京：首都经济贸易大学出版社，2012.

9. 袁长军. 银行营销学[M]. 北京：中国金融出版社，2004.

10. 赵占波. 金融营销学[M]. 北京：北京大学出版社，2014.

11. 周建波，刘志梅. 金融服务营销学[M]. 北京：中国金融出版社，2005.

12. 邹亚生. 银行营销导论[M]. 北京：对外经济贸易大学出版社，2006.

第三章
金融业目标市场策略

本章学习目标

- 了解金融业的市场细分
- 掌握金融营销的目标市场选择
- 了解金融营销市场定位的概念

本章主要概念

金融市场细分、目标市场选择、金融市场定位分析

民生银行1.5亿助力长沙"美丽事业"

生产型企业办贷款有厂房设备做抵押，大街小巷里为市民提供美容美发服务的小微企业融资难题如何解决？民生银行长沙分行会同湖南省美容美发化妆品行业协会成立互助合作社的模式，至今运行已一年，这种银行、协会及会员共同参与的合作社互助基金，消除了企业抵押不足的障碍，已成功为85家会员企业申请到了民生银行1.465亿元的授信，为企业化解了困局。

融资慢、融资难一直困扰着美容美发行业。2012年，长沙市商务局成立长沙中小商贸流通企业服务中心，为中小商贸流通企业发展创造了良好的环境。适逢民生银行在湘推广行业互助合作社方式，湖南省美容美发化妆品行业协会与民生银行牵手，联合成立了美容美发行业合作社和基金会，以互助保证金方式，为会员单位申请到了民生银行的授信支持。

据介绍，城市商业合作社由民生银行各支行发起，按照区域、行业、产业链特征，把松散的小微企业客户整合成一个有组织的经济体，通过城市商业合作社的平台，为小微企业提供包括融资服务、资源信息整合、统一电子商务平台搭建、政府协调等在内的各项金融和非金融服务，帮助小微企业实现抱团发展。日前，民生银行长沙分行还特别邀请理财师、售后经理为美容美发行业企业会员进行了资金增值保值、资金结算省钱技巧的讲解。

湖南省美容美发化妆品行业协会执行会长易敬平表示，合作社会员只要还款记录正常，行业口碑良好，讲诚信，其融资需求就将得到行业协会及民生银行的大力支持。合作社成立一年来，会员企业已从50家扩展至85家。统计显示，截至2013年9月，民生银行长沙分行共对美容美发行业互助基金会员授信1.465亿元，放款9445万元，有效解决了本土美容美发企业的燃眉之急。

资料来源：中国网，2013年9月26日.

第一节　金融市场细分

市场细分，是指企业根据消费者背景、特点和需求的不同，将市场划分为不同的目标市场，以此定向为消费群体提供服务的过程。同一个细分市场内部是由需求倾向一致或购买力相仿的客户群构成，差异细微；而不同细分市场之间的客户消费能力和消费需求则相差甚远。

一、金融市场细分的内涵

(一) 金融市场细分概述

1. 市场细分的含义
市场细分是现代营销理念的产物，由美国的市场学家温德尔·史密斯(Wendell. R.

Smith)于1958年首先提出。它是商品经济发展和市场竞争日益激烈的产物，是营销概念当中最为重要的核心部分。同理于金融市场，顾客的需求是金融机构营销的出发点，而随着金融服务的不断发展，客户群体不断扩增，金融产品也随之趋于多样化，所以，要想在当前激烈的金融市场竞争当中取胜，就一定要专注市场细分。

2. 市场细分的层次

由于在整体的市场当中金融机构所面对的客户差异性较大。消费者所处的背景环境、经济收入、文化层次以及个性能力都有相当大的差距，导致客户需求千差万别。而与此同时，金融机构自身的能力有限，在市场细分时的成本需要有效控制。市场细分往往会从大数据出发，由粗至细慢慢向各层次延伸。

一般情况下，金融企业根据主体客户的风险承担能力和基本服务需求，可以简单地将一些需求趋同或者特点差异不明显的客户分为同一细分市场当中。最常见的分类形式即为机构户和个人户之分，通过具体细分来优化服务，确定服务范围减少服务成本。同时按照资产情况区分的客户细分市场也能更好地把握客户的需求动向和承受能力。

具体在同一个一般层级上的细分市场中还需要进行更细的分层。一般是将在大群体的细分市场中按照具体客户的差异大小来重新细分，将细分市场中需求及购买力偏差相对更为统一的单独再分类。例如，在贷款的业务群体中再分出不同贷款类型的细分客户，这样在具体的业务操作上可以更加便捷地满足客户的需求，提高银行的客户服务质量。

(二) 金融市场细分的作用

1. 便于发现市场营销机会

市场营销机会是指当前市场上客观存在的尚未满足或未被充分满足的消费者需求，这种需求往往被忽略于整体市场当中，是潜在的盈利业务。通过市场细分，根据市场的占有情况以及顾客的需求情况来判断市场的盲区。在比较中寻找新的市场机会，发觉更多的利润增长点，抓住市场机会获取市场主动权。

2. 便于制定营销策略

市场细分是选择目标市场制定营销策略的前提，由于不同的细分市场客户对金融产品的需求差异很大，金融机构只有针对特定的市场细分才能够更贴合地向客户提供金融产品。由于地域文化的背景差异，在面对客户群体的时候应使用更符合需求的数据，以迎合顾客的需求。不可盲目地按照总体数据直接大面积制定营销策略。

3. 便于提高自身竞争能力

在整体金融市场上，金融机构间的竞争十分激烈，各家金融企业别出心裁，制造各种活动来迎合当前的营销需求。因此，市场细分在此时显得尤为重要，只有做好市场细分，满足不同客户群体的需求，才能够获得更多的客户资源，扩大新市场，提高市场占有率，从而在同业竞争中胜利。

4. 便于利用自身优势提高经济效益

金融市场的细分不仅可以发现未被发掘的小客户群，同时还可以通过市场细分来优化配置，这样可以有效地利用有限的经济资本，使经济规模达到最优。利用自身的优势找到最合适的客户群体，加大盈利规模，以最小的输入得到最大的产出。

实例3-1	平安银行的市场细分

　　由平安银行三季报数据显示，截至2014年9月底，平安银行信用卡期末流通卡量1572万张，较年初增长14%，其中2014年新增发卡363万张。"与2013年持平，预计2014年新增发卡量约在500万左右。"针对这一庞大的客户群体，平安银行并非"一视同仁"地对待，而是采取了细分战略，让对的卡匹配对的客户。

　　针对我国日益庞大的有车一族，平安信用卡借助平安车险市场份额这一商机，打造了车主一账通卡和i车一账通卡，并与近6000家加油站合作，构建融合车主服务、交易服务、金融服务为一体的"车主综合金融生态圈"，让平安信用卡车主可以随时知晓刷卡加油、汽车投保、积分兑换及ETC便捷缴费等优惠信息。

　　此外，平安信用卡还设定了多种联名卡。日前，平安信用卡与欧诺中国在上海签署了大润发联名卡项目合作协议。"目前我们已在400家左右卖场布局进而间接获客。"曾宽扬表示，"业务重点在于多渠道获客，联名卡渠道、综合金融渠道、电话行销渠道，这些渠道在让客户获得利好的同时，进入银行的当下就可匹配对应的信用卡。"

资料来源：信用卡业务成集团客户迁徙桥梁 平安银行打响获客市场细分战. 凤凰网，2014-12-3.

■ 二、细分方法

(一) 市场细分的原则和依据

　　金融市场的细分有利于金融机构满足客户的差异性要求，制定优化的营销方案，取得更好的经济效益，提高自身的市场竞争能力等，因此金融市场的细分原则应当如下：

　　(1) 差异性原则，即为了满足不同客户而细分的市场应当是具有不同的营销效果的。针对不同的细分市场制定不同的策略，引起不同的市场效应。

　　(2) 可量性原则，即细分市场的过程中指标是可以量化的，用具体量化的指标来制定未来的营销策略，以增加业务量和收益。

　　(3) 经济原则，即细分过后的市场是一定能够带来经济效益，使企业增加盈利的。

　　(4) 可进入性，即市场细分后的营销可行性，这主要体现在前期宣传可进入性和上市期间的营销手段可进入性。具体表现为广告媒体的信息传递以及拥有营销渠道将商品分销。

　　金融市场的细分主要依据是影响客户需求差异性的因素，即细分变量。具体变量主要可以从人口因素、地理因素、心理因素、行为因素四个方面考虑。

1. 按人口因素细分

　　人口因素是指人口的变数，包括人口的生活背景、宗教信仰、性别、年龄、职业、国籍、家庭人数、文化程度、收入层次等。同一文化程度、收入层次的人可能存在相同的消费偏好，将这一类人归纳为一个细分市场就可以更有效率地利用资源。而不同年龄段的人之间消费观念差异较大，其心理、生理、性格以及经济状况和购买动机都存在明显差异，所以金融机构完全可以根据人的年龄来划分市场，针对不同特色的消费群体来制定营销策略。当前，人口因素也是最具有说服力的一种细分方案，这种市场细分存在于绝大多数的企业营销当中，金融市场也是受益者之一。

2. 按地理因素细分

地理因素的细分可以按照其地理环境以及当地的人口密集程度区分。最常见的按地理因素细分的就是商业银行的整体定位，例如现阶段的农村商业银行，便是以农村的地理位置为主要根据的商业银行，依照当地的经济环境，针对农村客户办理更为简单直接的业务。地理因素的范围中细分变量还包括当地的文化传统、自然气候、风俗习惯等因素。但主要都是相对静态的，因此一旦按照地理因素细分出大类，细分市场的定位会比较固定，这个对于商业银行是一个相对稳定变量。但是逐级细分的过程中也会发现，同一地理位置的客户对于金融产品的需求会有很大差距，因此依然需要通过其他的细分变量来细分完善。

3. 按心理因素细分

心理因素是指根据顾客的性格、生活方式、购买动机和态度等来进行细分。对于不同性格的人会有不同的消费观念，不同的风险承受能力，对于服务型的企业来说，采用心理因素细分市场是很有必要的。例如金融产品的分类会存在风险评级的设置，其原因就是为了细分不同心理承受能力和消费承担能力的客户群体，具有很强的针对性，为不同承担能力的客户提供相应的金融服务。迎合顾客的心理是营销中必不可少的考虑内容，所以要将人口因素、地理因素和心理因素有序结合起来才能更准确地定位目标市场和制定营销策略。

知识链接3-1

印度女性银行

2013年11月19日，印度首个国营女性银行在孟买南部正式挂牌运营，印度总理辛格参加了揭牌仪式。这家启动资金100亿卢比(约9.8亿元人民币)的银行名为"印度妇女银行"，该行主要为女性办理金融业务，包括提供小额贷款鼓励女性创业、量身打造各种理财产品以及和非政府组织合作培训妇女从事各项职业等，且员工多为女性。男性也被允许在该行开户，但不允许办理贷款业务。

印度妇女银行目前有7个分支机构，计划于2017年扩展至500个。银行还考虑在农村开设支行，以便为农村女性服务。辛格称，保护女性不仅是惩治性侵犯者，还包括赋予女性享受金融服务的权利。法新社说，目前仅26%的印度女性在正规金融机构开设账户。

印度妇女银行为首个国营女性银行，此前该国有一些混合制的女性银行。如1997年创立"曼德斯马拉"银行，目前该行客户超过18.5万，其中大半为农村妇女。

4. 按行为因素

行为因素是指根据顾客对产品的了解程度，所追求的消费满足以及对特定商品的忠实程度还有购买产品的频率来判断客户的消费情况和习惯。这些信息往往容易被商家所掌控，成为对客户后期的追踪及服务的重要信息。这些信息有利于银行向客户制定更适合的服务，也有助于将市场再度细分，规划未来详细的营销方案。从具体的细分变量来说，银行对客户可以从时机利益、顾客状况、使用频率、忠诚度、购买者准备这几个方面来考察作为市场细分的基本点。例如按照客户的交易频率划分，可以了解客户的交易偏好，掌握客户的资产持有时长，从而准确地向客户推荐其心仪的金融产品。

(二) 金融市场细分的程序

金融市场细分的程序主要分为三个步骤：市场调查、市场分析、市场规划。

首先，要确定目标的细分市场，需要对该市场以及在内的客户群体进行具体的探索和调查。获得消费者的行为动机，例如顾客状况、交易频率、忠诚度、购买准备、目标客户群的心理预期和对产品的了解程度以及态度等因素。同时也可以从前期的宣传渠道了解客户的反馈信息，明确客户的基本信息以及他们对于产品类别的态度。

之后，将收集到的客户基本行为信息进行规整，分析客户在当前阶段的心理，并预测出他们的行为表现，用以制作之后有针对性的市场细分。通过对客户需求倾向和消费能力的归纳得出合适的消费群，之后再逐一命名各细分市场，进行营销手段的制定。但在实际的操作中需要注意的是，细分的市场并不是持续稳定的，在经济环境或者其他因素的影响之下，细分市场内的客户群会发生变化。这种变化分为两个方向，一是细分市场的整体动向，这种情况下需要营销策略的制定人员随时跟进掌握整体的细分市场动向。二是细分市场内部差异较大的客户间变化，这种差距明显的同细分市场内部的趋势变化容易导致次市场的破裂，此时则需要再度细分，通过对差异的比对分析得到新的次级细分市场，从而满足消费者大差异性质的需求。

实例3-2　　　　工商银行上饶德兴支行的市场细分

2014年以来，在拓展银行卡市场中，工商银行上饶德兴支行通过市场调查，做好信息收集，加强市场细分，促进银行卡营销。该行根据市场需求增加银行卡品种、根据客户需求转变发卡模式，通过不断提高客户满意度，提升市场营销竞争能力，全面拓展银行卡业务的深度与广度。截至目前，该行已营销灵通卡4576张，发放信用卡1321余张。

(1) 加强市场调查，挖掘潜在客户。在2014年旺季营销前，该行围绕客户需求，对市场情况进行了摸底分析，制定了相应的营销策略。在银行卡营销中，该行以市场需求为导向，紧紧围绕客户做文章，挖掘市场潜在客户。该行对银行卡市场根据客户需求进行市场细分，将营销对象进行重新梳理，针对不同类别的客户进行重新定位，通过市场调查挖掘出潜在客户，确立目标市场。

(2) 加强渠道营销，选择营销模式。在营销拓展上，该行通过创新营销方式，向系统客户展开攻势，千方百计拓宽营销渠道，取得了良好效果。该行选择财政、社保等系统客户的代发工资作为突破口，通过代发工资业务带动银行卡的发放；选择公积金管理中心作为合作对象，发放公积金联名卡；选择学校作为对象，开展相应卡种的营销。该行通过加强渠道营销，采取可复制的营销模式，加快了银行卡的营销。

(3) 加强特色营销，满足客户需求。在营销过程中，该行加强客户需求的了解，通过满足不同客户需求，推广不同的卡种。例如，为了做好借记卡的营销，该行通过对客户的了解，采取差别策略，针对代发工资客户，加大了薪金卡的营销，尤其是在新增代发工资单位中适合推广这种产品；在农村市场营销中，该行加大了福农卡的营销，突出其专享结算套餐的宣传。通过差别策略，产品适应市场需求，客户上门选择产品。

(4) 加强业务学习，提高办卡技能。为了提高办卡效率、加快银行卡营销，该行加强营销相关人员对新产品、营销技能的培训，提升营销相关人员的营销能力；该行对客户适应批量办卡的，采取批量办卡，减少网点资源占用；在网点，对能指导自助办卡的，尽量采用自助设备办理，尤其是办卡时，加大自助发卡，提高了办卡效率。该行办卡技能的提高，也提高了工行银行卡的美誉度。

(5) 加强客户识别，做好后续服务。在营销过程中，该行同时加强网点服务，为不同的客户选择不同的服务方式。在银行卡服务中，该行加强新用卡客户的引导分流，尤其是首次用卡、年龄较大的客户，该行大堂经理对其尽量进行全程跟踪服务，让其真实感受到用卡的便利。客户经理还对持卡客户进行跟踪关注，积极做好持卡客户的维护、升级工作，提高持卡客户的满意度。

(6) 加强客户维护，做好跟踪营销。在营销过程中，该行同时加强客户的维护，做好目标客户的跟踪营销。为了做好具体营销，该行制定了相应的营销措施；在商品市场营销中，该行开展了商友卡专项营销、POS机专项营销，扩大了商品市场客户持有商友卡、信用卡；该行针对个人资产业务开展了扩户活动，提高个人客户资产、负债在工行的占比，同时，加大了理财金卡、金卡或白金卡的营销；对持有存折客户，根据客户用途营销不同的借记卡。

(7) 加强绩效考核，增加营销热情。该行通过分解营销任务，将银行卡营销任务通过网点落实到每位员工；通过完善绩效考核，将奖励真正兑现到营销员工手里，充分调动了员工办卡的积极性。该行柜员和大堂经理加强网点客户的营销，提高客户用卡的积极性，增加有效卡的数量；该行客户经理通过外出营销，提高集团办卡、系统客户办卡；该行卡营销积极性的加强，也带动了其他产品的营销。

资料来源：江西省网，2014-7-15.

第二节　金融目标市场的选择

■ 一、目标市场的选择

(一) 目标市场的概念

目标市场是指金融企业为了满足潜在或者现实存在的客户需求，在细分市场的基础上根据自身优势选择着重发展的特定市场。针对决定进入的特定市场展开营销手段，满足特定的受众客户群。目标市场和细分市场是两个不同的概念，两者既有联系又有很大的区别。细分市场是根据客户需求倾向和购买能力等因素划分出的客观存在市场，而目标市场则是基于细分市场的基础上，结合金融企业自身的战略选择和资本优势进一步选择的一个或若干个细分市场，具有一定的针对性。对于金融企业来讲，细分市场是目标市场的前提和基础，目标市场是细分市场的最终目的，只有通过市场细分企业才能制定出其具体的目标市场营销战略。

在金融市场的营销活动管理当中，任何金融企业都应明确选择自己的目标市场。虽然企业面临的市场范围很大，选择机会很多，但从金融企业的经营成本来看，其自身条件毕竟有限，且无法满足存在于整体市场上的所有细分层级，并不拥有进入所有细分层级的能力，所以选取自己合适的目标市场十分必要。这既可以控制好经营成本，又可以利用规模经济获取更大部分的利益。

(二) 目标市场的选择

不同的目标市场需要不同的营销策略，营销策略的制定就是以特定的目标市场为基础，根据特定目标市场内的客户需求和客户特征制定以及企业自身的能力条件来确立正确有效的营销手段。

企业在具体的选择目标市场时则应该考虑如下四个因素。

1. 金融企业自身的企业实力

企业实力即金融企业自身是否存在一定规模的购买力。

在整体的金融市场当中，金融企业所面临的选择很多，许多细分市场都有很多盈利机会，但受企业资金限制，只能在市场中寻找个别最合适的细分市场作为目标市场。这样可以集中利用资金，获取规模经济的利润。对于大型资金量充足的企业来说，在目标市场的确定上可以采取扩张的方式，在大范围内发展自己的业务，对于中小资金量的金融企业来说，则更应该采取谨慎的态度，选择最适合的细分市场做专做精。

2. 目标市场的潜量

目标市场的潜量即为目标市场潜在的需求量，是指在一定的时间当中，目标市场内潜在的客户需求的最大量。

首先，金融企业所选定的目标市场应当具备一定的发掘潜量，因为盈利性才是关键，如果在细分市场中挑选的目标市场处于一个已被开发完全或在当下经济环境中开发意义不大的状态下，则需谨慎开发。没有足够潜量的目标市场是不足以支撑金融企业的生存和经营的。其次，选择具有开发潜量的目标市场时要注意潜量的适当性，并不是潜量越大越好，尤其是对于资金量较小的企业，对潜量过大的目标市场进行开发时会导致资金的流动性降低，存在很大的流动性风险。因此在选择目标市场时要注意潜量的适度性。

3. 目标市场特征与企业理念的吻合程度

进行市场细分的根本目的是深化明确目标市场的具体特征和需求趋势，从而分析得出与金融企业自身条件最为契合的市场。金融企业的优势一般在于其资金实力、技术力量、经营规模、网点分布、风险控制等方面。因此可以根据自身在整体市场中的定位来选择合适的目标市场，选择吻合度最高的市场可以最高程度地发挥自身的优势，达到资源利用的最大化。例如，中国邮政储蓄银行的优势在于由原中国邮政改制，其网点分布广阔全面，可以涉及我国的各个角落，因此邮储的定位市场就是简单业务的广大推寻。主要客户目标为农村城镇等业务单一但是地理位置偏远、触及成本较高的细分市场。

4. 同业竞争的状况

同业竞争对手是指对同一个细分市场中兴趣一致且竞争意图相仿的公司。如果在同一个细分市场内存在很多的金融企业分占市场，存在竞争过度，需要很大的竞争成本。相反，当一个细分市场的竞争并不完全或者竞争者实力较弱时，该市场内的成本和风险就相对较小，适合竞争。因此考虑整个金融市场内部的竞争情况是进入该细分市场之前考虑是否值得进入的重要因素。

首先，考虑竞争者的资金力量，如果是强有力的大型金融公司拥有垄断潜能的情况则需要慎重考虑，此时的竞争成本很大，风险控制也很难。但在未被完全开发的市场上来看对于企业本身则是一个很好的机遇。

其次，还要考虑竞争替代品。由于竞争代替品的存在，会直接导致细分市场内的银行产品价格和利润增长受到限制，所以也要考虑在未来该种细分市场当中存在替代品的可能性。

实例3-3   **浦发银行实力竞争**

2015年3月25日，浦银国际控股有限公司(浦银国际)在香港开业。浦银国际是浦发银行全资拥有的境外投资银行，是该行实施国际化、综合化战略的重要平台。

公司金融服务一直是浦发银行的优势，其中投资银行的核心竞争力一直处于同业领先地位。近年来，投资银行被确定为浦发银行五大重点突破领域，发展迅速。预计浦银国际的设立，将进一步升级浦发银行投资银行业务的竞争优势。

浦发银行相关负责人介绍，在投行业务领域，浦银国际将依托香港国际金融市场，充分利用在香港的经营牌照优势，为浦发银行在境内外全面开展"股、贷、债"三位一体的投资银行业务打下基础。

未来，浦银国际有望成为浦发银行跨境投融资服务平台和投资银行业务平台，通过与境内分行、香港分行等境外分支机构紧密合作，发挥境内外两个市场的业务联动互补，扩展跨境综合金融服务能力，满足客户跨境投资需要。

资料来源：新华网，2015-3-27.

■ 二、目标市场的细分战略

金融企业在细分市场的基础上，根据自己的资金实力和客观的条件来选择目标市场策略。充分考虑产品条件、产品适用人群、产品寿命、竞争状况等多种因素结合来考虑目标市场的战略选择。一般有以下三种目标市场策略可供选择。

(一) 无差异性目标市场战略

这种策略是以整个市场的共性为销售目标，不细分市场，不追求差异化的客户需求。这种策略往往是在产品方面类别单一并伴随着大规模的生产，没有具体针对性的市场概念，适用于整体市场的所有客户。实行这种策略的公司将整个市场的共同需求作为了一个大的目标，优点在于：研发成本低，制作过程较简练，产品规模较大，受众人群很广，减少了宣传成本且利于创造品牌效应。缺点在于：无法满足差异性需求，产品的适应性很低，由于顾客的需求是在不断变化的，导致其产品的寿命周期也很低，且此类市场份额很小，竞争已完全。

(二) 差异性目标市场战略

这种策略是在细分市场的基础上，选择若干细分市场为目标市场制定相适应的营销策略，以适应不同客户的需求差异。该策略的理念基础在于其认为整个金融市场上不可能会有完全无差异的客户需求，因此要根据不同种类的客户需求差异来制定营销策略和服务方式，所以其宗旨是满足不同客户群体的需求差异。其优点在于：有市场细分作为基础，区分了客户间的具体需求趋势从而更加完善地提出了营销方案，相比于无差异性目标市场战略而言能够更广地触及整体的市场，同时扩大金融企业的市场占有率，提高企业竞争力。其缺点在于：差异性较大的客户需求处理往往伴随着差异化很明显的营销方式，这导致企业在营销成本上会高于选择无差异战略的企业，运行的难度系数也相对偏高。

(三) 集中性营销市场营销战略

集中性市场营销战略主要是从众多的细分市场当中找出一个或者几个细分市场作为目标市场，将有限的资金都集中在选定的目标市场当中的一种营销策略。由于金融企业自身存在的局限性以及客观条件下细分市场的多样化导致企业无法完全适用差异性目标市场的战略来攻占市场。因此企业只能选择与自己吻合度较高的细分市场来着重发展。其优点是：资金利用集中，营销的设计较为单一，成本较低。且人力资源也相对集中，能够准确地了解到目标市场的需求动向，精确推广，从而在细分市场当中获得有利地位。其缺点在于：对目标市场的投入过大导致风险提高，一旦该市场受到经济危机或者政治因素的影响而衰退，企业就会因此面临巨大的损失。

实例3-4 浦发银行小微支行落户光谷

为了解决光电行业内的中小微企业普遍存在的融资难的问题，2014年6月，由光谷光电中小企业产业协会、浦发银行牵头，共同推出了"光电共赢联盟贷"这一项目，以便更好地服务于光电行业内的中小微企业，打造百家龙头企业。

"光电共赢联盟贷"以"风险共担、利益共享"为原则。首先，由光电协会、协会会员共同抱团完成"共赢联盟"保证金的组建、运作与管理，而后，浦发银行在保证金的担保下，为会员企业提供所需要的资金。"光电共赢联盟贷"不仅有效地推动了光电协会内中小微企业的发展壮大，而且也大大降低了浦发银行在资金控制方面的风险。

在"光电共赢联盟贷"的推动下，目前，武汉青禾科技有限公司、武汉新大创新水处理技术有限公司、武汉欧普泰克科技有限公司、武汉森豪通信科技有限公司等一大批光电协会内的会员企业已成功获得了浦发银行提供的贷款。

浦发银行小微支行设立于武汉光谷软件园、光电协会的楼下，与光电协会比邻而居，将更加有利于双方开展深度的合作，探讨更加有利于光电企业发展的融资策略，助于打造百家龙头企业。

"光电共赢联盟贷"的特点及优势如下：

(1) 简单快捷：光电联盟/协会内会员企业在获得联盟/协会推荐并通过浦发银行授信审批后，只要认缴12%的保证金，即可获得贷款。

(2) 免于抵、质押："光电共赢联盟贷"发放的是信用贷款。

(3) 金额较大：浦发银行会根据企业的发展需求，最高发放500万元的信用贷款。

(4) 合作共赢、有限责任：由光电联盟/协会会员企业共同组建保证金池，在其他会员企业发生风险时，只承担不超过认缴保证金份额的损失风险。

(5) 利率及贴息优惠：浦发银行将会为光电联盟/协会内会员企业提供优惠利率为8.7%的1年期信用贷款。据了解，武汉市政府可以为市内符合条件的企业获得的信用贷款提供1%~1.5%的贴息。

资料来源：中华网财经，2015-3-6.

第三节 金融企业的目标市场定位

一、目标市场定位概述

(一) 市场定位的含义

目标市场定位指的就是企业根据所选定的目标市场的状况以及该市场内的具象要求来制定自己的核心产品，确定自己在该市场内的竞争地位，从而使得本企业能够在目标客户的心目中占有一个独特、有价值的地位。一般来说，金融企业在确立自己的目标市场时就基本上确定了自身的市场定位。通过区别自身和其他同业公司的形象及产品以得到明显的差异，以此为客户提供更明确的服务范围。

目标市场定位主要有形象定位和产品定位两个方面。金融企业的形象定位是指企业通过对自身优势的判断和吻合市场的观察，明确市场占有率后所确立的明显区别于竞争对手的具体地位和服务方向。通过目标市场的形象建立获得较为集中的目标客户，给客户留下深刻的整体印象。产品定位则是指设计和推广具有自身特色的金融产品，以产品来吸引目标客户群，赋予产品一定的针对条件，以此来确立企业自身的市场定位。

因此，金融企业在确立自己的目标市场定位时要结合企业自身的客观优势、劣势以及外部市场环境，着重考虑竞争对象的市场定位和他们的产品特色，同时也要时刻关注客户对于本企业产品的了解程度、信赖程度和重视程度。

(二) 金融企业市场定位的主要内容

目标市场定位的内容主要如下。

(1) 确立差异：在整体金融市场上寻求具体的差异化。

(2) 确立市场形象：根据所选定的目标市场进行形象设计。

(3) 确立营销对象：根据自身形象和市场环境设计和推广本企业的特色产品。

产品差异化的根本目的是为了使自身的市场定位与其他的竞争者区分开，获得独立个性的标签，给客户群造成强烈的购买欲望，获取客户的信心，以此得到稳定高质量的受众群体。因此寻找市场的差异化尤为重要，具体来说企业一般可以从5个方面进行差异化的选择。即形象差异化、产品差异化、服务差异化、人员差异化、市场渠道差异化。

(三) 目标市场的定位战略

在整体的金融市场中，存在一部分发展较为完善的细分市场。这种市场的内部一般会存在完成竞争并拥有已经形成的独特产品形象，在客户心中拥有一定的地位。因此若想要设立自己独特有差异化的品牌形象，就应该首先考虑该市场是否可入，如果市场内仍然存在一部分的空白占有额度即竞争对手实力较弱或其产品目标定位不完全时，可以考虑市场进入，此时应该开始考虑具体的差异性，具体战略如下。

1. 特色定位

特色定位即区别于已存在的产品定位，通过发掘新的市场空白来寻找有鲜明特色的市场位置，以此来定位自己的形象。这一战略存在主要是为了给企业一个进入市场的通行证，使企业通过自己的特色来赢取部分市场占有率，获得该目标市场内部的客户群体。

实例3-5 　　　　民生银行P2P平台试水影视投资

3月26日，互联网金融平台民贷天下与著名导演高希希联合主办"高希希-民代天下"筹备公益基金会启动仪式，未来民贷天下将优先投资高希希导演的影视作品。

相比著名影视导演，民贷天下的股东背景更加引人注目。民贷天下的股东之一广州产业投资基金管理有限公司(下称广州基金)是广州市政府为推进产业转型升级、放大财政资金引导效应、激活社会投资、强化区域金融中心地位而专门成立的产业投资融资平台，目前基金所管理的基金规模多达1000多亿元。

作为广州市政府的投资平台，广州基金旗下广州科技风险投资有限公司、中国民生银行附属机构民生加银资产管理有限公司联合投资的民贷天下，实缴资本1亿元人民币。民贷天下也是民生银行旗下专营P2P的互联网金融平台，平台于2014年12月31日正式上线，截至2015年3月中旬，总交易额近2亿元。

此前，民生银行还有民生易贷和民生转赚两个互联网金融平台，主要为民生银行提供出表业务，民生易贷是民生银行旗下电商平台——民生电商投资成立的互联网金融平台，主要提供票据质押业务。民生转赚做的是金融资产收益权的转让，是一个面向个人的资产权益流转平台，提供交易信息发布、成交确认、资金回收、分配以及持续的信息披露服务。

资料来源：财新网，2015-3-27.

2. 拾遗补缺定位

拾遗补缺定位即通过反向的思考来判断该市场领域内的空白。该战略较为保守，主要是从客户群体的角度出发，根据客户未被满足或者并未得到满意服务的市场领域来判断可以开发的潜力市场。通过设计特色产品来满足该部分客户的理财投资需求，并以此为发展基础得到更多、更广的客户资源。但这种市场开发的方式往往伴随着较高的技术分析成本和实际在产品设计上的研发困难。所以必须还要考虑到公司是否具备做这一部分开发的经济实力。

3. 竞争性定位

竞争性定位是指企业在已存在一定竞争的市场上仍然设计开发同一受众客户群的金融产品。这种竞争性的定位主要是由于企业自身非常看好该板块，且具有技术实力或者有明显较低的成本来参与这个市场的竞争。这是一种进攻性的战略，具体在市场上可能会受到很多因素的制约，因此需要充分考虑对手和自身的实力差距以及新产品的整体实力和接受程度。

实例3-6　　建行上海市分行：量身定制"黄浦创意贷"

中国建设银行上海市分行是首家与黄浦区签订战略合作协议的金融机构，同时作为最早参与本次银政合作的金融机构之一，建行协助黄浦区起草了黄浦区创新金融服务方案，并专门为张江黄浦园设计了个性化"黄浦创意贷"方案。

张江黄浦园支持技术含量高、有成长性的企业，所以建行在行业选择上，重点支持上海市新一代信息技术、生物、新能源、新材料、节能环保等战略性新兴产业，尤其是符合黄浦区重点发展导向的文化创意、专业服务、商贸流通、旅游休闲、航运物流等的产业领域。

在客户考虑上，优先支持科研成果转化应用能力较强、主要产品或服务具有核心竞争力的优质企业。同时建行"黄浦创意贷"方案还体现了诸多的优惠政策，如放大了户均信用贷款金额，单户最高200万元；企业的贷款支用、还款则通过网银实现，随借随还，便于客户7×24小时按需求随时支用和还款等。

在中小企业从业人员配备和考核方面，建行将小企业客户经理的考核单独划出来，结合客户经理参与度、业务复杂性等各个因素，设计客户关联系数，来客观评价其业绩，建立了一套新的考核标准。

过去银行习惯于发展大企业业务，如何做好小企业业务，是摆在银行面前的一道现实问题。为此，2013年起建行上海分行就对历年小企业业务的做法进行了梳理，最后得出的结论是：按照传统银行发展大企业业务的做法是行不通的。正如中国建设银行上海市分行副行长徐众华所说："绝对不能用过去服务大企业的模式和流程，去'生搬硬套'小企业，而应建立一套完全有别于传统的大客户服务的新模式。"

2013年5月，建行上海分行正式启动了"三链四经济"小企业客户营销模式。根据上海地区"楼宇经济、园区经济、社区经济、总部经济"等"四经济"领域内小企业的特点，建行上海分行利用平台批量做中小企业，针对性开展分类营销服务。

资料来源：金融家这样牵手张江黄浦园.解放日报，2014-12-22.

■ 二、目标市场定位的程序与方法

(一) 目标市场定位的程序

为保证进入细分市场的金融公司存在一定的盈利空间，在初期的目标市场定位一定要有严格的操作程序来保证进入质量。一般确定定位市场的程序如下。

(1) 同业的整体市场当中确认自身的优势，明确特色方向。

(2) 在金融市场中选择符合自身优势的细分市场。

(3) 在该市场中建立特色形象传递定位信息。

企业自身的竞争优势是来自多方面的，如企业的资金实力、研发技能、创新优势以及品牌效应。因此企业可以不断利用自身的优势来迎合客户的心理，满足客户的需求。

(二) 目标市场定位的方法

金融机构目标市场定位的方法有很多，范围也很大，这既可以是公司自身的形象定位也可以是具体的产品定位或者是服务定位等。最常见的定位方法有如下几种。

1. 根据客户类型定位

根据客户类型的定位本质上就是对于自身产品设计和推广过程的一个定位。产品是客户接触公司的最直接的渠道，所以产品所传达的思想和优势即为客户可以感受到的公司定位。所以，针对所选择的客户群体设计满足客户心理预期的金融产品是帮助企业在该市场内快速站立的有效方法。

2. 根据产品用途定位

根据产品用途定位的方法虽然也是在产品上做文章，但是其根本的出发点是不同的。根据产品用途分类是指根据产品本身所涉及业务以及产品的盈利程度和成本控制等自身因素来考虑的市场定位。例如，某些证券公司对盈利和风险作出均衡后推出的不同等级的收益率产品，就是方便公司自身做好产品管理，设置正确定位的方法。

3. 根据自身实力和竞争情况定位

自身的实力主要由市场占有的能力、市场销售渠道、公司品牌知名度、内部的研发能力以及自身的资金实力等方面的综合组成。自身实力是判断是否能够进入目标市场的重要依据，可以决定所进入市场的级别和大小。与此相对应的就是竞争情况，企业要根据市场上的竞争状况结合自身在竞争当中所处的地位来进行定位。这样才能充分地发挥自身的优势来弥补进驻市场的时滞，获取更多的利润。

第四节　金融市场的营销策略

■ 一、金融营销策略的作用

金融企业是服务性质的产业，同时也是经营货币资金的特殊性质企业，由于经营产品和模式的易复制性，导致在整个金融市场中的产品都是没有专利可言的，同时也因为监管的严格要求，金融产品的复杂设计往往会由于监管的实施而导致利润的折损，因而始终面临着经营风险压力和激烈的竞争压力。所以在金融市场的营销方面则成为了降低上述压力的重要手段。有效的商品推广离不开营销战略的指引。营销战略为整个金融企业销售活动的灵魂和核心。营销战略的具体作用如下。

（一）指导作用

营销战略的制定是在对市场的发展进行了全面调查和详细观察的基础上制定的，具有很强的市场适应性和预见性，因此是对整个营销战略布局起到指引作用的关键环节。只有当金融企业明确了行动方向，减少盲目性，降低营销风险之后才能更加准确地进入细分市场获取目标客户。在变化无常的金融市场当中，金融企业应当更深刻地了解当前市场格局和政策导向的趋势，以此作为具体的营销方向来运行，而营销战略则正是在这个基础之上建立起来的企业导向，所以遵从企业制定的营销战略是企业在金融市场上竞争的关键。

（二）沟通作用

营销战略不仅是企业在市场上开展营销活动的蓝图，更是企业在具体行动时的纲领和计划。具体的营销战略往往涉及企业的全部方面，包括了资金的运作、人员的合理分配、目标市场的进入时机等一系列有关的以效益为中心的各项工作展开。具体而言则是涉及销售网点的设计和选址，金融产品的研发和定价，不同种类创新型金融产品针对的目标客户、营销渠道，组织制度的安排和协调等。每一项工作之间都存在联系和协调机制，而营销战略则是将所有部门的运作和设置联系起来的具体方式。只有在阐明主线的情况下每个部门才能有序地进行下去，不发生顾此失彼的营销漏洞或者过分冗杂的程序而导致营销成本的增加。

(三) 协调作用

在市场经济的驱使之下，营销环节已经逐步变为了企业竞争的核心，需要金融企业的所有部门相互配合才能更好地实现企业的营销方案，从而获取高额效益。而营销战略则是链接各个环节的核心部分。金融企业的各个部门与营销人员的关系是很复杂的，而营销战略则更像一个营销过程当中所有人员需要遵循的规章一样将所有部门和所有人员都进行了规范化的治理，让所有部门形成共同的理念，相互配合完成营销内容。

实例3-7   **工行互联网金融战略提速**

中国工商银行总行将建立互联网金融营销中心，统筹负责该行互联网金融相关业务。据悉，这也是传统银行首例建立互联网金融专职部门。

2015年6月，工行人士表示："中国工商银行总行近日下发通知，为推进全行互联网金融战略，在电子银行部下正式组建互联网金融营销中心，以统筹负责全行互联网金融相关业务。不过，营销中心尚处积极筹备的初期，具体情况无法透露。"

有市场消息指出，互联网金融营销中心将设置在总行部门和各专业条线之间，按照"统一管理、各负其责"的思路，形成部门联动、专业协同的营销格局，整合工行专业金融资源的优势。目前工行互联网金融战略的执行主要由同为总行二级部门的产品创新管理部、电子银行部和信息科技部三大部门负责。其中，产品创新部作为牵头部门，成立了互联网金融小组。

某国有大行人士对此表示，"商业银行对互联网金融的热情，缘于互联网金融快速发展所带来的冲击。商业银行发力互联网金融的主要目的还是为了激活存量客户、吸引增量客户。通过互联网为客户提供金融服务。"

资料来源：搜狐证券，2015-6-11.

■ 二、金融市场营销的策略类型

(一) 成本领先战略

成本领先战略是指服务型的金融企业努力调整自身成本结构，在整个同行业当中以较低的成本优势占领领先地位的一种战略。降低成本既可在销售的定价上取得足够的利润空间，也可以利用较低的价格来赢取更多的客户，从而占领市场，并实现企业的盈利。

成本领先战略的具体逻辑体现在两个方面：一是大规模可以带来规模经济，从而有效降低总成本；二是低成本的服务可以降低客户的服务支出，从而为客户带来性价比更高的服务质量，获取更高的客户满意度。因此，作为成本领先战略的服务型企业首先应当具备明显的成本结构优势，其次还应该具有较突出的低成本服务风格。例如，中国邮政储蓄在从中国邮政转型为金融机构的过程当中，有效地利用了自身遍布全国的网点优势，在成本上节约了网点的建设费用，虽然在金融服务的整体业务范围上并没有其他国有银行全面，但的确也承担了农村乡镇大部分储蓄用户的需求。

在实践当中，金融企业应当通过如下途径来降低成本，达到成本领先地位。

1. 寻求低成本客户

由于低成本战略的公司具体的企业目标是控制成本寻求规模经济，因此对客户的选择方面则应该严格按照其企业的宗旨来寻找，经过市场细分之后应当筛选出愿意享用低成本服务，在意服务支出的客户来进行营销策划。而事实上，根据著名的80/20法则，不难发现，选对正确的客户群体，在确定的目标市场当中是很容易满足公司的盈利目标的。

2. 服务的标准化

对于服务行业来说，特定化或者针对性的专属制服务往往伴随着很高额的成本，所以在一般的金融机构里面，例如银行业，通常会将存款额度在某一特定范围值以上的客户作为他们的VIP服务对象，而其他绝大多数的客户只能寻求统一的服务。对于以低成本战略为导向的金融机构也是一样，只有在将服务标准化统一化以后才能在服务的成本上面节约相应的费用，获得更低的成本。因此制定标准化的服务规范也是金融企业在形成低成本战略时必须考虑的策划因素。然而在标准化的服务制定当中也应当以节省成本为主，具体的设计方式主要以减少服务传递中人的因素为主。服务中人的因素是人工成本作为服务型金融企业的主要支出成本部分，在金融企业的服务当中起了很大的作用，但是人与人之间的传递方式也存在很多问题。首先是道德风险问题，在服务传递过程中经手的人越多，获取的信息质量就会越差，繁冗的交流程序反而会造成不必要的麻烦，因此金融企业就应当采取直接快速的服务方式；其次是便利性降低，目标客户愿意为服务支付较少的时候就说明了客户对于服务的质量和满意度是有一定心里预期的，如果金融企业在为客户办理业务的时候动用了大量的人工服务，则会引起客户的不满，所以，减少服务当中的人的因素对于企业来说是一个必要的选择。

3. 横向规模经济

所谓横向规模经济，是在既有的服务当中横向扩张的业务范围的一种营销模式，作为金融企业而言，横向规模经济是在针对客户群体的特性上开展相应全面的服务范围的一种方式。也是保留客户群体的一种非常常见的方式，通过不断更新的业务来留住现有的客户群体。例如，中国银河证券在为客户提供券商业务的同时，还以客户对存款的利息作为出发点，设计以日记息单位的金融产品来留住客户及其资金，为自身公司创造更大的利润。当横向规模经济产生的时候，金融企业就能够有效地利用既有资金提高更多的利益。

(二) 集中化战略

集中化战略是指将产业中的一个或者一组细分市场作为企业服务目标，运用企业针对性的资源以及局部竞争领域内良好市场相结合，形成该领域内强势的竞争效果。实施集中化战略的金融企业在其目标市场上可以寻求低成本的优势，也可以释放出差异化服务的能量，吸引并保留该目标市场上的目标客户群体。

集中化战略的展开实质上就是利用了资金聚集后的规模经济，在企业资源有限的情况下区分出有自身优势的领域，并在其中发挥出优势。事实上早期从中央银行分离出的工农中建四大国有银行就是遵循了这个战略，积极开发自身在不同领域的有效作用，实施集中化领域的服务方式。虽然在后期的成长和市场化的推动下，专业性质的银行转型为更全面服务的银行，但在某些领域内四大国有商业银行依然保留了部分自己的特色领域，例如中国银行的外汇业务和中国农业银行的三农服务业务。

集中化战略的意义在于资金的相对集中能够保持成本的相对领先，活动范围缩小，在特定领域当中有精细的管理方式和策略，企业方向和目标都很确定。一般来说集中化的战略实施也可以是在某一时期内的专业领域当中实现。例如，光大银行的太原分行在20世纪90年代的国债营销就是一个集中化战略的表现，当该银行在市场上占有很有利的竞争优势的时候，就可以集中售卖国债以获取在这个市场范围当中的强势竞争力，从而获取更多的市场份额和获利空间。

(三) 互联网战略

2015年3月5日，在第十二届全国人民代表大会三次会议上，李克强总理在政府工作报告中首次提出"互联网+"行动计划。李克强总理所提的"互联网+"与较早相关互联网企业讨论聚焦的"互联网改造传统产业"相比有了进一步的深入和发展。李克强总理在政府工作报告中首次提出的"互联网+"实际上是创新2.0下的互联网发展新形态、新业态，是知识社会创新2.0推动下的互联网形态演进。

随着信息时代的来临以及总理的指示，越来越多的企业开展了关于"互联网+"的战略方案。互联网和金融是依托于云计算、社交网络和各种互联网工具实现资金融通、支付和信息中介等业务的一种新兴金融。互联网金融不是互联网和金融业的简单结合，而是在实现安全、移动等网络技术水平上，被用户熟悉接受后(尤其是对电子商务的接受)，自然而然为适应新的需求而产生的新模式及新业务，是传统金融行业与互联网精神相结合的新兴领域。随着互联网技术和金融产品的创新以及相互结合，互联网金融已经成为各大金融企业面向未来的重要战略布局。从最普遍被大众接受的，由天弘基金操作的一款货币型基金余额宝问世以来，各家互联网公司积极投身于与基金公司和其他金融机构的合作，创造出更多易于理解和接受的网络金融工具。而银行等传统金融机构也在这一轮网络信息爆炸的时段中投身互联网金融的建设，吸引客户的存款。例如，招商银行在2014年创新的货币型基金理财产品朝朝盈，就很有效地吸引了大批年轻的客户体验群体。

作为互联网金融的代表性产品，互联网众筹平台和P2P的发展也是目前市场上认知度、接受程度较高的网络金融产品。而银行的网络金融战略则是通过对传统金融的改善来接轨互联网理念，参与整个社会互联网金融的竞争。

实例3-8 中信银行：网络金融战略清晰 持续创新能力走在同行前沿

一场由互联网引领的网络银行革命正在悄然发生，面对互联网金融的兴起，传统银行必须顺应时势，加大互联网金融与网络金融的创新与融合，才能让自身成为革命的领军者。在大力推进零售业务的同时，中信银行在网络金融业务领域的探索走在了行业前沿。

2014年8月28日，中信银行周四盘后披露中报，2014年上半年，公司实现净利润220.34亿元，同比增加8.06%。按上半年180天计算，日赚1.22亿；每股收益0.47元。

值得一提的是，1—6月，中信银行实现营业收入621.06亿元，同比增加24.52%。其中，因资产规模的持续扩张，公司实现利息净收入456.14亿元，同比增长12.70%；非利息净收入164.92亿元，同比增长75.37%。

截至报告期末，中信银行资产总额达4.31万亿元，比2013年末增长18.40%，贷款及垫款总额2.12万亿元，比2013年末增长9.17%；客户存款总额3.05万亿元，比2013年末增长15.14%。

中信银行2014年上半年实现网络银行中间业务收入4.94亿元，同比增长51.07%。据悉，中信银行将网络银行业务作为全行战略发展的重要支撑和重点领域，近两年一直继续围绕"金融网络化"和"网络金融化"两个方面发展网络银行业务，积极推动将传统银行业务搬上网络，并学习互联网金融的思维模式，开展产品创新和市场营销工作，服务效率和客户体验明显提升。中报显示，在网络支付方面，中信银行于1月18日推出异度支付手机客户端，并不断丰富其应用。截至报告期末，已上线16种应用，涉及票务，缴纳罚款，保险，充值等13个门类。异度支付客户数已达到418.43万户。异度支付将不断地推出新业务，增加新功能，提高将非中信银行客户向该行零售客户的转化率。

据了解，使用中信银行卡的用户，无论借记卡或信用卡，只需在智能手机上安装中信银行手机银行客户端，就能直接绑定默认使用的银行卡，进行网络支付，新功能秒杀其他第三方支付工具。

首先，能提供"游戏充值"服务，对于游戏爱好者来说，异度支付最赞的服务是可以进行"游戏充值"，游戏充值里面有7881手游交易平台提供的游戏点卡充值、QQ充值、APP手游充值等。

2013年中国游戏市场用户数量达4.9亿人，销售收入831.7亿元，其中手机游戏增长迅速，2014年是中国手机游戏市场大爆发的一年，用户玩游戏、充值游戏的需求巨大，异度支付选择在其APP中加入7881手游交易平台提供的"游戏充值"服务很好地顺应了市场发展、迎合了用户需求。

其次，跨行转账免收手续费，"异度支付"实现免费跨行转账。与支付宝、微信等相比，中信"异度支付"在金融业务上显得更有优势。异度支付可实现无需开通网银或移动银行的跨行转账，不但实时到账还免收手续费，且即将实现所有银联卡之间的实时互转。

而一些第三方支付平台还要收取0.5元以上的手续费,并且绑定的银行卡必须开通网银。相较之下,稍微逊色异度支付。

再次,增加多种便民化服务,异度支付为用户提供了多种便民化服务,用户可以直接通过异度支付进行游戏充值、买电影票、买机票、买理财产品等,为用户的日常生活提供了便利、节省了时间。

据悉,目前中信银行正在洽谈特约商户,主要以餐饮、影院、书店为主,而最近新谈的一个商户就是"7881手游交易平台"。异度支付2014年7月就与7881平台签订了战略合作协议,而7881作为异度支付的合作伙伴,也在其官网提供了异度支付APP的下载,所有在7881官网下载异度支付APP的用户都能获得6元红包,而且享受游戏充值优惠折扣的待遇。

中信银行相关负责人介绍,异度支付除了体现中信银行科技力量的强大,更传递一种服务理念,即在无界的时间和无限的空间中,通过现实与虚拟的多种方式,为该行客户提供"0"距离的贴心服务。

中信银行相关负责人还表示:"异度支付实现免费跨行转账跟支付宝、微信等相比,也颇具优势。异度支付可实现无需开通网银或移动银行的跨行转账,不但实时到账还免收手续费,且即将实现所有银联卡之间的实时互转,同时,异度支付还将不断地推出新业务,增加新功能,提高将非本行客户向本行零售客户的转化率。"

试水大数据　POS网贷初显成效

在"大数据"时代的背景下,各家商业银行都在拼抢主动权,争夺数据资源,旨在精准营销产品。中信银行把"POS商户网络贷款"设计为:无抵押、无担保的小额短期线上信用贷款,该产品主要针对的是小微企业主以及个体商户。其最大的特色是以商户自身稳定的POS交易记录为贷款审批的主要依据,流水越多额度越高。流程是由POS商户登录并且提交贷款申请后,后台系统在线自动审批该笔贷款,并快速计算出贷款额度,最高可达50万元。贷款期限最长90天,随借随还,按日计息。申请、审批、提款、还款等手续全部可在线完成。

试水一年,在网络融资方面,中信银行对POS商户网络贷款持续进行优化和迭代升级,网贷业务稳步增长。中信银行中报显示,POS商户网贷,一期优化已于6月20日上线。网络贷款业务稳步增长、资产质量保持良好。报告期内,中信银行网络贷款累计放款47.26亿元,从2013年上线以来累计放款63.04亿元;截至报告期末,贷款余额8.93亿元,不良贷款余额258.85万元,不良率为0.29%;报告期内实现利息收入3146.01万元。新增合作电子商户192家,同比增长1.46倍,累计合作客户582家。

中信银行2013年6月与银联商务有限公司在沪签署战略合作协议,共同推出全新POS网络商户贷款业务,体现了小微贷的大数据模式。此次合作标志着中信银行利用网络科技的力量对小微企业融资服务能力提升到新的高度,也标志着银联商务利用大数据开发,为银行和商户提供增值服务能力的提升,更开启了中信银行与银联商务强强联手、合作共赢的新篇章。

互联网改造小微贷成风,通过大数据为小微贷注入互联网基因正成为风险高、人力成本高的小微贷业务的突破口。

"银行自身不一定要拥有大数据，中信银行更看重的是与重要的合作伙伴一同整合数据。"中信银行网络银行部相关负责人称。正是基于这样的认识，中信银行网络银行部还在2013年开始与腾讯合作推出网络小额贷款。

在实际操作过程中，贷款担保以及防止"流水造假"等数据造假现象也至关重要。

"在实际操作中，小微企业的贷款申请通过率仍不到七成，核心的贷款担保问题始终未得到解决。而POS商户网贷产品以商户自身稳定的POS交易记录为贷款审批的主要依据，真正意义上为小微企业绕开了抵押物的屏障"，中信银行客户经理介绍道，"另外，中信银行网络贷款系统有一套复杂的评估模型，对交易流水量、波动幅度等有评判标准，就算虚假数据可以骗过计算机程序，但骗不过银行传统的线下实地调研，当发现它的日常流水紧急下降或增加，银行就会去商户现场查看交易有没有异常变化，线上线下相结合确保信息真实，防范风险。"

网络化是银行的一个趋势，网上银行正在取代物理网点，商业银行必须借助互联网的发展，主动适应变革。面对互联网时代下商业模式与金融模式变革的新挑战，银行纷纷加快网银服务的转型与升级，以应对不断变化的市场环境与客户需求。应势而生的网络银行不仅改变着银行的经营模式和客户接受银行产品服务的方式，更将成为现代商业银行的新兴业态，吸引各家银行再度掀起角逐大战。

据了解，中信银行积极推动网络渠道建设，为客户提供更丰富的产品和服务，优化界面和流程，提高客户满意度。个人网银新增大宗商品签约、银期保证金存管系统相关功能，优化理财、基金、转账、缴费等模块；个人手机银行新增登录密码键盘控件，保障客户账户信息安全；公司网银增加中央财政授权支付功能，方便预算单位使用本行公司网银进行财政支付。"除了传统的电子银行业务之外，中信银行网络银行还将突破远程开户和网络授信核查等关键技术难关，重点突破电子商务、移动支付和网络贷款等产品领域，打造全流程网络银行服务模式"，中信银行相关负责人介绍道。他同时表示，中信银行未来仍将重点探索与互联网企业、支付机构和网络运营商的合作，创新集群营销模式，实现客户资源共享，同时也会进一步加强渠道风险监控力度，优化风险预警监控系统规则，开展信息安全风险自查，为中信银行个人网银、移动银行、网上支付等渠道构建行之有效的风险防范机制。

中信银行相关负责人表示，当下互联网金融发展如火如荼，中信银行在网络金融领域，定会继续坚持理念创新、产品创新和IT创新，打造在互联网经济中的核心竞争力。

资料来源：经济参考网，2014-9-1.

▓ 本章小结

市场细分是指企业根据消费者水平的不同以及金融市场上的大环境趋势来选择的具体受众市场。

金融市场的整体环境下存在许多的细分结构，根据各个金融机构自身的不同条件和目标客户群体，各家机构应选出适应的目标市场。在目标市场当中考虑好竞争对手和市场空白，依照当下的市场环境制定出合适的营销战略。

细分市场能够有效地将业务和资金集中起来投资或者开拓更有潜力的市场，以获得更大的市场份额或者更多的盈利。在细分市场中确立目标市场是金融机构更为重要的任务。将目标市场作为其准确的投资市场，并在当中筛选合适的受众群，以此作为盈利的重要手段。目标市场的定位方法与步骤主要就是从宏观到微观进行选择的划分。

根据金融企业所选择的目标市场进行不同特点营销战略的配置和计划也是其在市场细分战略当中必要的实施手段。具体的定位营销战略主要有：特色定位、拾遗补缺型定位以及竞争性定位。

思考题

1. 目标市场的确定需要哪些方法和步骤？
2. 如何选择一个商业银行的细分市场？

案例讨论

民生银行上线"金融e管家" 大数据驱动公司业务智能化

民生银行在历时2个月、进行31次版本更新、完成3200多次登录测试后，被命名为"金融e管家"的民生银行客户关系服务平台日前正式上线。这是民生银行充分利用大数据分析挖掘技术、实施精准营销制导的又一大创新，将推动对公业务操作从"手工时代"升级到"智能时代"。

据介绍，民生银行"金融e管家"具有四大特征：一是大数据挖掘，结合上市公司数据、工商数据、征信数据等，整合了民生银行200多个系统的数据。二是供应链开发，对公司业务交易网络进行全网络分析，实现精准的客户推荐和产品推荐。三是完善的客户关系管理体系，客户经理可以正确运用平台的客户拜访、到期提醒、产品推荐、产品专家等功能和服务。四是科学的客户绩效评价体系，实现对客户绩效的全面评价，为不同特点的客户提供个性化金融服务。

民生"金融e管家"究竟能做什么？简而言之，就是提供深度的数据产品、成为交易的信息中心、提高客户的认可度，清晰回答了"巩固哪些客户？提升哪些客户？培育哪些客户？"三大公司业务转型的关键问题。

例如，民生银行有一个上市集团客户，总资产达80亿元，市值297亿元，但其2014年上半年净利润仅为1.5亿元。通过"金融e管家"平台分析发现，该集团有370家上下游企业，年往来资金量超过10亿元，但通过民生银行结算的仅占26%，集团整体的交易成本非常高。为了帮助该集团打通供应链，"金融e管家"分析了其资金往来特征，建立了交易网络模型和上下游客户推荐模型，并为其匹配了最佳的金融产品，推荐了优质伙伴。近半年来，该集团的盈利水平实现了大幅提升。

这一案例足见民生银行运用大数据开展业务，进行业务模式的创新之处：一是对线下业务资源的整合。"金融e管家"基于对客户信息更深层的探测，将有效信息放大，筛选出最高效的企业关系群体，优化、加速这一群体的资源配置。二是有前瞻性的整体架构意识。"金融e管家"运用复杂网络科学、力导向布局图等大数据分析手段，加大了行内外数据资源的整合力度，构建了客户基因图谱模型和智能产品推荐模型，实现客户价值的最大化。

据悉，为更好地适应公司业务转型的需要，民生"金融e管家"将围绕"聚焦重点行业、重点区域、战略客户"，同时聚焦核心大客户的交易融资等，持续推进二期、三期开发计划，加快推动大数据时代的业务作业模式变革。

资料来源：中国证券网，2015-3-17.

案例讨论题：

1. "金融e管家"能给客户带来什么方便？
2. 大数据营销有哪些特点和优势？

推荐读物

安贺新，张宏彦. 商业银行营销实务[M]. 北京：清华大学出版社，2013.

本章参考资料

1. 安贺新，张宏彦. 商业银行营销实务[M]. 北京：清华大学出版社，2013.
2. 万后芬. 金融营销学[M]. 北京：中国金融出版社，2003.
3. 袁长军. 银行营销学[M]. 北京：清华大学出版社，2014.
4. 安贺新. 服务营销管理[M]. 北京：化学工业出版社[M]，2013.
5. 赵占波. 金融营销学[M]. 北京：北京大学出版社，2014.
6. 罗军. 银行营销管理[M]. 北京：西南财经大学出版社，2010.
7. 王花毅，鲁爽. 我国商业银行服务音效的策略研究[J]. 经济研究导刊，2013(26).
8. 王宏伟. 商业银行个人理财业务的市场细分实践[J]. 北京：洛阳师范学院学报，2012.
9. 周建波，刘志梅. 金融服务营销学[M]. 北京：中国金融出版社，2005.
10. 邹亚生. 银行营销导论[M]. 北京：对外经济贸易大学出版社，2006.

第四章
金融服务产品策略

本章学习目标

- 了解金融服务产品的基本概念、特征、分类
- 了解金融服务产品组合的概念、组合策略
- 了解金融服务产品在不同生命周期的营销策略
- 掌握金融服务新产品的开发策略、开发程序
- 了解金融服务产品的品牌策略

本章主要概念

金融服务产品、金融服务产品组合、金融服务产品组合策略、金融服务产品生命周期、金融服务新产品、金融服务产品品牌

导入案例　　招商银行推出"微信银行"金融产品

科技让生活变得更简单、便捷。2013年3月末，招行正式推出信用卡微信客服，据悉，到目前为止已经有超过100万客户绑定了招行信用卡的微信客服平台，好评如潮。7月2日，在推出信用卡微信客服的短短80多天后，招商银行再度宣布升级了微信平台，推出了全新概念的首家"微信银行"。"微信银行"的服务范围从单一信用卡服务拓展为集借记卡、信用卡业务为一体的全客群综合服务平台。

"微客服"升级为"微信银行"

升级后的"微信银行"覆盖了更广阔的服务范围，不仅可以实现借记卡账户查询、转账汇款、信用卡账单查询、信用卡还款、积分查询等卡类业务办理，更可以实现招行网点查询、贷款申请、办卡申请、手机充值、生活缴费、预约办理专业版和跨行资金归集等多种便捷服务。此外，微信银行的在线智能客服更可实现在线实时解答客户咨询，为客户提供了非常便捷的咨询通道。

"微信银行"功能更强大

"微信银行"除了人们所熟悉的客户服务功能外，更提供了网点地图和排队人数查询的功能。客户在微信上选择"网点查询和服务预约"的菜单并登录后，将可以看到附近有哪些招行网点和这些网点目前的排队情况，方便客户选择排队最少的网点办理业务。

除了以上功能外，想申请信用卡、贷款或预约办理专业版和跨行资金归集的客户，也可以在"微信银行"选择相应的菜单，进行信息录入。之后，便会有招行的客服人员主动联系办理，该功能在很大程度上提高了业务办理的效率。

"微信银行"安全有保障

"微信银行"是招行手机银行的延伸，也是继网上银行、电话银行、手机银行之后又一种方便银行用户的金融业务服务方式。对客户而言，它的便利性进一步加强，对于一些常用业务和便捷业务，客户可直接在"微信银行"中进行办理，随时随地进行查询、咨询与办理，客户选择空间更大。

在"微信银行"中，凡涉及客户私密信息的功能，均将在招行手机银行后台进行办理，招行手机银行采用SSL安全协议进行高强度的数据加密传输，即使网络传输的数据被截获，也无法解密和还原。同时，招商银行采用双重密码、图形验证码等全方位安全措施，确保客户资金与信息的安全。在登录时要提供登录名、密码，即使手机被他人操作，不知道密码也将无法登录。在用户退出手机银行或关闭手机浏览器后，手机内存中临时存储的账户密码等信息将自动清除，不会在手机上保存。如果用户打开手机银行，超过一定的时间未操作，银行后台系统将自动注销登录。

鉴于微信具备信息表现形式丰富、拓展性好、延展性好等特点，同时可支持视频通话等创新功能，微信将会为银行客服带来更广阔的发展空间。

也许有一天，可以不去网点，通过手机与招行服务人员视频通话就可以办理业务。未来有更多可能，让我们共同期待。

资料来源：http://roll.sohu.com/20130715/n381602632.shtml.

　　上述案例中提到的"微信银行"是一种典型的金融服务产品，但究竟什么是金融服务产品、金融服务产品有哪些特性、金融服务产品是如何开发和营销的，本章节就这些问题展开讨论和说明。

第一节　金融服务产品整体概念

■ 一、金融服务产品的概念与特征

(一) 金融服务产品的概念

　　金融服务产品在我们的生活中随处可见，并且我们几乎时时刻刻都在使用金融服务产品，如银行的储蓄存款、购买的财产保险、信用卡消费、购买股票和债券、银行发行的各种理财产品等。

　　金融服务产品首先是一种产品，市场营销学家菲利普·科特勒将产品定义为能够提供给市场以满足需求和欲望的任何东西。那么，我们可以将金融服务产品理解为提供给市场来满足金融需要的任何东西。对金融服务产品理解的侧重点不同，定义也就不同。如果从金融服务角度理解，金融服务产品是指"以特定市场为目标，由一种金融机构为任意用户所提供的一整套服务"。这是英国金融营销学家亚瑟·梅兰所下的定义。如果从金融工具角度理解，金融服务产品是指金融市场上交易的对象，即各种金融工具。

(二) 金融服务产品的特征

1. 金融服务产品具有无形性

　　银行、证券、保险等金融机构中所提供的金融服务产品在实物形态上基本是无形的，如银行的投资理财、购买的股票等，因而具有较强的抽象性。虽然我们看到一些金融服务产品在买卖过程中伴随着一些实物介质，如信用卡、存折、账单等，但这些东西并非金融服务产品本身，而是作为金融服务产品买卖过程中的凭证。由金融服务产品所具有的无形性，决定了金融服务产品具有很大的风险性。

2. 金融服务产品具有不可分割性

　　金融服务产品的不可分割性具体体现在以下几个方面。第一，金融服务产品在买卖过程中与顾客是不可分割的，即离不开顾客的参与；第二，金融服务产品的相关服务与金融机构是不可分割的，例如，银行关于金融产品的服务与银行本身是分不开的；第三，金融机构在提供金融服务产品过程中的各个相关环节都是不可分割的，因此在金融服务产品的销售过程中要注意各个过程的相互关联。

3. 金融服务产品具有广泛性

金融服务产品的无形性决定了金融服务产品本身具有很大的风险性，由于各种各样客户的风险承受能力不同，因而有不同的产品需求。所以，要提供广泛的金融服务产品来满足客户的不同需求。

4. 金融服务产品具有增值性

产品的增值性是金融服务产品区别于大多数其他产品最显著的特点。无论是购买还是出售金融服务产品，都可能会盈利。例如，金融理财产品的购买者是为了获得未来的收益，金融理财产品的出售者则是通过融通资金来用于投资或用于其他方面进而获得更大的收益。

5. 金融服务产品具有易模仿性

金融服务产品是很容易被模仿的，只要某一个金融机构推出了一款特别的金融产品，该产品就很容易被同行业的其他机构所模仿。

6. 金融服务产品与客户的关系是持续的

通常情况下，消费者购买商品是一个一次性的过程，而金融服务产品的购买者与金融服务产品本身是一个持续性的过程。例如，个人理财服务是一个持续的过程，银行首先要分析客户的财务状况，通过发掘客户需求，为客户制订财务管理计划，并帮客户选择金融服务产品以实现客户的理财目标。

■ 二、金融服务产品的分类

随着经济社会的不断发展和金融市场的不断开放，金融服务产品的种类也日趋增多。纷繁复杂的金融服务产品有多种划分方法，可以从产品提供者的角度、服务的客户对象角度、产品的存续时间长短角度、产品发行者的性质角度进行分类。

从产品提供者的角度可以将金融服务产品划分为银行金融服务产品、保险金融服务产品和证券金融服务产品。银行金融服务产品主要包括资产类产品(如短期贷款)、负债类产品(如发行金融债券)、结算类产品(如银行汇票)、租赁类产品(如融资租赁)、顾问类产品(如投资顾问)等。保险金融服务产品主要包括普通保险产品和人寿保险产品，其中普通保险产品包括财产保险类产品、责任保险类产品、运送保险类产品等。证券金融服务产品主要包括股票、债券、基金类产品等。

从金融产品所服务的客户对象角度可以将金融服务产品划分为向个人服务的金融服务产品和向公司服务的金融服务产品。以个人顾客为对象的金融服务产品主要包括活期账户、储蓄账户、个人抵押贷款、银行转账、咨询服务等。以公司为对象的金融服务产品主要包括公司贷款、公司活期账户、由政府有关部门提供的贷款保证。

从金融服务产品的存续时间长短角度可以将金融服务产品划分为短期金融服务产品和长期金融服务产品。短期金融服务产品是指那些存续期在一年以内的金融服务产品，主要包括支票、国库券、短期贷款、短期债券等。长期金融服务产品是指那些存续期在一年以上的金融服务产品，主要包括股票、长期债券、长期贷款等。

从金融服务产品的发行者的性质角度可以将金融服务产品牌划分为直接金融服务产品和间接金融服务产品。直接金融服务产品是指资金直接在需求方和供给方之间融通的金融工具，主要包括股票、公司债券、政府债券等。间接金融服务产品是指资金通过中介机构在需求方和供给方之间融通的金融工具，主要包括银行存款、银行债券、银行承兑汇票、保险单等。

实例4-1　　中国农业银行山东省分行助农取款服务产品介绍

【金穗惠农卡】金穗惠农卡是我行面向农户发行的银联标准借记卡产品，除具有金穗借记卡存取现金、转账结算、消费、理财等功能外，还向持卡人提供农户小额贷款载体、财政补贴代理等特色服务，并提供一定金融服务收费减免优惠。

【自动柜员机】我行现金类自助设备可以为客户提供取款、存款、转账、查询、修改密码等服务。适用对象：适用于金穗借记卡、准贷记卡、贷记卡、惠农卡等客户以及非本行卡客户。

【POS机具】POS机具设备是指收单行向特约商户提供的具备受理银行卡刷卡消费、查询、转账等功能的金融终端。

【网上银行】网点注册客户可享受账户信息查询、转账交易、漫游汇款、贷记卡还款、网上缴费、理财服务、信息管理、网上外汇宝、电子工资单查询等服务。

【手机银行】手机银行业务是指我行利用无线网络和移动电话，为客户提供信息查询、转账汇款、缴费支付、信用卡、漫游汇款、农户贷款、定活互转、第三方存管、消息定制、账户管理、个性设置等金融服务。

【电话银行】电话银行业务是指我行利用电话自动语音向客户提供的24小时不间断的金融服务，具有转账结算、信息查询、投资理财等功能。电话银行服务号码为：95599。

资料来源：http://paper.dzwww.com/.

■ 三、金融服务产品层次划分

金融服务产品从本源上来说属于服务产品，为企业和个人的货币财富提供服务。借用营销学产品分层方法可以将金融服务产品划分为五个层次：核心产品、形式产品、期望产品、延伸产品、潜在产品。

核心产品是指产品能提供给客户的基本效应和利益，以此来满足客户的基本金融需要。对于金融服务产品而言，基本的金融需要包括安全、方便、保值、利息和各种预测。如贷款产品会产生利息，带来财富增值利益。

形式产品是指金融产品满足客户需求的具体形式，是体现核心产品特征的外在形式。形式产品主要表现为权益凭证或交易契约，如存款单、票据、保险单、债券等。随着科技的进步，金融活动和交易变得越来越虚拟化，形式产品的表现形式也发生了一些变化，以纸张为载体的契约凭证逐渐转变为电子凭证，如信用卡、上市公司股权证托管体系、储蓄卡等。

期望产品是指客户在购买或消费某种金融服务产品时，期望这些产品所具备的一系列属性和条件。一般表现为客户期望从金融机构中获得一些良好和快捷的服务，如客户期望办理业务过程要方便、快捷，客户期望在银行储蓄的资金安全等。

延伸产品是指金融机构根据客户的相关需要提供给客户期望值之外的利益，这些利益和需要在客户寻觅、购买和使用产品的过程中是能感受到的，如借记卡消费过程中的短信通知服务，产品购买过程中的咨询服务等。

潜在产品是指产品存在的尚未开发的能满足客户潜在需求的附加功能和产品在将来可能经历的变动，如客户希望银行增设一些办理业务的窗口等。

第二节 金融服务产品组合

■ 一、金融服务产品组合的概念

通常情况下，企业在生产经营过程中往往是生产和销售许多种产品，这一系列产品形成了产品组合，这些产品组合能够促进产品的销售、提高经营利润、分散经营过程中所面临的风险、满足顾客的需求。金融机构在经营过程中必须满足安全性、盈利性、流动性的原则，因此金融机构设计的金融服务产品也是基于上述三个原则的产品组合。这些金融服务产品组合能够分散风险、提高利润，同时也能满足不同客户的需求。

金融服务产品组合由许多条产品线组成，而每条产品线又由一系列的产品项目构成，所以金融服务产品组合就是金融机构为满足客户的需求而提供的所有产品线和产品项目的组合。其中，产品线是指一组相关的产品，这些产品的功能类似并且能够满足顾客的某一类需求，例如存款类产品组成一条产品线、票据类产品组成另一条产品线。产品项目是指某一产品大类内由尺寸、价格、外形及其他属性来区别的具体产品，如汇票就是票据类产品线中的一个产品项目。

实例4-2   农行"好时贷"个人理财产品组合方案

产品组合：

个人住房贷款产品+气球贷+存贷通

适用群体：

主要适用于资金实力比较强，既想省息又能充分运用手头资金的成长型或成熟型个人客户群体。

服务特色：

一是省息。二是月供更轻松。可选择较短的贷款期限(如5年)，但以较长的期限(如10

年、20年、30年)来计算月供，减少月供压力。三是资金周转更方便。存贷通理财账户上的资金自由存取、自由周转，方便灵活，视同提前还款的部分资金可随时提用。

方案体验：

李先生是某公司的一名业务骨干，在农业银行申请了50万元个人住房贷款，并且自己名下的一存款账户长期存有父母的养老资金20万元。虽然想省利息提前还贷，但考虑到家庭备用金、子女教育金等资金需求，手中即使有闲置资金也不敢用来提前还款。

农业银行省息巨无霸方案提供了超出想象的增值服务。李先生仅使用气球贷这一还款方式就大大减少了当前的月供(选择5年期并约定30年期限计算月供的还款方式)。

资料来源：http://bank.godsignal.com/grdk/2014-07-22/47594.html.

■ 二、金融服务产品的组合策略

通常任意一个产品组合都包括产品组合的宽度、深度、长度和关联度四个要素，要想确定一个产品组合首先就应该明确该组合的深度、宽度、长度和关联度。

产品组合的宽度是指金融机构所拥有产品线的数量，产品线的数量越多，表明产品组合越宽。产品组合的深度是指每条产品线内所包含的产品项目的数量，每条产品线中包含的产品项目个数越多，产品组合越深。产品组合的长度是指金融机构提供的所有金融产品的总数，产品组合越宽、越深，长度也就越长。产品组合的关联度是指金融机构所拥有的产品线之间的接近性或密切程度，如果产品线之间在产品功能、服务方式、服务对象等方面相关性越大，则可以说明产品组合的关联度越高。

金融产品组合策略是指金融机构按照顾客的需求，对产品组合的深度、宽度、长度、关联度进行合理确定的策略。

通常情况下，金融机构所选择的金融服务产品组合策略主要包括以下几个。

(1) 全线全面型策略。指金融机构以向所有细分市场提供其所需要的一切产品或服务为目标的策略。金融机构要向业务范围内的所有客户提供所需要的产品或服务，并且不断扩大产品组合的宽度、增加产品组合的深度，尽可能满足整个市场的需要。如花旗集团采用的就是全线全面型策略，是集商业银行、投资银行、保险、共同基金、证券交易等诸多金融服务业务于一身的金融集团。

(2) 市场专业型策略。指金融机构以向某专业市场提供其所需要的各种产品为目标的策略。采用这种策略的金融机构更加关注产品组合的广度和关联度，不太强调产品组合的深度。

(3) 产品线专业型策略。指金融机构专注于同一种类不同品种产品的提供，来满足市场各类客户需求的策略。采用这种策略的金融机构更加关注产品组合的深度和关联度，不太强调产品组合的深度。如中国人寿保险公司专门经营寿险业务，围绕人寿保险开发出许多产品来满足市场需求。

(4) 特殊产品专业型策略。指金融机构根据自身特长提供或经营有竞争力或有优秀销路的产品或服务的策略。采用这种策略的金融机构更加关注产品组合的关联度，不太强调产品组合的深度和广度。如邮政储蓄银行针对农村开展的小额信贷业务。

(5) 产品线填补策略。指金融机构以原有产品线为基础，再增加新的产品线和产品项目的策略。这种策略可以使金融机构充分利用现有技术、资源、市场来扩大业务范围，减少企业成本，增加企业盈利。

(6) 产品线剔除策略。指金融机构根据市场环境的变化适时剔除一些获利较小并且没有发展前途的产品的策略。在这种策略下，金融机构将集中精力发展那些获利能力强、市场占有率高、有发展前途的产品。

知识链接4-1　商业银行常规产品组合宽度和产品组合长度

存款服务		融资服务			中介服务		综合理财服务
个人服务	公司服务	一般融资	票据融资	特色融资	结算服务	其他中间服务	
活期储蓄	基本存款	流动资金贷款	银行承兑汇票	流动资金整贷零偿	支票	保管箱	资金快速收付方案
支票储蓄	一般存款	存单质押贷款	银行承兑汇票	仓单质押授信	银行本票	银行保函	现金理财方案
整存零取	临时存款	国债质押贷款	买方付息票据贴现	收费权担保贷款	银行汇票	外汇担保	E路通行方案
零存整取	专用存款	外汇担保贷款	商业汇票贴现	出口信用保险押汇	商业汇票	外汇买卖	代理服务方案
存本取息	定期存款	固定资产贷款	商业汇票转贴现	中小名营企业授信	集团资金划汇	存款证明	资信服务方案
定活两便	通知存款	银团贷款	商业汇票买入	法人按揭贷款	票据清算	信贷证明	财务顾问方案
通知存款	协定存款	出口买方信贷	商业汇票买入	保本基金质押贷款	电话银行	资信证明	受托理财方案
定期存款		房地产开发贷款		股份/股票质押贷款	网上银行	资信评价	投资理财方案
外币存款		住房抵押贷款		厂商银储授信	公司卡	代理政策银行委托	集团公司理财方案
教育存款		汽车贷款		项目融资	汇兑	代理财政委托	外汇理财方案
借记卡		消费贷款		循环担保融资	委托收款	基金托管	家庭理财方案
		信用卡透支			托收承付	代销基金	
					国内信用证	代销保险	

资料来源：杨米沙，张丽拉，栾淑彦. 金融营销[M]. 北京：中国人民大学出版社，2014.

第三节 金融服务产品生命周期与营销策略

■ 一、金融服务产品生命周期

(一) 金融服务产品生命周期概述

金融服务产品同其他任何产品都一样，也会在市场上经历从出现、发展到最后被淘汰的整个过程，通常我们把这个过程称为金融服务产品的生命周期。金融服务产品从进入市场开始，其销售增长状况和获利能力都会随着时间的推移和外界经济环境的变化而变化，因此，我们根据金融服务产品的销售状况和盈利状况将金融服务产品的生命周期划分为四个阶段：导入期、成长期、成熟期和衰退期。产品生命周期的曲线图形类似于倒"U"形，如图4-1所示。

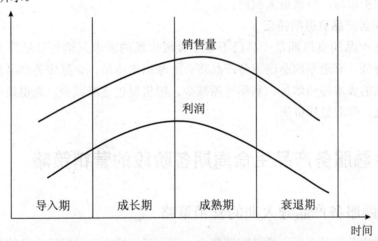

图4-1 产品生命周期曲线图

(二) 金融服务产品生命周期的阶段特征

1. 金融服务产品导入期特征

金融服务产品的导入期是金融服务产品在开发后初次投入市场的时期。当新的金融服务产品投入市场之后，消费者对它不了解、认识程度也不高，所以需要一个接受的过程，因此，这一阶段金融服务产品的销售量比较少，销售速度也比较缓慢。此外，开发费用和销售费用在这个阶段比较高，因此，金融服务产品的成本比较高。在产品的导入期，产品开发者不能确定产品的购买力情况，产品的定价比较困难，价位定低了对顾客没有吸引力，相反价位定高了会影响金融企业的利润。考虑到产品导入期销售量少、成本高、利润少，由此会给金融机构带来很大的风险。这一阶段的营销目标主要是建立知名度，鼓励试用。

2. 金融服务产品成长期特征

金融服务产品的成长期是产品经历了导入期之后，得到了顾客的认可，销售量和利润快速增长的阶段。产品经过导入期后，客户对已有金融产品有了一定的认识，产品的销售规模会逐渐扩大，成本逐渐降低，价格有所回落，利润逐渐增加。但是，当产品进入成长期之后，同行业的其他金融企业受到经济利益的诱惑也会开发同类型的金融服务产品，因此，产品的竞争在这阶段出现并且会不断增强，最大限度地占有市场也成为这一阶段的主要营销目标。随着竞争的出现，金融服务产品的定价也会趋于合理化。

3. 金融服务产品成熟期特征

金融服务产品的成熟期是产品的销售增长率和利润增长率逐渐放缓的阶段，该阶段产品销售量达到了最大，成本比较低，价格趋于稳定，利润达到最大，金融服务产品在这一时期持续的时间往往比较长。金融服务产品进入成熟期之后，顾客对该产品的内容和特征都非常了解，认识程度也已经非常高。市场在这个阶段会逐渐呈现出饱和的状态，产品过剩，因此会促使新的替代品出现。金融服务产品在成熟期持续时间的长短主要决定于消费者对产品的满意程度，所以金融机构会不断地提高自身的服务质量和信誉。成熟期的营销目标主要是保护市场，争取最大利润。

4. 金融服务产品衰退期特征

金融服务产品的衰退期是产品已不适应金融市场的需求，销售量呈现下降趋势的阶段，竞争力降低，衰退期的金融服务产品将会逐渐退出市场。金融服务产品在衰退期的显著特征是产品的成本逐渐增加、利润逐渐减少、销售量也逐渐减少。衰退期产品的营销目标是压缩开支，榨取最后价值。

■ 二、金融服务产品生命周期各阶段的营销策略

(一) 金融服务产品导入期的营销策略

由于金融服务产品在导入期具有销量少、利润低、成本高、风险大等特征，决定了金融服务产品必须采取如下一些营销策略。①考察产品的市场需求情况。在产品的导入期，企业应该充分考察市场的需求，对产品进行准确定位，找准目标市场和服务群体。②加强宣传和推广。在金融服务产品投入市场的初期，消费者对产品的认识程度低，金融企业应该加大对该产品的宣传和推广，广泛传达产品新信息，吸引顾客来了解和购买这种产品，从而提高该产品的市场占有率。在宣传和推广的过程中，会花费很多营销费用，使金融企业的成本有所增加。③根据产品的类型选择合理的价格策略。例如，对于一些市场容量比较大、价格弹性也比较大、顾客了解程度比较高的金融服务产品可采用低价格的策略；而对于市场需求比较大、创新程度比较高的金融服务产品可采用高价格的策略。④做好渠道网络布点、咨询、服务准备。通过网络布点、咨询等服务，可以使客户能够及时准确地了解新的金融服务产品，对提供该产品的市场占有率有很大的促进作用。

实例4-3　　　　　　四大特色产品亮相中信银行"感恩季"

为了将感恩幸福的生活理念传递给消费者，打造以客户为中心、专注客户幸福体验的银行形象，中信银行在全行范围内开展了2014年第四季度"中信红·感恩季 爱在感恩有礼"零售综合营销活动。

此次活动以传递"感恩"之情作为整个活动的核心链条。将"9元看电影""与爸妈一起拍全家福""幸福年华卡广场舞大赛""充话费、不断网""网购不缺钱，网贷来买单""信用卡'光棍节翻牌'""新年答谢演出""送苹果、送平安"等活动串联。

除各种营销活动之外，中信银行也为不同阶段的不同活动准备了多种特色产品及产品套餐。

资料来源：http://finance.qq.com/a/20141128/016295.htm.

(二) 金融服务产品成长期的营销策略

对于成长期的金融服务产品，销量和利润的增长都比较快，竞争也越来越激烈，针对这一时期产品的特点，可以采用如下一些营销策略。①进一步加大产品的宣传力度，树立企业形象，创立品牌效应，使产品深入人心。②优化金融产品，改善产品的服务质量，不断满足市场需求，增强产品的市场竞争力。③可以适度调整产品价格，来吸引更多消费者，从而扩大产品的市场占有率。④开发新渠道、新市场，增设新的服务网点，来扩大产品的销售量。

实例4-4　　　　　　　建行信用卡推十项优惠

10元看大片、10元欢唱、10元打羽毛球、5折海鲜、免费停车、加油返现、健康体检……日前，建行启动"真心10意 十全十美——建行龙卡信用卡暖冬回馈季"活动，从本月起到年底，持建行指定信用卡消费将有10项不同的优惠。

本次活动中，将有各色优惠项目照顾到持卡人的各项消费，例如在吃喝玩乐方面，"10元看大片""好戏10连台"等将给你带来前所未有的视听盛宴。而"十全美食汇""10元唱翻天"将让你吃得舒心、玩得开心。此外，"健身享10惠""至尊关爱 时刻相伴"等让你轻松运动，更添活力。"时时送关怀"让你关注身体健康，时时呵护。

除了上述优惠外，建行还推出了"加油停车'十'来运转"活动，用户可享受到免费停车及中石化加油卡赠送。"真心'十'意 心动、行动"活动可以5元换购商场购物卡。同时，只要登录建行网银、手机银行、E动终端或网站在线申办建行信用卡，成功出卡并任意消费后即可获50元话费赠送。

资料来源：http://finance.qq.com/a/20141124/012414.htm.

(三) 金融服务产品成熟期的营销策略

处于成熟期的金融服务产品在市场上基本呈现饱和的状态，为了增加产品的存续时间、维持企业利润最大化，企业应该采取如下一些营销策略。①市场改良策略。所谓市场改良策略是指企业在原有销量的基础上，不断挖掘产品的新用途、开拓新的细分市场、刺激现有用户、寻找潜在客户等，以此来扩大产品的销量。②产品改良策略。所谓产品改良策略是指通过提高产品质量、增加产品用途、改进产品样式等，来满足客户的不同需求，从而增加产品的销量。③营销组合改良策略。所谓营销组合改良策略是指通过改变价格、销售渠道、促销方式，增加产品的销量，从而延长产品成熟期。

实例4-5　　市民存款搬家大行坐不住了　沪工行存款利率上浮到顶

五大国有银行酝酿利率上浮到顶的消息变为现实。工行上海分行于2014年12月8日宣布，多项存款利率上浮到顶。

在央行11月22日降息并提高存款利率浮动上限后，南京银行、宁波银行率先将所有利率上浮到顶，平安银行、广发银行等股份制银行也随即作出反应，将全部或是大部分利率上浮到120%，此后浦发银行、农村商业银行、兴业银行、光大银行等也调整利率。

南京银行上海分行因其利率全部上浮到顶，一周内储蓄存款飙升12%，网点客流更是同比增加了50%～70%。

资料来源：http://finance.qq.com/a/20141209/024326.htm.

(四) 金融服务产品衰退期的营销策略

这一时期的金融服务产品的销量逐渐减少、利润逐渐降低，产品也将不适应市场需求，逐渐退出市场，企业为了降低成本，尽量扩大利润空间，可以根据具体情况采取如下一些营销策略。①维持经营策略。即继续使用过去的经营策略，保持原有的细分市场，维持原有的市场份额，直到产品完全退出市场。②集中经营策略。即集中金融企业最有利的细分市场和营销渠道来获得最大的利润。③收缩经营策略。即金融企业通过减少产品的销售费用和推广费用，将资源集中在最有利的市场，来增加利润。④放弃经营策略。当出现新的替代品时，企业应该当机立断，放弃经营，用新产品来替代旧产品。

第四节　金融服务新产品开发

通过前面描述的金融服务产品生命周期可知，金融服务产品和生物体的生命一样会经历导入期、成长期、成熟期和衰退期四个过程，由此决定了金融企业只有不断开发新的金融服务产品，才能提高其竞争能力，从而在变幻莫测的市场环境中生存与发展。

■ 一、金融服务新产品的含义和种类

金融服务新产品是指金融机构为适应市场对产品的需求，向市场提供的能够给客户带来新的利益和满足的，与原产品有根本区别的新产品。营销学中所指的金融服务新产品并不仅仅指开发出的全新产品，只要是变更原有金融服务产品中的任何一部分，能够给客户带来新的利益和满足，都属于金融服务新产品的范畴。金融服务新产品一般包括以下几类。

1. 全新型产品

全新型产品是指金融机构利用新原理、新技术和新方法，创造出来的前所未有的产品。该产品能给消费者带来崭新的需求和满足，并且相比其他产品，该类产品的生命周期相对较长。如美国花旗银行为规避利率管制发行的大额可转让定期存单、美国第一安全银行经营的网络银行、首次推出的电子货币等。随着新技术的不断涌现、经济全球化步伐的加快、同行业竞争越来越激烈，全新型产品的创造速度将会明显加快。

2. 改进型新产品

改进型新产品是指金融机构对原有产品的结构、功能、品质、特性、形式等方面进行改造而形成的新产品。如商业银行在整存整取储蓄存款的基础上推出存本付息、整存零取储蓄存款、定活两便、零存整取储蓄存款。再如，许多银行在原有信用卡的基础上，推出了突出自己某些特色的信用卡，如农业银行金穗信用卡、建设银行的龙卡名校卡等。这类改进型新产品是在原有产品技术基础上做适当的改进而推出的，与原来产品没有太大的区别。

实例4-6　　　　　　　建设银行推出龙卡日本旅行信用卡

日前，建设银行隆重推出龙卡日本旅行信用卡，为有赴日旅行、购物和商务需求的客户提供包括出行、通讯、住宿、观光、购物、美食等一揽子优惠便捷服务。据悉，建行此次推出龙卡日本旅行信用卡主要包含日本机场巴士优惠、免费wifi礼遇、热门景点门票立减特惠、成田等国际机场免税店和知名百货购物折扣、特色高端医疗预订等多重专享礼遇，同时免收外汇兑换手续费。白金卡客户还可尊享日本30余家机场贵宾厅礼遇、酒店商品券赠送、日本精选餐厅优惠。

此外，该款龙卡信用卡持卡人在国内还可享受包括北上广近20余个城市的国内机场贵宾厅礼遇，长沙、深圳、广州高铁贵宾厅礼遇，国内10余家机场1元停车礼遇和北上广深五大机场1元接送机礼遇以及航空意外保险、航班及行李延误险和境外失卡保障等高额保险保障服务。

资料来源：http://finance.qq.com/a/20150119/027499.htm.

3. 换代型新产品

换代型新产品是指金融机构利用新技术手段开发的，对原有产品在性能等方面进行重大革新形成的新产品。如银行卡的升级换代、网上银行业务等。这类产品通常是利用最新的技术成果开发而成，使原有产品的性能有巨大的提升。

实例4-7　　　　建行推龙卡全球支付卡全系列产品

日前，中国建设银行联合中国银联推出龙卡全球支付信用卡。该卡以芯片卡为介质，可为具有国际商务往来、出境旅游及海外求学需求的中高端客户群体提供人民币跨境支付服务，在建设银行2013年发行的双标识龙卡全球支付信用卡产品基础上实现了三大突破。一是权益更丰富。在保留"全币种、免兑换"等特色功能基础上，依托中国银联全球140多个国家和地区的1200万家商户资源，为客户带来更实在的刷卡优惠。二是群体更广泛。产品涵盖金卡、钛白金卡、标准白金卡三大等级，实现龙卡信用卡全等级的"全球支付"权益。三是使用更安全。该卡以银联金融IC卡为介质，有效降低信用卡被复制导致的伪冒风险，还可支持电子现金、非接触快速交易等支付功能，可为客户提供多样化的用卡体验。

资料来源：http://finance.qq.com/a/20141208/037980.htm.

4. 仿制型新产品

仿制型新产品是指金融机构对经营市场中现有的金融服务产品结合自身特点做局部的改进和创新而推出的新产品。如1972年美国马萨诸塞州的一家互助储蓄银行获准开办"可转让支付命令"马上在全国掀起一股浪潮，1981年就在全国各家银行盛行开来。这类产品在开发过程中不需要新的技术，只需模仿已有的金融产品即可，所以开发成本比较低。上述关于仿制型产品的特性也决定了该种产品的市场竞争比较激烈、生命周期相对较短。

5. 组合型新产品

组合型新产品是指金融机构将现有的两个或多个产品进行组合从而形成的新产品。目前，我国组合型新产品的发展空间还比较大，金融机构可以充分发展该类金融服务产品，从而给客户带来新的利益和满足。

■ 二、金融服务新产品的开发策略

1. 产品扩充型开发策略

金融机构在确立了自己的市场地位并建立了业务发展空间后，通过纵横方向扩展现有业务、对客户增加新的服务等办法，来增加业务类型和产品品种，使客户尽量满足所有的金融服务。产品扩充型开发策略不仅能维持现有客户而且能吸取更多的潜在客户，同时还能全方位地满足客户的要求，但这种开发策略的缺点是开发成本较高、开发风险大，只适用于规模较大的金融服务机构。

实例4-8　　　　　　　　　浦发E-GO虚拟信用卡正式上市

浦发银行信用卡中心在互联网业务创新领域再度发力，独家联合VISA、美国运通、万事达、银联四大国际卡组织，重磅推出一款全新的网购神器——E-GO信用卡。

据浦发信用卡中心负责人介绍，此次浦发推出的E-GO信用卡是一种在已有信用卡账户下设置的虚拟小卡片，依附于实体卡片。浦发信用卡持卡人通过在线申请一分钟即可核发，将与线下消费完全进行区分，作为线上独立账户，专门适用于网络消费。该款产品旨在为广大消费者提供更安全、更畅快的网购体验，并将实现普通消费者足不出户也能全球畅购的梦想，一网打尽四大国际卡组织带来的各项购物优惠。同时，E-GO信用卡持卡人可根据自己的实际消费需求，调整E-GO卡线上透支额度、单次消费额度、使用期限等，大大降低卡片相关信息泄露和盗刷的风险。

资料来源：http://finance.qq.com/a/20141124/006424.htm.

2. 产品差异型开发策略

产品差异型开发策略是指金融机构根据细分市场开发有别于其他金融服务产品的新产品的开发策略。金融机构通过市场细分和市场定位，选定自己的目标市场，根据目标市场的不同需要开发出具有成本优势和竞争优势的新产品。该策略的一个缺点是产品的差异性会随着其他金融服务机构的模仿而变得不存在。

3. 提高金融产品竞争力策略

提高金融产品竞争力策略是指通过提高产品服务、降低产品成本、抢先研发并"上市"新产品等方法，提高产品竞争力，满足市场的需求。

■ 三、金融服务新产品的开发程序

金融服务新产品基本上都是由金融机构通过自己的研究与开发得到的，虽然有些产品来自于购并和专利购买活动，但绝大多数都是金融机构自主的创新活动。通常，金融服务新产品开发需要以下六大步骤来完成。

1. 新产品的构思

新产品的构思是指能够满足顾客某种需求的新产品的设想。新产品的构思是新产品开发的第一步，也是新产品形成和推出的基础。金融服务新产品构思的来源渠道主要有：客户的建议、政府需求、竞争对手的反应、企业本身的研究、营销部门的构思、高级管理人员和广大工作人员的设想等。

企业要想获得较为优秀的产品构思，可以采用如下的方法：①头脑风暴法。将若干有一定专长的专家、学者聚集在一起，开会研讨，寻求好的构思。②属性列举法。将现有产品的属性一一列举出来，然后对此进行探讨、尝试，最后形成新产品的构思。③强行关系法。即列举若干不同的产品，然后把某一产品与另一产品或几种产品强行结合起来，形成一种新的构思。

2. 对新产品的构思进行筛选

构思筛选是指金融机构根据开发目标、客户需求、经营能力等对新产品的构思进行筛选，其目的就是发现好的构思，淘汰那些不符合企业和市场要求的构思。金融机构在对构思进行筛选时要着重考虑以下一些问题：①新产品与金融企业自身的经营范围、目标市场是否一致；②新产品的市场需求如何，是否有广泛的市场空间，能否持续经营；③新产品是否具有开发的可行性；④新产品开发需要的资源条件；⑤新产品是否符合法律法规的要求等。

3. 新产品概念的形成、测试与分析

通过新产品构思的筛选，选出的新产品是否真正具有市场可行性，还需要进行具体分析。

(1) 产品概念的形成。开发者要将筛选出来的新产品构思用有益于消费者接受和理解的明确的文字、图像和模型来清晰阐释，目的是在消费者心目中形成一种潜在的产品形象。

(2) 产品概念的测试。产品概念的测试是指金融机构对新产品进行客户调查，并接受客户的市场反馈信息。产品概念测试过程中向客户详细描述的内容包括新产品的功能、运作过程、与市场上现存的同类产品的区别、产品能给客户带来的利益等。产品概念测试过程中需要客户反馈的信息包括产品概念描述清晰与否、产品是否令客户满意、产品进入市场后客户是否愿意购买、产品存在的问题等。

知识链接4-2　　　　　　**金融服务新产品概念测试的方法**

产品测试研究中常用的产品测试方法有两类：单一产品测试和配对比较产品测试。

(1) 单一产品测试。在单一产品测试中，受访者尝试一种产品，然后对这种产品作出评价。数据收集变量通常包括购买兴趣、对属性的评价等级等。如果被测试产品多于一种，先将受访者分组，然后尝试每种产品，再相互比较。对一个受访者只测试一个产品。

单一测试适用于：①产品初期阶段。因为目标是获得有关产品吸引力的基础数据(例如，你喜欢还是讨厌这种产品)。②当市场上没有直接竞争对手的时候。原因是配对比较测试只能提供相对的被测试的可供选择的产品信息。而单一测试提供相对的受访者自己的判断信息。因此，这种信息可以和在将来获得的单一测试信息(假设样本可比较)。最后，单一测试被视为是真实的，因为它基于顾客通常每次使用一种产品的事实。

(2) 配对比较产品测试。在配对比较产品测试中，受访者按顺序尝试两种产品。试完后，对每种产品进行评价并说出更喜欢哪种产品。因为在受访者尝试完两种产品后才开始问问题，所以对产品的评价通常是建立在两种产品的比较基础之上的。

比较测试适用于：①测试目标在于宣称"获胜者"(例如，在同一产品不同多种类型中进行选择)。因为被测试的产品多于一种，而受访者只有一组，产品之间的不同之处易于被扩大，由此容易被察觉。②需要获得有关竞争对手方面的信息。

(3) 产品的市场分析。经过产品概念测试之后，要对产品的可行性进行全面分析。金融机构进行市场分析的主要内容包括：明确产品所对应的目标市场、初步预测产品的销售情况、从财务角度对产品开发进行全面分析(如成本分析、现金流分析、盈利情况分析等)等。通过上述分析来确定产品开发的可行性。

4. 新产品的开发

产品通过测试和分析之后，确定产品有开发的可行性，便能进行全面的产品开发与设计。新产品的开发是指产品开发部门根据新产品概念的要求开发出符合条件的新产品实体样品。新产品开发需要经过三个相互关联的过程来完成：首先要进行产品样品的设计和开发，其次通过广告等宣传手段在目标市场中向客户解释产品的功能特性及其优点，最后对新的金融服务产品进行包装、设计和商标注册。

5. 新产品的试销、市场反馈和改进

新产品开发、设计完成之后，可以将产品投放到有代表性的目标市场中试销，以获取市场潜量、消费者对产品的态度、营销策略的有效性和消费者对产品的反馈信息，使企业可以根据市场反馈信息改进和完善新产品。

6. 产品的正式商品化

新产品通过成功的试销之后，金融机构可以将新产品大批量地投入市场。在新产品全面推出之前，企业应该作出以下四个方面的决策：产品的投放时间、产品的投放地点、目标市场的选择、如何推出即产品的营销策略。这个阶段既是新产品开发的最后阶段，同时也是新产品生命周期中的导入期，产品的销售量少、成本高，因此，企业要制订详细的产品推广计划，有效地促进产品的营销。

第五节　金融服务产品的品牌策略

■ 一、金融服务产品品牌的基本概念和作用

(一) 金融服务产品品牌的基本概念

品牌是一个集合概念，通常由文字、标记、符号、图案或设计等要素或它们的组合构成。设立品牌的目的主要是用以准确识别产品或服务，并使之与竞争者的产品或服务区分开。品牌是由品牌名称和品牌标志两部分构成。品牌名称是指品牌中可以用语言称呼的部分，如宝马、民生、金穗卡等。品牌标志是指品牌中可以辨认，容易记忆但不能用语言称呼的部分，通常由明显的色彩、图案、符号和特殊字体等构成，如奥迪的品牌标志是由并排的四个圆环构成。金融服务产品品牌能使客户很容易地辨别该产品所属的金融机构及其金融产品和服务。

(二) 金融服务产品品牌的作用

品牌是具有经济价值的无形资产，金融服务产品品牌具有暗示该产品功能、便于识别产品、企业利益驱动、体现产品或企业核心价值等作用。具体来说，金融服务产品品牌在营销过程中的作用主要体现在以下几个方面。

1. 有助于客户选择产品

随着现代科技的不断进步，金融服务产品无形化的特征越来越明显，客户对产品的质量和特性难以识别，因此，客户在选择金融服务产品时就会面对一定的风险。而品牌可以代表产品的特性、质量、功能、服务等指标，有利于客户识别、理解并信任这种金融产品。

2. 有助于企业占领目标市场，赢得更大的市场份额

随着我国金融市场竞争的日趋激烈，金融产品显现出多样性的特征，在企业不能满足所有客户需求的条件下，可以通过细分市场确立目标市场，追求差别化优势。而产品品牌有助于企业建立产品的差异化，这样既能吸引新的顾客，又能使原来的顾客更频繁地购买品牌产品，并且会提高品牌的市场知名度。品牌一旦拥有了市场知名度，就会在客户心目中树立良好的形象，这就意味着金融机构会吸引更多的客户，进一步扩大市场份额，从而使该金融机构在市场上占据有利地位。

3. 有助于保护产品的知识产权，促进企业产品的开发

金融服务产品的创新成本较高，并且产品的创新风险较大，这在某种程度上会抑制企业的产品创新。而拥有品牌的产品创新经过注册后会受到法律的保护，因此，品牌有助于促进企业产品的开发，增强企业的市场竞争力，促使整个金融行业整体水平的提高。

4. 有助于提高产品的利润水平

品牌本身在设计过程中并不需要过多的投入，而品牌所产生的效益却不可低估，它可以带来更高的产品价格、提高产品的市场占有率、增强产品的抗风险能力、降低产品的营销成本等。

■ 二、金融服务产品品牌策略

金融机构为了发挥产品品牌的最大作用，应该事先作出战略规划，确定如何合理使用品牌，即产品品牌策略。通常，金融机构的品牌策略主要有以下几种。

1. 有无品牌策略

这一策略是指金融机构对其产品在使用品牌和不使用品牌问题上作出的决策。随着金融市场的不断开放和金融产品的市场竞争力不断增强，金融机构产品品牌有助于企业开拓市场，增加企业商誉，保护产品的知识产权，提升核心竞争力等。但是，使用品牌会增加企业的成本特别是销售费用。因此，金融机构可以根据产品的实际情况确定是否需要品牌。如果品牌作为一个营销手段能给金融机构带来额外的利润，则应该使用品牌，否则就不应该使用品牌。

2. 单一品牌策略

该策略是指金融机构的所有产品都使用同一个品牌。这种策略的优势是可以降低新产

品的推广成本，易于消费者接受；同时新产品可以借助该品牌下成功产品的声誉得到客户的信赖。但是这一策略也有明显的弊端：如果该品牌下某一产品失败，公众可能会否定同一品牌的其他产品，使其他产品也遭受损失。

3. 品牌延伸策略

该策略是指将已有的成功品牌延伸到新的产品上。新品牌的推出成本比较高，需要投入很多的广告费，而且风险也比较大，如果把已经成功的品牌用在新产品上，能降低产品的推出成本和风险。但是，品牌延伸策略也有很大的缺陷，如果品牌延伸产品失败，就会影响到同一品牌的其他产品。

4. 多品牌策略

该策略是指金融机构同时设立多个品牌，对每一个或每一类产品使用一个品牌。如新华保险对少儿成长险推出了四种不同的品牌：快乐少年、阳光少年、无忧少年和绿荫寿险。这种策略能够突出不同的产品特色，满足不同的购买需求；缺点是新品牌推出成本高，每种品牌只能获得很少的市场份额，而且利润都不高。

5. 优选品牌策略

该策略是指在存在多种品牌的情况下，对新推出的金融服务产品不单独另设品牌，而是使用已经存在并且被客户认同的品牌。这种品牌策略既可以降低新产品销售成本，又可以充分利用已有品牌的优势。

▒ 本章小结

金融服务产品是指提供给市场满足金融需要和欲望的任何东西。金融服务产品具有无形性、不可分割性、广泛性、增值性、易模仿性等特征。金融服务产品主要由银行、保险公司、证券公司提供，所提供的产品种类繁多，企业要通过多种产品组合策略对众多产品进行管理。常用到的产品组合策略包括全线全面型策略、市场专业型策略、产品线专业型策略、特殊产品专业型策略、产品线填补策略、产品线剔除策略。产品组合通过深度、宽度、长度和关联度来描述。

任何金融服务产品都有生命周期，不同的是各种产品生命周期的长短会不同，根据金融服务产品的销售状况和盈利状况可将金融服务产品的生命周期划分为四个阶段：导入期、成长期、成熟期和衰退期。

金融机构为了保持产品的竞争优势和企业的获利能力，要不断地开发新产品替代过时的旧产品。开发的金融服务新产品类型通常包括全新型产品、改进型新产品、换代型新产品、仿制型新产品和组合型新产品。新产品开发过程要经历六大步骤：新产品的构思、对新产品的构思进行筛选、新产品概念的形成和测试、新产品的开发、新产品的试销、产品的正式商品化。

金融服务产品品牌在产品营销过程中无论是对客户还是对金融机构都有很大的作用，有助于客户选择产品，有助于企业占领目标市场，有助于树立企业形象，有助于保护产品的知识产权，有助于提高产品的利润水平。金融机构的品牌策略通常包括有无品牌策略、单一品牌策略、品牌延伸策略、多品牌策略。

思考题

1. 试述金融服务产品的概念及其特征。
2. 分析金融服务产品组合策略。
3. 试述金融服务产品生命周期的阶段特性。
4. 分析电子银行产品在生命周期各阶段的营销策略。
5. 金融服务新产品的开发策略和开发程序有哪些？
6. 金融服务产品品牌策略有哪些？
7. 金融服务产品品牌的作用有哪些？

案例讨论

大行起舞互联网：工行3+3产品不怕跨界　农行紧跟

真正的挑战并不是来自于跨界竞争者，而是我们自己能否更好地适应互联网时代的金融生态环境和客户需求的变化。

2015年3月23日，工商银行对外发布其互联网金融品牌"e-ICBC"。作为全球资产规模最大的银行，工商银行首次正式以互联网金融银行的形象站在公众的面前。

对于银行业来说，工行的举动似乎宣告着传统银行一个新时代的到来，互联网金融业态中，"大行起舞"不再仅仅只是一个美好的愿景。

过去一年多以来，商业银行不断推出线上支付、投融资、理财、O2O金融服务甚至社交平台等网络金融平台，逐渐形成了以直销银行为代表的传统银行的互联网金融生态。传统银行也正在经历着一个对互联网金融认知、探索、融入、特色发展的渐变过程。

到目前为止，工农中建交五大行都制定了不同程度的互联网金融发展战略，甚至将互联网金融战略融入了未来银行转型发展的整体战略之中。

"无论是互联网企业，还是商业银行，虽然创新路径会有不同，但最后终将殊途同归。对于工商银行而言，真正的挑战并不是来自于跨界竞争者，而是我们自己能否更好地适应互联网时代的金融生态环境和客户需求的变化，以创新进取的心态拥抱技术变革新趋势。"工行董事长姜建清表示。

大行起舞

对于整个银行业来说，当前的金融生态正在发生着历史性的变化，"互联网+金融"正在成为银行业的发展大势。

据中国银行业协会的数据显示，2014年中国银行业金融机构离柜交易达1167.95亿笔，比2013年增加204.56亿笔，交易金额达1339.73万亿元。银行业平均离柜率达到了67.88%，同比增加4.65个百分点。

2014年，原有的网点规模居前的工行、中行、建行、交行，甚至邮储银行柜员配备均比2013年明显减少。其中，工行2014年的柜员减少量最大，达到了12 024人，柜员配备减少量最少的交行也比2013年减少了1363人。

另外，工行也成为2014年为数不多的营业网点负增长的商业银行。据数据显示，2014年工行国内的营业网点减少了128个，实现功能分区的营业网点减少了49个。

"目前，工商银行已经是最大的互联网银行，电子银行用户已达4.65亿户，其中网上银行客户1.93亿户，以互联网业务为主的电子银行业务占全行业务的比重达87%。"工行董事长姜建清表示。

据公开信息显示，截至2014年年末，工行的电子银行交易额突破了400万亿元，个人网银客户数量突破了1.8亿，手机银行的客户数量比2013年年末增长了33.6%。

虽然五大行中，工商银行的电子银行业务规模远远超过了其他几家银行，但其他几家大行也是表现了爆发性增长的趋势，电子渠道对网点业务的替代率均超过80%。

2014年，中行电子渠道交易金额达到135.80万亿元，同比增长23%，电子渠道对网点业务的替代率达到84.70%。其中，手机银行客户数量6460.05万户，比2013年的5212.62万户增长了23.93%，手机银行的交易额达到了20 548.17亿元，比2013年的3675.39亿元增长了459.07%。

同期，交行的境内电子银行交易笔数突破22.7亿笔，交易金额突破人民币112万亿元，电子银行分流率达83.13%，较年初提高4.80个百分点。

据交行方面称，2014年该行全面完成了第二代手机银行建设。截至2014年年末，交行手机银行客户总数较年初增长56.5%，手机银行交易笔数为1.25亿笔，同比增长99.17%；手机银行交易量为1.13万亿元，同比增长28.69%。

作为五大行中网点最多的银行，农行2014年的电子渠道的交易占比已接近了90%。

据农行2014年年报显示，截至报告期，农行的各类电子银行客户总量达6.43亿户，当年新增1.31亿户，较2013年年末增长了25.6%，全年电子渠道交易笔数556.92亿笔，比2013年年增长24.9%，电子渠道金融性交易占比达89.6%。

其中，农行掌上银行用户总数达1.11亿户，全年交易额达5.49万亿元，同比增长254.19%。

"对于传统银行来说，做互联网金融最大的优势还在于渠道优势和客户优势，电子银行业务如此高速的增长，一方面说明大行做互联网金融的基础正在不断增强，另一方面也说明互联网金融作为未来商业银行发展的趋势已经形成，成为大势所趋。"一位银行业的分析人士称。

资料来源：http://bank.jrj.com.cn/2015/03/30065819031385.shtml.

案例讨论题：

1. 银行为什么要做互联网金融？

2. 近年来商业银行产品创新有什么特点？

▦ 推荐读物

1. 杨米沙，张丽拉，栾淑彦.金融营销[M].北京：中国人民大学出版社，2014.

2. 周伟，黑岚，李静玉.金融营销学[M].北京：电子工业出版社，2014.

3. 安贺新，张宏彦.商业银行营销实务[M].北京：清华大学出版社，2013.

▦ 本章参考资料

1. 安贺新，张宏彦.商业银行营销实务[M].北京：清华大学出版社，2013.

2. 周伟，黑岚，李静玉.金融营销学[M].北京：电子工业出版社，2014.

3. 杨米沙，张丽拉，栾淑彦.金融营销[M].北京：中国人民大学出版社，2014.

4. 唐小飞，周晓明.国际市场营销学[M].北京：机械工业出版社，2010.

5. 万后芬.金融营销学[M].北京：中国金融出版社，2004.

6. 贝政新，王志明.金融营销学[M].北京：中国财政经济出版社，2004.

7. 安贺新.服务营销管理[M].北京：化学工业出版社，2011.

第五章
金融服务定价策略

本章学习目标

- 掌握金融服务定价的方法
- 掌握金融服务定价的策略
- 熟悉金融服务定价的目标
- 了解金融服务定价的特殊性
- 了解金融服务定价的影响因素

本章主要概念

　　成本导向定价法、需求导向定价法、竞争导向定价法、心理定价策略、撇脂定价策略、渗透定价策略、折扣定价策略、关系定价策略

导入案例　　　　　澳大利亚银行的新产品定价策略

1. 高价策略。主要在新产品推出初期使用，对竞争的影响不大，而服务质量更为重要，客户对象是有特别需要而又愿出高价者。例如，在20世纪90年代各家银行推出"网上银行"业务初期，目标市场是高收入、高学历的年轻中产阶层，客户数量有限，但对高收费的承受力较强。因此，网上银行初期的收费比传统银行的高，却仍然有市场，近年来则通过降价来扩大推广范围。

2. 渗透性定价。以较低的价格扩大市场占有率，主要用于对价格敏感和可薄利多销的产品以及防止竞争对手取得较大的市场占有率。如各家银行和其他金融机构均提供住房贷款，这一市场已近饱和，因此近年来在住房贷款业务方面，主要以价格优惠吸引客户，导致住房贷款利率和收费连年下降。

3. 竞争性价格。为参与竞争而确定的价格，但也需弥补成本和保证一定的盈利。当银行打算在某种服务或某一市场上获得一定的经营经验时，这一政策较为有用。例如，汇丰银行澳大利亚子银行作为外资银行在进入澳大利亚市场初期为争取市场份额，推出了比本地银行优惠的存款、贷款利率吸引客户，而近年来随着市场对汇丰银行的认可和该行市场份额的扩大，利率水平已与本地银行接近。

4. 市场价格。跟随市场竞争对手的定价，而不考虑自身的成本和收入目标，以保护现有的市场占有率。

5. 亏损价格。在以低价吸引客户的同时，向客户推销其他更能盈利的服务。各银行都以较低的贷款利率作为引子和杠杆，向大公司客户推销现金管理、支票清算和衍生工具合约等服务，虽然其中某项服务盈利甚微乃至亏损，但就对客户的综合服务来看，银行仍然获利。

6. 差别价格。对特定市场制定特殊价格。

7. 关系定价。取决于客户对银行的全面关系而非某单一的业务关系。

8. 战略定价。旨在刺激需求和增加业务量，主要用于短期业务推广期间。

9. 成本定价。上述定价政策一般以市场为导向，还有一些以成本为导向。但以成本定价不一定能刺激销售，因此银行往往采取低成本定价政策，即根据对可吸引最低业务量的估计确定一个价格，使银行可以取得规模经济效益，减少每笔业务的实际成本。

资料来源：叶望春.商业银行市场营销[M].北京：中国财政经济出版社，2004.

第一节　金融服务定价的目标

定价目标是指金融企业通过价格制定以求达到的企业目标。定价目标是价格策略的前提和首要任务，是确定定价方法、制定价格策略的主要依据。金融企业应该根据目标市场的定位确定定价目标，作为定价的指导，金融机构的定价目标往往有以下几种。

■ 一、实现利润最大化

利润最大化是金融企业在一定时期可以获得的最高盈利总额。盈利是金融企业生存和发展的先决条件，因而，追求最高利润，使金融企业得到迅速发展是其追求的目标。追求利润最大化的目标应以金融企业和金融产品良好声誉和良好的市场环境为前提。在金融产品的市场地位较为有利、竞争力较强的情况下，这一定价目标才是切实可行的。

利润最大化成为金融企业产品定价的首要目标，并不意味着金融企业必须制定很高的产品价格。理论上，追求利润最大化的公司应根据经济学上的定价方法来制定价格和收费。价格过高会引起客户的抵制，而且竞争者也会涌入，这些都会影响产品的销量，降低利润总水平。

利润最大化分为长期利润最大化和短期利润最大化。有的金融企业以短期利润为目标，强调本期财务绩效，故而制定较高的价格，然而短期利润是暂时的。随着市场供求状况的变化，竞争越来越激烈，任何产品都不能长期保持高价。金融企业应以长期利润作为其终极目标，这样才能实现长远发展。

■ 二、巩固和提高市场占有率

金融服务的规模效益往往很难实现，原因在于金融服务个性化强，需求分散，需求波动大等。为达到规模生产的目的，不少金融企业在相当长的时间内将市场份额作为定价的首要指导原则。市场份额是衡量金融企业经营成果的重要指标之一。在其他因素保持不变的前提下，金融企业所占市场份额越大，所获得的利润就越多，金融企业市场竞争力就越强，经营状况就越良好。只有在市场份额稳固和扩大的前提下，金融企业才能获得长久发展。

提高市场占有率的目标，是指金融企业以占领市场的角度来考虑金融产品的价格制定问题。提高市场占有率就是提高了市场份额，增加了产品的销售量，为提高金融企业的利润提供了可靠的保障。通过扩大市场占有率，可以获得长期的、更大的利润。例如，一些新成立的商业银行为了在市场中站稳脚跟，获得生存和发展，往往会以提高市场占有率为定价目标。

■ 三、应对同业竞争

在同业竞争异常激烈的情况下，金融企业的定价目标是应对同行竞争以获得生存，在这个目标下，金融企业以竞争需要为前提来制定价格。在市场竞争中，价格是一个重要的因素，特别是市场竞争处于初级阶段的时候，价格竞争往往是最主要也是最有效的竞争手段。当金融企业面对来自竞争者的威胁时，应根据竞争者的情况和自身的条件采取相应的对策。一般来说，大型金融企业处于领域的领先者地位，为避免竞争一般都采取稳定价格的策略，以适当的低价主动防御现实和潜在的竞争者；中小企业一般属于行业中的追随者，一般无力左右行业价格，其定价着眼点是适应竞争、保存实力，根据主导银行的价格进行抉择。无论是哪一种情况，都需要广泛收集其他商业银行尤其是竞争对手有关产品价格的信息资料。

四、提高金融服务质量

金融行业所提供的产品大多数属于服务性产品，客户通过购买以某项服务为核心的一系列产品来获得满足。金融企业要清楚客户需要什么样质量的服务和愿意为此付出多少费用，从而设计出性价比最高的服务。企业可以从顾客角度出发，通过问卷调查等方式了解客户需求，设计出满足顾客要求的金融产品和工具，不断优化服务质量，为客户提供便捷、高效、安全的服务项目。顾客在消费时就会感到物有所值，愿意支付更高的价格，这样企业更容易获利。

五、树立品牌形象

今天，金融产品日趋标准化和同质化，客户在选择金融机构时，更加关注品牌形象，品牌形象无疑成为企业的无形资产，是企业扩展业务的一项重要财富。服务除了本身具有的经济价值外，还具有品牌价值。良好的品牌形象是一个金融机构在长期综合运用各种营销组合取得的累积效果。在该目标下，企业凭借良好的信誉，可以制定高于同行的价格，同时其整体形象和具体产品通过定价体现出来。如著名的投资银行摩根士丹利，被公认是提供优质服务的投资银行，它对产品和服务的提供制定较高价格并由此获得利润。[1]

在现实生活中，由于金融业的特殊性和复杂性，通常一个金融企业不只有一个定价目标，这些目标间难免发生冲突，因此在实际中协调好这些目标就尤为重要。

第二节　金融服务定价的影响因素

由于金融服务产品是非实体的服务和一系列的行为，并且顾客是参与生产的，因此金融服务定价是个复杂和烦琐的问题。为了使定价更合理、更具影响力，从而吸引更多的顾客，金融企业在定价时，应该综合考虑自身的情况和外部环境，找出影响定价的主要因素。金融服务定价主要受到成本因素、市场需求因素和市场竞争因素等传统因素及顾客感知、政策和风险等特殊因素的影响。

一、成本因素

由于成本是影响产品和服务价格及质量的基本因素，在定价时，企业考虑的首要因素

---

① 郝渊晓. 银行营销学[M]. 广州：中山大学出版社，2004.

是成本。金融企业经营的最终目标是盈利，只有产品的价格高于成本时，才有可能获得利润，因此成本的高低直接影响定价。一般来说，企业的成本费用有三种：固定成本、变动成本和准变动成本。

固定成本指金融企业为了提供服务所花费的基本资源，不随产量的变化而变化，在短期内一般变化不大，但在长期内可能发生变动，如土地、建筑物、服务设施等。在成本费用中占很大的比例，对金融服务业有很重要的意义。因此，在企业可以承受的范围内，客户越多，获得收益可能就越大，企业可以通过增加销售量来降低单位成本。变动成本随着金融产品的销售量变化而变化，在总成本中往往占比很小，如销售佣金、邮寄费用等。准变动成本位于固定成本和变动成本之间，如员工的加班费。为了降低成本，企业可以提升管理的信息化及员工专业化程度，不断改善服务设备，提高经营效率，为竞争性定价争取更大的空间。

实例5-1　　　　工行创新金融服务　降低服务收费

中国工商银行积极贯彻落实国务院关于金融服务实体经济的政策要求，加快服务创新，压降服务成本，规范各项服务收费，让利广大企业和居民客户。

一是扩大小微企业免费业务范围，免收"小微"企业贷款承诺费、法人账户透支承诺费、承诺授信额度费、循环贷款承诺费、银行承兑汇票承诺费、出具贷款意向书手续费、出具贷款承诺书手续费、出具各类保函手续费、资金管理费、常年财务顾问费、高端财务顾问费等费用。二是加大对包括"小微"企业在内各类客户的收费减免力度，取消对公账户余额管理、跨境查询、代办抵押登记、其他现金管理服务、代理销售交强险、对公单位转账到个人账户等收费项目，下调所有渠道的行内异地转账和取款手续费，下调除柜台外其他渠道(含自助设备、网上银行、电话银行、手机银行、短信银行、电话转账POS等)的跨行转账手续费，降低本外币融资类保函和非融资类保函的收费标准。三是为包括企业在内的每个客户提供一个免收账户管理费(含小额账户管理费)和年费的账户。工行同时重申将继续承担全部抵押登记费用。

资料来源：中国工商银行网站，2014-8-5.

■ 二、市场需求因素

市场营销理论认为，产品的最高价格取决于产品市场需求。如今的银行、证券、保险产品日趋同质化，金融企业必须善于挖掘未被其他企业识别的潜在客户需求，并设计出符合这种需求的产品以取得市场率。需求又受价格和收入的影响，需求弹性分为需求的收入弹性、价格弹性和交叉弹性。

(一) 需求的收入弹性

需求的收入弹性指收入变动引起的需求的变动。收入弹性越大意味着消费者收入的增加引起该产品的需求量有更大幅度的增加，反之相反。其计算公式为：

$$需求的收入弹性=需求量变动的百分比/收入变动的百分比$$

(二) 需求的价格弹性

需求的价格弹性指价格变动引起的需求的变动，反映了需求变动对价格变动的敏感程度。其计算公式为

$$需求的价格弹性=需求量变动的百分比/价格变动的百分比$$

需求的价格弹性也称为需求的弹性系数，一般用Ed表示，由于其是负值，我们一般采用绝对值。当$|Ed|>1$时，说明客户对金融产品或服务的价格反应敏感，金融企业降低价格会引起销售量大幅度增加，且销售量增加幅度大于价格下降程度，金融企业的销售收入增加，利润增加。当$|Ed|<1$时，说明客户对金融产品或服务的价格反应不敏感，企业提升价格销售量下降幅度小于价格上升幅度，从而销售收入增加，利润增加。

从实践来看，金融企业只有不断满足客户需求，向客户提供多功能、多集成的优质化服务，才能吸引到客户，得到客户的青睐，取得高收益的回报。

(三) 需求的交叉弹性

需求的交叉弹性指一项产品价格的变动会引起另一项产品的销售量的变动。其计算公式为：

$$需求的交叉价格弹性=X的需求量的变动率/Y的价格的变动率$$

若需求的交叉价格弹性为正值，则两项产品为替代品，一项产品价格增加会引起另一项产品的销售量会增加；若需求的交叉价格弹性为负值，两项产品为互补品，一项产品的增加会引起另一项产品销售量减少。金融企业在定价时必须考虑产品或服务间的影响程度。

■ 三、市场竞争因素

客户在进行消费时往往会进行比较，比较的对象常常会是其竞争者的产品或服务以及价格，高价格有时会减少销售量。定价是一种挑战行为，若采取高价格的策略会引来竞争者，采取低价格的策略则可以阻止竞争者进入。因此，任何一次价格调整都会受到竞争者的关注，为了应对这种状况，竞争者会采取相应措施。在价格对抗中，竞争力强的占优势，定价选择的空间较大，竞争力较弱的往往会采取跟随政策。金融企业在定价时要考虑竞争对手的行为，建立正确的竞争观念，作出有利于自己的选择。

随着金融业竞争的加剧，如果提供同质的产品或服务价格高于金融业平均水平，必然不会有好的销售量，企业也必定会亏损。在定价前，金融企业可以根据竞争对手的公开信息和数据，预测其将要选择的定价方案，为自己的价格制定形成参考。

四、其他因素

(一) 顾客感知价值

顾客感知价值指顾客在所能感知到的利益和购买此产品付出的成本间进行权衡后，对产品作出整体的评价，其来自于顾客的感知过程。区别于产品或服务的客观价值，顾客感知价值体现的是顾客对金融企业提供的产品或服务体现价值的主观认识。由于消费者收入水平、文化教育水平以及性格特征的不同，对产品的价值和认可度也会不同，最终对产品的价格认可度也会不同。因此，企业在定价时，对顾客心理预期进行分析，根据不同的消费人群进行定价以适应消费者特定的价值判断和对价格的承受能力，最终为企业赢得最大利益。

(二) 政策法规限制因素

由于金融业的特殊性，金融机构的经营活动受到国家各种政策法规的严格限制，其中定价行为也不例外，政策限制是企业不可逾越的约束。政府金融财政政策的变化会在一定程度上影响金融产品和服务的定价和成本，金融机构应该时刻关注国家政策动态，及时调整价格。对定价影响较大的政策有利率政策、汇率政策、证券交易收费政策以及保险费率等。例如，我国商业银行在进行定价时，必须严格遵守《中华人民共和国商业银行法》《中华人民共和国储蓄管理条例》《中华人民共和国贷款通则》等，并自觉接受监管机构的监督管理。[①]

实例5-2 工行8月1日起执行新版服务价目表 取消三项服务收费

近日中国工商银行正式发布了《中国工商银行服务价目表(2014年版)》，将从8月1日起开始正式执行。

据悉，工行此次发布的新版服务价目表逐项列示了所有服务收费项目的编号、服务项目名称、服务价格、服务内容、适用客户和优惠措施，做到明码标价、一目了然，充分保障金融消费者的知情权和选择权。从服务项目上看，新版服务价目表主要有以下三个方面的变化。

一是根据国家最新政策要求，对与政府定价政府指导价有关的服务项目进行了调整优化。其中对跨行柜台转账汇款、个人现金汇款、个人异地本行柜台取现、支票手续费等13项政府指导价政府定价项目，严格按照政府有关规定进行收费。

二是充分考虑公众的利益和承受能力，对于银行成本能够承受的服务，尽可能减免收费。按照"保本微利"的原则，工行对电子银行等因技术进步而实现业务成本下降的服务项目，继续实行费用优惠，让客户在享受方便快捷金融服务的同时降低费用支出，使金融

---

① 安贺新，苏朝晖. 商业银行营销实务[M]. 北京：清华大学出版社，2014.

创新和技术进步的成果惠及广大客户。

三是充实和完善部分服务内容，更好地满足客户多元化的金融服务需求，加大对实体经济的支持力度，通过改变本外币融资类保函和非融资类保函的计费规则等方式，更科学地确定服务与收费的关系，有效降低客户负担。

资料来源：中国工商银行网站，2014-8-5.

(三) 风险因素

金融业是一个有风险的行业，在定价时必须考虑包括操作风险、市场风险、违约风险、利率风险等各种金融风险以及为防范这些风险而付出的成本，使得收入可以补偿这种风险的支出。因此在定价前，金融企业要评定该服务产品的风险等级，一般来说，风险高的产品定价稍高些，风险低的产品定价稍低些。

第三节　金融服务定价的方法

定价方法是金融企业对金融产品定价的一种工具，是提高产品定价能力的重要环节。定价方法大致可以分为以下几类。

一、成本导向定价法

成本导向定价法是以金融产品成本为主要依据，综合考虑其他因素制定价格的方法。基本公式为：

$$价格=直接成本+间接成本+(边际)利润$$

(一) 成本加成定价法

成本加成法是指金融产品的价格是由总成本加上预期利润来决定的，成功的关键在于预期利润的制定。其基本计算公式为：

$$单位产品的价格=单位产品总成本×(1+成本加成率)$$

成本加成法的定价法优点有：①计算成本比估计需求更加有把握，企业只需要一张成本表就可以，定价过程简单明了；②金融行业价格相差不大，竞争相对缓和，金融企业不用频繁调整价格；③这种方法对买卖双方来说都比较合理。该方法的缺点有：①未考虑市场需求和竞争；②灵活性比较差，缺乏弹性，难以适应环境的变化；③若买方急需这种产品时，则金融企业很可能丧失一定的额外利润。

实例5-3 **工商银行积存金客户超百万 交易人士称适合长线投资**

2014年以来，工商银行的积存金业务始终保持良好的发展势头，积存量和客户数继续保持高速增长。统计显示，截至2014年年末，工行积存金的业务规模已超过250吨，同比增长超过150%，积存客户数量已超过100万户。交易人士称，该产品适合需要长线稳健投资黄金的个人和公司投资者。

工行相关负责人介绍说，积存金是工行与世界黄金协会联合创新推出的黄金投资产品，也是目前国内唯一一款真正实现以日均价格进行黄金投资的金融产品。该产品采用积少成多、成本均摊的定投方式，最低每月200元(日均10元)即可投资黄金。在交易策略上，积存金采取每日定额购买的先进交易策略，能够分摊客户投资成本，规避金价短期波动产生的风险，适合需要长线稳健投资黄金的个人和公司投资者。

资料来源：中国工商银行，2015-1-26.

(二) 目标利润定价法

目标利润定价法是指金融企业根据预期目标利润的大小反推出金融产品的价格，目标收入为总收入和总成本的差。即在既定利润水平下制定能实现该利润水平的产品价格。在确定利润水平时，金融企业一般会以总成本和预计销售收入为主要依据。该方法中，金融产品的价格由产品成本和目标利润额决定。一般来说，银行信用卡的定价通常采用此方法。其计算公式为：

单位产品价格=(产品总成本+目标利润额)/预计销售量

目标利润定价法的优点有：目标明确，可以保证金融企业实现既定的利润目标。缺点有：①只考虑利润，未考虑价格和需求的关系；②未具体分析市场竞争状态和市场需求情况；③只有在预计成本和销售数据证明是正确的前提下，此方法才能实现其期望的收益水平。

(三) 盈亏平衡定价法

盈亏平衡定价法即以盈亏平衡点为基础确定产品价格。盈亏分界点即不赢不亏时的数量即企业投入和预期收入相等时的价格。其计算公式为：

盈亏平衡点销售数量×保本价格=固定成本+可变成本

由上式可推出：

保本价格=(固定成本/盈亏平衡点销售数量)+单位可变成本

该方法侧重成本的补偿，保本价格可以保证银行不亏损。此外，运用较简单，金融机构可以在较大范围内调整价格。缺点是未考虑市场实际情况。

■ 二、需求导向定价法

在当今金融业，产品日益丰富繁多，客户需求日益更新，定价是否合理取决于客户。

而需求导向定价法就是在产品的供给成本基本相同的情况下，考虑客户的需求及价格承受心理，以客户对金融产品的理解认知为基础的定价方法。以需求为导向的价格定价方法主要有以下几种。

(一) 感受价值定价法

感受价值定价法是金融企业以客户对银行产品价值的理解度和认知度为定价依据，运用各种营销手段影响客户对产品价值的认知，再根据产品在客户心目中的价值来进行定价的方法。此定价方法关键在于对顾客的购买价值意愿要估测准确。

客户对产品的理解度和认知度是他们根据自己对金融产品的功能、效用、质量和档次等印象，作出对价格的判断。在购买产品时，客户会在不同的产品间进行选择，挑出既在自己的购买能力范围内，又能获得最大收益的产品。因此，在设计产品时，金融企业应该充分考虑客户的需求，对市场进行调研，明确产品的市场定位。

感受价值定价的主要步骤有：

(1) 界定所提供的价值，根据价值决定商品的价格。

(2) 估计在此价格下该产品的销售量并根据销售量预测该产品的目标成本。计算公式为：目标成本=销售收入总额-目标利润总额-税金总额。

(3) 计算在此价格和成本下能否获得满意的利润。

(4) 决策。若能获得满意的利润，据此决定产品的最终价格；若不能，则应放弃这一产品。

(二) 需求差别定价法

需求差别定价法是一种建立在市场细分基础上的定价方法，即根据不同客户、不同服务地点和服务时间制定不同的价格。其好处在于金融企业定价最大限度地符合了市场需求，有利于企业获得最佳经济效益。

实例5-4　　　　　　　　　争夺"90后" 浦发新推青春卡

浦发银行信用卡中心推出了一款为年轻人量身定制的产品"青春卡"。该卡适合刚毕业到30岁的年轻人，通过打造"一万元"梦想金、一万元信用额度等专属的产品权益。

据浦发银行信用卡中心相关人士介绍，"青春卡"针对的正是初出社会的"90后"群体。经调研，他们对品质生活有较高要求：虽然初出茅庐，但对未来充满信心，"借贷消费"可协助其提前实现梦想、享受生活。其次，有社交的需求：初入社会，需要构建社交圈，餐饮、娱乐等消费需求高。再次，他们依赖网络，喜欢在淘宝购物、用网上银行、发微信朋友圈。

据浦发银行长沙分行零售业务管理部总经理阳新民介绍，相比大部分银行的信用卡首年免年费，刷卡要达到6次才免次年年费，浦发"青春卡"给出的额度更高，并有免年费、免挂失费等优惠。此外，分期利率也比其他行同类信用卡低，更加符合年轻人的消费习惯。

资料来源：长沙晚报，2015-2-4.

根据需求的不同，需求差异定价法通常有以下几种形式。

1. 客户差异

针对不同客户，制定不同的价格。性别、年龄、职业以及收入的不同都会使得客户对金融需求的不同，应该针对不同的客户制定不同的价格。例如，在办信用卡时，不同的卡有不一样的透支额度，不同的卡型，对客户的要求也不同。再如，香港的汇丰银行的楼宇按揭贷款利率，对专业人士和高级公务员比一般客户优惠0.25%到0.50%，以吸引这批客户[①]。表5-1是2015年中国工商银行在个人结售汇汇率优惠活动中不同客户可以享受的相应点差优惠。

表5-1 工商银行不同客户汇率点差优惠

活动期间点差优惠列表		
办理渠道	客户等级	汇率点差优惠
网点银行	四星级客户	9折
	五星级客户	8折
	六星级客户	7.5折
	七星级客户	7折
网上银行	五星级以下客户	9折
	五星级客户	8折
	六星级客户	7.5折
	七星级客户	7折
手机银行	五星级以下客户	7折
	五星级以上客户	6折

2. 时间差异

随着季节、日期的变化，顾客对同一种产品的需求也在发生变化，金融企业可根据时间不同对价格进行适当的调整。例如，商业银行对存款期限不同的客户，给予不同的存款利率。

3. 地方差异

不同地方的物价水平和客户的生活习惯是不同的，产品的价格也是不同的。例如，在我国西部、中部及沿海地区，产品价格应该有所差别。

■ 三、竞争导向定价法

现实中，在和一家金融机构进行交易的过程中，顾客往往会以竞争者同类产品的价格作为判断的依据。因此，金融企业在定价时要以竞争者的价格作为主要定价基础，较少考虑市场需求和成本因素，这种定价方法称为竞争导向定价法。目前主要有随行就市定价法和招投标定价法两种。

[①] 张雪兰，黄斌. 金融营销学[M]. 北京：中国财政经济出版社，2009.

(一) 随行就市定价法

随行就市定价法指为了和市场产品价格保持基本一致以避免竞争风险，根据市场格局，跟随主要竞争者的价格或对市场上的平均价格进行综合评估，确定自己的产品价格。对实力较弱的金融机构来说，这是一种很好的定价方法。通常在企业难以估算成本时，想要与同行业和平共处时，难以了解竞争者和购买者对企业价格的反应下采取这种方法。这一策略一般适合没有突出特色的产品或服务。

这种定价法的优点是：①在一定程度上可以避免同行业激烈的竞争；②企业的价格能反映整个行业的盈亏状况和利润水平；③不考虑成本和需求状况，定价时简单易行。缺陷有：只考虑同行业的价格而忽略企业自身的具体情况，定价时比较被动。

(二) 竞争价格定价法

竞争价格定价法指金融企业利用价格因素主动出击，通过在价格上的竞争优势来获取盈利的定价方法。采用这种定价法应该设法了解竞争对手相应产品的价格策略以及产品的特点，与自己企业产品进行比较，发现自己产品的特点和优势，再制定价格，并以此价格吸引客户进而获取收益。这种方法适合有较强竞争实力和产品具有鲜明特色的金融企业。①

> **实例5-5　农业银行成功发行首期同业存单**
>
> 2013年12月12日，农业银行作为首批同业存单发行机构，在上海同业拆借中心成功发行3个月期30亿元同业存单，发行采用市场化招标方式，认购倍数达到2.27倍，最后中标价落在98.74元，参考收益率5.18%。农业银行作为同业存单发行中首个采用招标方式发行的银行，显示了对同业存单市场化定价方式的探索，有利于夯实农行自身的主动负债策略安排，提升农行定价能力。
>
> 从发行过程和发行结果来看，该次发行基本达到了预期目的。据介绍，此次同业存单发行过程中，共有23家银行类和非银行类机构参与竞标，最后成功中标的机构中90%以上的份额由中小银行和券商获得，充分显示了市场化定价的特点。相对于报价发行，招标发行双向议价的灵活性更强、难度更大、定价的市场化程度更高，对同业存单发行的组织工作提出了更大的挑战。农业银行同业存单的成功发行，也反映了市场对于同业存单市场化定价模式的充分认可。
>
> 来源：http://www.abchina.com，2013-12-13.

以上三种定价方法在实践中各有优劣，金融企业在定价时应该综合运用这三种方法，结合市场状况、自身特点制定出适合自己的价格策略。

---

① 陈颖. 商业银行营销教程[M]. 北京：中国人民大学出版社，2010.

第四节 金融服务定价策略

如何既能让顾客愉快地接受价格又能使金融机构获得一定的利润、长期发展下去，关键在于定价策略。以下介绍几种常用的定价策略，金融机构可以根据其自身的特点进行选择。

一、心理定价策略

心理定价策略是指根据顾客的心理采用定价技巧的策略，有意识地为顾客制定较高或较低的价格，满足顾客对产品或服务的需求。主要有以下几种策略。

(一) 尾数定价策略

尾数定价即非整数定价，企业在定价时，尽可能在数值上不进位，而是以零头尾数结尾，是利用顾客求廉心理和要求价格准确的心理定价。这种方法主要用于弹性较大的普通产品的销售，不一定适宜高端产品。[①]

(二) 整数定价策略

无法明确显示内在质量的服务产品，一般是一些高档的产品或服务，顾客通常会通过价格高低判断质量的好坏，因此企业往往采用整数定价。整数定价顾名思义是以整数定价，既可以给顾客买到优质品的感觉，同时在顾客心理树立了高档的产品服务形象。例如，各大金融企业为高收入阶层专门制定的金融产品服务。

(三) 声望定价策略

声望定价即利用企业在顾客心中已经树立的良好品牌形象进行定价，价格过高反而给顾客一种质优的感觉，并且满足了顾客某些特殊欲望，如身份、地位等。这种定价方法适用于已经建立其高知名度和品牌形象或者有特殊细分市场的金融服务企业，制定较高的价格销量反而增加。

(四) 招徕定价策略

招徕定价即企业利用顾客的好奇心理和观望心理，将某一种或几种的产品价格定得特别高或特别低，引起顾客的注意，进而带动店内其他产品的销售。

实例5-6　美食、观影、洗车　刷光大信用卡畅游10元世界

近日，记者从光大银行了解到，该行信用卡中心正热推"光大10元惠"活动，包括"10元享美食""10元看大片"和"10元洗靓车"以及部分地区开展的"10元K歌"四项

[①]　周伟. 金融营销学[M]. 北京：电子工业出版社，2014.

内容，持卡人只需花10元钱即可享受光大银行信用卡带来的尊尚体验。

现今，吃一顿饭、看一场电影、洗一次车至少几十块，在北京、上海、广州、深圳等大城市花销会更高。相比之下，光大信用卡中心主推的"光大10元惠"活动给消费者带来了实实在在的优惠。记者在光大银行官网上看到，"光大10元惠"活动已在全国广泛展开。例如，"10元享美食"已覆盖全国40多个地区，共有近150家合作商户。用户刷光大银行信用卡10元，就可在150家合作商户享用美食，这些美食包括烤肉、火锅、中餐、面食、甜点、蛋糕等。"10元看大片"活动能让持卡人感受到3D电影的观赏乐趣与实惠。在洗车方面也是一样，"光大10元惠"为广大"有车一族"提供了10元洗车优惠。相比几十元洗车市场价，"10元洗靓车"能给持卡人节约不少费用。目前持卡人还可在全国14个地区、16家商户、30家门店享受"10元K歌"的优惠。

无论是享美食、看大片，还是洗车、K歌，以上都与老百姓的日常生活息息相关。为百姓服务，让持卡人畅游于10元消费世界，光大银行信用卡带给持卡人的是实实在在的利益与回报。

资料来源：中国光大银行，2014-9-16.

■ 二、撇脂定价策略

新产品在进入市场时，需求弹性小，竞争对手少，企业会定较高的价格尽可能获取更多的利润，当竞争者进入市场时或市场销路削减时，再逐渐降低价格，这种策略称为撇脂定价策略，是一种高价策略。该策略适用于新产品销售，由于金融产品的易模仿性，不可能获得长期垄断利润。因此在推向市场的一段时间内，可以采用撇脂定价策略，长期来说是不可行的。

在具体实践中，该策略分为快速撇脂法和慢速撇脂法。快速撇脂法即用大规模的促销活动，例如广告、电话促销等推动产品销售，更快地收回前期投资。一般适用于生命周期短，能在短期引起客户的注意，不是长期需求的产品。慢速撇脂法即在高价的同时实行限量销售，以控制市场扩张速度。

撇脂定价策略的优点在于：

(1) 新产品的高价使得顾客产生产品质优的感觉，有利于树立金融企业名牌产品的形象。

(2) 有利于金融企业在市场上掌握调价的主动权，高价使得今后产品价格在下调时有更大的空间。

(3) 前期高价带来丰厚的利润，金融企业在短期实现预期盈利，能尽早收回前期投资，减少风险。

撇脂定价策略必须满足以下几个条件：

(1) 有充足的市场需求量。

(2) 产品的需求价格比较低。

(3) 有良好的品质，对顾客的吸引力比较大。

(4) 新产品有明显的竞争优势，短期内竞争者无法与本企业抗衡。

■ 三、渗透定价策略

渗透定价策略是一种低价策略，指金融机构先以较低价格出售产品以提高市场占有率，在获得市场份额后相应提高产品价格，以获取远期利润，一般适用于需求弹性大、创新度不高的产品。它以低价迅速打开销路，取得市场支配地位，阻止竞争者进入，主要利用客户求廉、求实的心理，以低价刺激客户需求。

渗透定价策略的优点在于：

(1) 低价格有利于缩短产品进入市场的时间，尽量得开销路，争取到更多的客户。

(2) 低价格可以有效地阻止竞争者进入市场，提高市场占有率，增强企业自身竞争力。

(3) 低价格可以获得规模效益，有利于企业长期发展。

渗透定价策略的缺点在于：

(1) 低价格使回收期比较长。

(2) 低价格可能使得消费者产生便宜没好货的想法，影响产品的销量。

(3) 理论上先低后高，在实际中可能引起消费者的抵触和反感。

采取渗透策略应具备的条件有：

(1) 金融机构有一定的实力，可以承受以低价格投入市场的风险。

(2) 金融机构可以保持较高的服务质量。

(3) 市场容量较为广阔。

(4) 购买力弱，低价使客户可以接受，可以获得较大销量。

■ 四、折扣定价策略

折扣定价策略指金融机构为了调动客户的积极性而少收一定比例的服务费用，从而降低客户的成本支出，提高产品的竞争力，扩大销售量。折扣的形式多种多样，主要有以下几种形式。

(一) 现金折扣

现金折扣即金融机构对按约定期限或提前付款的客户给予一定的价格优惠。例如，商业银行经常把贷款利率与客户的还款情况联系在一起。在信用卡的贷款业务中，如果客户能在一定时期内还款或提前还款，则给予贷款免息。[①]

(二) 数量折扣

数量折扣指金融机构为了鼓励买方大批量购买金融产品，对购买产品达到数量的客户给予一定的优惠，以鼓励客户增加购买量。数量折扣分为累进折扣和非累进折扣。累进折扣指顾客在一定时间内购买产品总量达到一定额度按其总量的多少给予折扣。非累进折扣

---

① 陈颖. 商业银行营销教程[M]. 北京：中国人民大学出版社，2010.

指同一顾客在一次购买的产品总量达到一定额度按其总量的多少给予折扣。例如信用卡的折扣优惠计划，消费者刷卡记积分，积分累计达到一定时可以兑换礼品。[①]

(三) 季节折扣

季节折扣指金融机构根据不同的时间制定不同的产品价格，在一些特殊的日子可以给客户一定的折扣，使企业的销售一年四季保持稳定，加速资金的周转。例如在经济繁荣期，银行通常会提高存贷款利率，降低了通货膨胀；在经济萧条或者增长缓慢时，银行会降低存贷款利率减少融资成本，刺激经济复苏。[②]

(四) 交易折扣

交易折扣指金融机构为了充分发挥代理商或中介在营销中的功能，根据其在市场营销中的不同职能，给予不同的价格折扣。例如，保险行业会根据所售出保险的金额给予保险经纪人一定的提成。

■ 五、关系定价策略

近几年，关系定价策略越来越受到金融机构的关注，它是一种适合企业持续长期发展的定价策略。该策略通过建立与客户的良好关系，使客户愿意为感觉到的产品或服务价值支付额外的利益，是金融机构与客户关系的集中反映。其优势在于不但可以增加客户的信任度，而且将来自客户的回报最大化。关系定价一般包括长期合同和多购优惠两种。

(一) 长期合同

运用长期合同可以使双方进入长期关系，加强现有关系或建立新的关系，使金融机构与客户之间的交易由独立的交易向一系列稳定的、可持续的交易转变。该策略一方面有利于金融机构把握客户资料，研究客户需求，最终为客户提供使其满意的产品。另一方面，客户也因关系发展深入而得到企业的关怀而获益。此外，长期关系使得来自于合同的受益是稳定的，可以使金融企业的营业收入趋于稳定，减少一定的营业风险。

(二) 多购优惠

该策略旨在促进、维持社会关系，一般合同会提供两个即两个以上相关产品，其平均价格水平会比单独购买几种相关产品低。对金融机构来说，多购优惠策略能降低成本。一般，金融机构配套提供几种产品的成本会比单独提供两种产品少。对于客户，由于金融机构节约了成本，客户可以以相对较低的价格购买产品，刺激客户购买相关产品。此外，客

---

① 周伟. 金融营销学[M]. 北京：电子工业出版社，2014.

② 陈颖. 商业银行营销教程[M]. 北京：中国人民大学出版社，2010.

户还可以减少选择产品的时间，促进了金融机构和客户的联系，更有利于金融机构了解客户的需要和偏好。

▒ 本章小结

随着金融业的不断发展和进步，金融企业更加关注和重视金融服务的定价问题。金融业定价目标主要有追求利润最大，巩固和提高市场占有率，面对同业竞争，提高金融服务质量以及树立品牌形象。

影响金融定价的因素主要有成本，市场需求，市场竞争以及政策法规、风险等其他因素。

金融定价的方法有成本导向定价法、需求导向定价法和竞争导向定价法。

金融企业定价策略包括心理定价策略、撇脂定价策略、渗透定价策略、折扣定价策略和关系定价策略。金融企业只有根据自身和外部环境制定合理的价格策略，才能在行业生存并发展。

▒ 思考题

1. 金融服务定价的目标有哪些？
2. 金融企业定价主要取决于哪些因素？
3. 金融企业定价方法有哪些？列举出几种并简单说明。
4. 金融企业常用的定价策略有哪些？试举例说明如何灵活运用这些策略。

▒ 案例讨论

缤纷华夏银行卡　刷出多彩新生活

"感动服务，情满华夏"。据了解，华夏银行郑州分行自2012年6月成立以来，便深耕中原这片热土，将树品牌与优服务作为源头活水，致力于为中原百姓提供更全面、富有特色、差异化的金融服务。短短两年多时间，方便、实惠的华夏银行卡已渗透到绿城人民衣食住行的方方面面，倾情回馈着中原百姓。

刷卡有礼 点亮缤纷生活

自1998年推出第一张华夏卡，到如今几大系列几十种魅力超凡、功能独特的龙卡家族，华夏银行卡的"丰富多彩"不仅在于卡面设计，更在于其各项优惠功能及增值服务，可谓美观与优惠并存，时尚与实用共享。

缤纷生活，从一份刷卡礼开始。据介绍，凡申请华夏信用卡的新户持卡人，在核卡后40天内激活信用卡且单笔计积分交易满200元，即可报名申领"50元中国移动充值卡"。而华夏钛金信用卡、银联白金信用卡、畅行白金华夏信用卡、华夏丽人信用卡等新户持卡人在核卡后90天内累计积分交易金额达到8800元且2个自然月都有交易或办理6期以上金额达到4800元的分期,可获得攀登者户外帐篷等多种礼品。尊尚白金信用卡系列(含畅行尊尚白金信用卡)核卡后90天计积分交易满12 800元并连续两个自然月有交易或办理6期以上金额达到6800元的分期可获得外交官拉杆式背包等礼品。如客户不选择礼品,则可选择享受500元~20 000元灵活分期中2次优惠费率低至5折的优惠权利。

浪漫爱情,从"1元观影"开始。据悉,华夏银行郑州分行自成立以来便持续开展1元观影活动:持华夏信用卡、华夏白金借记卡、钻石借记卡即可在郑州宝龙横店、奥斯卡电影大世界店、成龙影院建业店和锦艺店享每月2次刷卡1元观影活动。不仅如此,在岁末年初之际,华夏银行还联手正道集团开展了刷卡赠礼活动:到正道花园百货和正道中环刷华夏卡可享受刷800赠百元购物券、刷1500元赠200元购物券的优惠赠礼活动。

一张薄薄的华夏银行卡,针对不同消费人群,刷出别样精彩人生。

SMART信用卡:我年轻,我做主。记者了解到,华夏银行针对35周岁以下的年轻人设计了专属SMART信用卡,国内首创取现0手续费、刷卡消费0年费、额度放宽0申请、转账0手续费的优惠,且刷卡积分可兑换"集分宝",直接在淘宝、天猫抵现金使用,另外,还可致电华夏银行信用卡客服中心实现电话转账,将自己SMART卡上的信用额度转入本人他行信用卡进行还款。这些特权,每个都渲染出"年轻、智慧、时尚"的非凡理念,让年轻人"刷新每一天"。

畅行华夏白金信用卡:加油返现高,出行有保障。2014年年初,华夏银行面向私家车主推出了畅行华夏白金信用卡和畅行华夏尊尚白金信用卡。据了解,持有畅行华夏白金信用卡的客户,每月非加油类积分交易达到1000元,可享受限额1000元以内的最高2%的加油金返还,首年使用免年费,次年及以后于年费扣除5个月内可凭2万积分抵扣200元年费。而持有畅行华夏尊尚白金信用卡的客户,每月非加油类计积分消费达到2000元以上,即可享受加油限额1000元之内6%的返现比例,另外,每年还可于年费扣除5个月内凭5万消费积分抵扣680元年费,可谓实惠到家。

华夏ETC:高速出行免排队,各类费用更优惠。"办理过华夏银行ETC后,我成了高速公路上的VIP,持华夏银行ETC卡在郑州市内近20家指定洗车行还可享受'9元洗车'服务。"家住郑州西郊的张先生感慨不已。免费送的华夏ETC已成为他生活中不可或缺的一部分。华夏银行有关负责人表示,华夏ETC卡的持卡者自驾出入高速时可以免停车免排队,高速通行费还能打九五折,而在指定保险网点购买保险还可享受高额优惠。

刷华夏银行卡,衣食住行样样行。华夏银行卡让你在工作繁忙之余,和朋友相聚、和恋人相约,省钱又舒心。未来,华夏银行还将不断创新服务,为中原百姓带来更多惊喜人生。

资料来源:郑州日报,2015-2-3.

案例讨论题:

1. 评价华夏卡的定价策略。

2. 金融机构的定价策略会影响经营的哪些方面?

⋮⋮⋮ 推荐读物

万后芬. 金融营销学[M]. 北京：中国金融出版社，2011.

⋮⋮⋮ 本章参考资料

1. 安贺新，张宏彦. 商业银行营销实务[M]. 北京：清华大学出版社，2013.

2. 张雪兰，黄斌. 金融营销学[M]. 北京：中国财政经济出版社，2014.

3. 万后芬. 金融营销学[M]. 北京：中国金融出版社，2011.

4. 周伟. 金融营销学[M]. 北京：电子工业出版社，2014.

5. 郝渊晓. 商业银行营销管理[M]. 北京：科学出版社，2009.

6. 陈颖. 商业银行营销教程[M]. 北京：中国人民大学出版社，2010.

7. 罗军. 银行营销管理[M]. 成都：西南财经大学出版社，2010.

8. 潘海英. 我国商业银行营销管理研究[M]. 武汉：武汉大学出版社，2010.

9. 孙国辉，李煜伟. 金融企业营销管理[M]. 北京：北京大学出版社，2008.

10. 杨米沙. 金融营销[M]. 北京：北京大学出版社，2011.

11. 朱新蓉，宋清华. 商业银行经营管理[M]. 北京：中国金融出版社，2009.

12. 叶望春. 商业银行市场营销[M]. 北京：中国财政经济出版社，2004.

13. 张学陶. 商业银行市场营销[M]. 北京：中国金融出版社，2005.

14. 陈琰，许飞. 反思我国商业银行产品定价问题[J]. 上海财经，2011(6).

15. 张金林，付林，梁振雨. 商业银行产品定价理论综述[J]. 中南财经政法大学学报，2006(3).

第六章
金融服务分销渠道策略

本章学习目标

- 理解金融服务分销渠道的类型
- 了解金融分销渠道的选择与拓展
- 了解金融分销渠道的新发展

本章主要概念

金融服务分销渠道、直接分销渠道、间接分销渠道

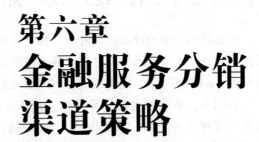

导入案例 工行"线上POS"亮相 或颠覆传统网上支付模式

对互联网金融的冲击以及外界"船大难调头"的担忧，工行一直显得信心满满。在日前的中期业绩发布会上，工行管理层重点阐述了该行的互联网金融分销战略规划——一个全新的"e-ICBC"，工行围绕这个规划打造的产品体系也渐渐浮出水面。

9月2日，在金融街的一场"线上线下支付创新产品推介会"上，工行在互联网金融领域的重磅支付产品"线上POS"首次在100多家商户面前亮相。此外，"类微信"产品——工行"即时通信平台"也将在年底推出。据悉，这是工行2014年在互联网金融领域再次推出的两个创新产品。

1. "线上POS"年底推出

作为推介会的最大亮点——工行今年推出的"线上POS"，也是工行2014年在互联网金融战略中的一款重要产品，工行将其定位为"全支付方式、全受理卡种的线上收单工具"。顾名思义，"线上POS"即为在互联网上实现类似线下POS机的支付体验。该产品只需通过一个端口，消费者在网上支付时不管持有哪家银行的卡片，只需通过"线上POS"，就可以完成支付。"线上POS"可支持简单无卡支付、3D认证支付、手机验证支付以及网银支付等四种支付方式。据了解，工行也正在和一些预付卡公司合作，后续也将支持受理预付卡产品。

对于网上支付的消费者而言，意味着更快捷、更安全的支付体验，消费者只需输入卡号、密码以及消费金额，工行即可在后台完成安全验证以及与其他银行之间的清算。同时也将根据消费金额、消费地区、信用等级等考量因素来提醒消费者采用手机验证码、U盾等不同的安全验证方式。

2. 四维度打造"e-ICBC"

除了"线上POS"，据透露，工行三大平台中的即时通信平台也将在年底上线，功能类似于腾讯的微信，名称或为"工信"。据了解，该产品的目标群为年龄在20～50岁且对投资理财有一定需求的活跃客户，同时也将对非工行客户开放注册，与目前的工行"微信银行"相比，今后工行将在该产品上实现更多的服务，如资讯发布、账户信息查询、在线购物、理财、支付等。

此外，推介会上，工行还向境内外商户推出了包括双芯片信用卡、O2O支付、HCE云支付等多种创新产品。

3. 互联网金融谋变

事实上，2014年以来工行在互联网金融领域的谋变已经卓有成效。中报显示，工行电子银行上半年交易额同比增长15.8%，电子银行业务笔数占全行业务笔数的比重比上年提高2.1个百分点至82.3%。在三大平台建设方面，工行在2014年一月推出了B2C电商平台"融e购"，半年时间注册用户550多万人，签约商户1600多户，上线商品近6万件，累计交易额155亿元，日均交易额突破7000万元。

在支付领域，工行此前已经上线了小额快捷支付产品"工银e支付"，客户数已经超过2000万，交易额同比增长7.5倍。互联网融资产品上，基于线上线下直接消费的新型信用贷款产品"逸贷"累放额达到1213亿元。面向小微企业的"网贷通"余额约3000亿元，较年初增加近400亿元，已累计向6.5万户小微企业发放贷款1.4万亿元。

　　资料来源：今晚报，2014-9-23.

第一节　金融服务分销渠道

■ 一、金融服务分销渠道概述

(一) 金融服务分销渠道的含义

金融服务分销渠道指的是金融服务的营销渠道，具体来说是指金融机构通过一定的途径和手段把产品和服务提供给其客户的过程，包括以何种方式为客户提供服务以及在何地为客户提供服务。分销渠道是金融机构产品营销过程中的一个重要环节，因此，在金融市场竞争日益激烈的新时代，正确认识金融服务分销渠道，科学地选择合理、恰当的分销渠道，对于金融产品的覆盖率来说有着不可忽视的作用，在一定程度上决定了金融机构的生存和发展。

(二) 金融服务分销渠道的形式及其发展变化

金融服务分销渠道的构成是由包括代理商、经销商、批发商以及零售商在内的一个或许多中间机构及个人组成的。相对于一般商品来说，金融产品具有特殊性，因此金融产品的分销渠道更强调中间机构以及个人的作用。从某种意义上来看，金融服务分销渠道本质上就是以何种方式选择中间商从而把金融产品有效地转移到最终消费者的手中。金融服务分销渠道的中间商主要由一些银行和非银行金融机构组成，如中央银行、国有银行、股份制商业银行、信托银行等银行机构和保险公司、证券公司、证券交易中心、资产托管公司以及融资租赁公司等非银行金融机构。另外，金融产品的供应者不仅可以是金融机构，也可以是非金融机构。

在早期的金融分销渠道中，分支机构是主要的分销渠道。随着政策、技术、产品创新以及竞争等因素的变化，金融分销渠道也越来越呈现复杂化、多元化。总体来说，主要包括直接分销渠道和间接分销渠道，其中，直接分销渠道主要以分支机构为主，间接分销渠道主要是以随着科技的发展而出现的新形式的分销渠道为主，如信用卡、店内分行、销售点终端(POS)、客户终端、自主柜员机(ATM)等。

实例6-1　　春节七天工行信用卡刷了134个亿

据悉，2015年春节七天长假期间，客户使用工行信用卡实现的消费金额达到134亿元人民币，比2014年春节期间增长了27%，对促进居民消费发挥了积极作用。工行相关负责人表示，2015年春节期间工行信用卡消费额的大幅增长主要有三个方面的原因。

首先是工行信用卡客户群体持续扩大。在2014年年末，工行信用卡发卡量已经率先突破1亿张，稳居亚太第一、全球前三信用卡大行。

其次是工行信用卡服务品质显著提升，增强了客户用卡的意愿，消费额、透支额、启用率、动卡率等核心指标持续领先同业。工行以POS为纽带，在餐饮、购物、旅游、教育、交通等各个领域搭建起一个稳定安全、高效便利的支付网络，既广泛覆盖酒店、商场这样的"大动脉"，又纵横延伸至便利店、礼品店、咖啡厅这样的"毛细血管"，真正体现了民生情怀，实现了便民利民。

再次是工行春节期间的信用卡促销活动受到客户欢迎。2015年春节期间，工行联合多家优质商户开展了"刷卡连连奖""积分当钱花""爱购全球"等促销活动，在工行各分支机构还结合地方特色开展了"缤纷送礼""刷卡有礼"等区域性促销活动，取得显著成效。其中，工行河北、湖南、甘肃和云南等多家分行的信用卡消费额同比增幅均超过80%。

资料来源：大连晚报. 2015-3-11.

■ 二、金融服务分销渠道的类型

现代金融机构的分销渠道多种多样，根据不同的划分标准可以分为不同的类型。具体来说，金融机构的分销渠道主要包括以下几种。

(一) 直接分销渠道和间接分销渠道

这是根据金融机构销售的产品是否利用中间商来划分的。直接分销渠道，即零阶渠道或者零级渠道，它指的是金融机构直接把产品提供给客户而不需要借助中间商完成产品的销售。例如，金融机构通过设立营业服务网点直接向客户提供金融产品和服务。间接分销渠道指的是金融机构通过中间商把金融产品销售给客户的各种手段和途径。例如，金融机构，尤其是商业银行通过超市、商场等大型消费场所的销售终端(POS)向客户提供电子支付服务。

实例6-2　　工行自动柜员机(ATM)已逾九万台

2014年以来，中国工商银行持续加大自动柜员机的投放力度，目前全行投入运营的自动柜员机数量已经超过了9万台，可以为客户提供全天候、24小时不间断的服务。在逾9万台柜员机中，具备存款功能的存取款一体机达到约5.5万台，数量及占比均进一步提高，为自助金融服务的进一步普及应用打下了良好的基础。

据介绍，在持续加大设备投入的同时，工行不断优化自动柜员机的服务功能和处理能力，业务笔数和金额呈快速上升的态势。据统计，2014年前11个月，工行自动柜员机完成的交易量达到85.4亿笔，交易金额达9.84万亿元，同比分别增长了约二成。依托强大的信息科技实力和产品创新能力，工行在自动柜员机上先后推出了快速取款、操作倒计时提醒、手机预约取现、无折存款等一大批新服务，提高了自助设备操作的易用性、安全性和友好性。如今，客户不仅可以在自助设备上存款、取款、转账，还可以办理投资理财、医院挂号、信用卡还款、缴纳公用事业费等一系列业务，服务范围涵盖了日常生活的方方面面。

资料来源：经济日报，2014-12-24.

(二) 单分销渠道和多分销渠道

这是根据分销渠道类型的多少来划分的。单分销渠道指的是金融机构仅仅是简单地通过一个渠道实现金融产品和服务的销售。例如，金融产品和服务由金融机构自己销售或者全部通过经销商销售，一般在本地多采用直接分销的方式。多分销渠道指的是金融机构通过不同的销售渠道将相同的金融产品和服务销售给不同的市场或者不同的客户，一般在外地多采用间接分销的方式。通常多渠道分销比单渠道分销能够更有效地扩大市场占有率。

(三) 结合产品生命周期的分销渠道

分销渠道与金融产品一样，具有一定的生命周期，金融产品所处生命周期阶段不同，产品的成本、收益以及受欢迎程度也会有所不同。因此，在不同的阶段要根据实际情况采取不同的分销渠道策略。在产品导入期，最主要的任务就是迅速打开市场，金融机构应该以自销或者独家营销为主提高新产品的声誉，尽快占领市场；在产品成长期，金融机构应该选择有能力、有经验的中间商进行分销，提高销售量以扩大市场份额；在产品成熟期，金融机构应该拓宽分销渠道，寻求更多的中间商，与中间商积极配合以达到进一步拓宽业务活动的范围；在产品的衰退期，金融机构可以选择声望比较高的中间商分销产品，以获取更好的经济效益。

(四) 组合分销渠道

组合分销渠道指的是金融机构将分销渠道与营销的其他策略相结合，以达到更好地开展金融产品销售活动的目的。金融机构分销渠道的选择与组合是实施营销的关键。分销渠道的组合通常又分为两种形式：垂直型分销渠道组合和水平型分销渠道组合。

1. 垂直型分销渠道组合

即分销渠道的纵向联合，具体是由金融机构、批发商和零售商组成，进行专业化管理和集中计划的营销网络。垂直型的金融分销渠道可以把银行和各个中间商组成一个统一的整体，不仅有助于集中管理，而且也容易进行集中决策并统一执行。这种模式可以最大程度地减少因成员谋私利而出现的矛盾。

2. 水平型分销渠道组合

即分销渠道的横向联合，具体是由同一层次的两个或多个相互无关联的营销组织组成的联合体来开展营销活动。在时间上，这种联合既可以是短期的，也可以是长期的。这种模式旨在通过联合降低成员的经营风险,还可以充分利用各自的优势共同开发市场。

三、金融机构直接分销渠道

直接分销渠道,即零阶渠道或者零级渠道,指的是金融机构不通过任何中间商直接将金融产品销售给客户。这种分销渠道相对来说比较简单,其模式如图6-1所示。

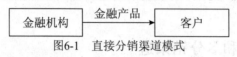

图6-1　直接分销渠道模式

(一) 金融机构直接分销渠道的类型

传统的金融机构大多数采用的是直接分销渠道,因为大量服务的传递需要依靠金融机构与客户直接发生联系。金融机构直接分销渠道主要包括分支机构、面对面影响、直复营销、网上银行以及ATM等电子分销渠道。

1. 金融机构分支机构

金融机构传统分销渠道的典型形式是分支机构网络。分支机构是金融机构最主要的直接分销渠道,也是决定金融机构能否成功经营的重要因素。金融机构通过其在全国各地广泛设立的分支机构直接向客户提供产品和服务,这构成了金融机构的直接分销网络。以商业银行为例,我国的金融机构大多数实行总分行制,首先选择某个地区设立总行,然后在全国各地以及国外设立分行,再由各个分行下设支行、分理处、储蓄所等,上述这些构成了银行产品的直接分销网络。

随着新技术的采用和金融创新,许多金融机构开始减少传统的分支机构网络,明显的分支机构作为传统分销渠道的重要性有所下降,而ATM、电话服务、网上服务、手机服务等新型渠道的重要性正在持续上升。但是目前分支机构在金融机构的分销渠道中仍然占有主要地位,其重要性不容忽视,具体的主要体现在以下几个方面。

第一,客户就近选择金融分支机构办理业务的习惯在短期内很难改变,相当一部分客户偏好金融分支机构为其提供个性化服务。

第二,金融机构可以通过实体分支机构向客户提供更加人性化的直接感情服务,这是电话服务、网上服务等电子渠道无法实现的。

第三,金融分支机构对于金融机构品牌形象的树立有着重要的意义,在一定程度上也起着广告宣传的作用。

第四,金融分支机构在开发和维护客户的资源方面具有不可替代的作用。

因此,虽然分支机构作为金融机构的分销渠道经营成本比较高,但是其仍旧是现代金融机构最重要的产品分销渠道。合理的设置分支机构以及加强其营销管理,有助于提高金融机构的市场占有率,更好地满足客户的需求。

2. 面对面推销

除了进行传统的柜台坐等服务外,直接分销机构中的各个网点还会派专业营销人员进行面对面推销,这是直接营销渠道中最基础和最原始的形式。目前,越来越多的金融机构成立了专业营销队伍，通过多种形式和途径访问潜在客户，不断拓展其新业务以发展预期潜在客户成为他们的新客户。例如，各金融机构中凭借自身努力而发展起来的客户经理就是从事面对面直接销售的人员。

3. 直复营销

直复营销是指不经过店面，直接由买卖双方完成交易的一种分销方式。金融机构通过多种方式将金融产品和服务销售给现有客户以及潜在客户。具体来说，包括直接邮寄营销、目录营销、电话营销、电视营销以及网络营销等。

(1) 直接邮寄营销。它是指营销人员直接把信件、传单、产品样品以及广告页等有关金融产品或服务直接邮寄给目标客户的营销方法。这是最早的直复营销方式，即使在今天依然得到了广泛的应用。不过随着现代通信技术的发展，直接邮寄销售出现了新的形式，如电子邮件、传真以及声像邮件等，这些新方式产生的销售效果更加直接，不仅使得邮件传送的速度加快，又大大地节省了传送成本。

(2) 目录营销。它是指由金融机构营销组织编制商品目录，然后通过一定的途径分发给顾客，由此接受订购并销售的过程。在西方国家，许多企业对其目标客户寄送产品目录，现在目录营销方式已经日益被各种金融机构所广泛应用。

(3) 电话营销。它是指金融机构营销人员通过电话给客户提供有关金融产品服务与信息，客户可以在电话中提出购买要求的营销行为。这种营销方式的优势在于营销人员不仅能够和客户进行直接的沟通，而且还可以在第一时间内收集到客户意见并进行反馈。其劣势主要在于可能会打扰到客户的工作和休息，同时由于客户看不到实物，也读不到说明文字，易产生不信任感。

(4) 电视营销。即通过在电视上介绍产品或赞助某个推销商品的专题节目开展营销活动，其实质是电视广告的延伸。电视营销通过把画面与声音结合在一起，不仅更加直观、更容易使顾客集中注意力，而且接受信息的人数也相对较多。但是，电视营销的成本相对较高，广告费用昂贵，播放次数以及时间都有限，而且顾客很难将它与一般的电视广告相区分。在我国，电视仍旧是最普及的媒体，许多金融机构开始依靠电视营销开展业务。

(5) 网络营销。它是指金融机构营销人员利用互联网进行的营销活动。它是信息技术与支付手段的发展而产生的方式。它是直复营销方式中出现的最晚的一种，但是发展却极为迅速。

实例6-3　　　　**新渠道，招行以创新促服务**

互联网金融大势所趋，对传统金融服务的挑战与机遇也越来越大。网上银行专业版7.0和微信银行成为招行零售服务新渠道的两大利器。

网上银行专业版7.0　用户体验至上

互联网时代，用户体验至关重要，招行自不怠慢，最新推出的网上银行专业版7.0正是将用户体验摆在了优先级最高的位置。目前，客户看到的每一张页面都经历了由交互线框图到视觉图再到最终产品的演进过程；客户每一次输入、点击的流程，阅读的每一段话术都经过反复推敲，尽力将使用过程轻量化。通过大数据技术的运用，网银专业版7.0能更加精准地定位目标客户、捕捉客户偏好，满足个性化需求，实现由单向交易型向互动销售型转变，从而提供了一个安全、快捷、便利、开放、一站式的移动金融基础服务平台。

微信银行抢占先机　持续领跑

在微信这一社交软件的应用上，招行抢占了先机，率先推出微信银行，并在同业的快速复制中，保持领跑地位。在2013年微信银行初创的基础上，2014年，招行微信银行完善并升级了诸多服务。通过微信银行，客户不仅可以使用24小时智能客服，办理借记卡账户查询、转账汇款、信用卡账单查询、信用卡还款、积分查询等常用业务，而且将银行卡与微信银行绑定后即可直接通过微信享受账务变动通知、理财日历提醒和无卡取款等便捷服务。招行微信银行凭借在用户体验方面具有的独特优势，已成为继网上银行、手机银行等渠道外的又一重要电子服务渠道。

资料来源：腾讯大秦网，2014-11-24.

综上所述，金融机构可以根据自身的实际情况和金融产品的特点，合理地选择各种直复营销手段开展营销活动，拓宽营销业务，开发潜在客户，降低营销成本，提高营销效果。

4. 电子分销渠道

随着网络技术以及信息技术的进一步发展，近几年以来电子分销渠道已经日渐发展成为新的分销方式。电子分销渠道以电话、电脑、手机等电子网络为媒介，通过客户自助服务等直接将金融产品提供给客户。以银行为例，就是将传统的银行产品通过电子网络系统直接分销给用户，如电话银行、网上银行、手机银行、自助银行等。

实例6-4　　建行手机银行客户数突破1亿

近年来，建行将电子银行作为战略性业务加大投入，跨越式发展电子银行取得诸多成效。截至2013年6月底，建行手机银行客户数突破1亿户，占据同业首位。

建行手机银行不仅为客户提供"查询服务""转账汇款""账户管理""缴费支付"等账户服务，还在同业首推了"手机到手机转账""二维码消费卡"等创新功能，更有基金交易、贵金属交易、国债交易、外汇买卖、鑫存管、理财产品等紧跟市场动向的投资理财服务以及游戏点卡充值、全国手机话费充值、Q币充值等缴费业务，让客户能够随手掌控市场，时时积累财富。

无论客户使用的是三大运营商的通信网络还是wifi等无线热点，均可体验建行手机银行。使用iPhone的客户可在App Store搜索"建行手机银行"下载客户端，使用Android手机的客户可在建行国际互联网网站(www.ccb.com)或手机银行网站(m.ccb.com)下载客户端。安装手机银行客户端后，客户还可享用"机票""网点查询""影票在线""银联商圈"等特色功能。

资料来源：重庆商报，2013-7-17.

5. 信用卡网络

信用卡网络也是金融机构的一种直接分销方式，它是指金融机构通过发行信用卡直接向持卡人提供金融服务而建立起来的，由此形成了金融机构向客户分销产品的直接渠道。另外，在信用卡网络中，还包含着零售商场、大型超市、酒店等消费场所。因此，金融机构通过向这些消费机构推销其信用卡服务来服务于消费者。

实例6-5　　　　工行发行国内首款主题公园联名信用卡

2015年1月27日，中国工商银行与长隆集团在北京正式宣布联合发行工银长隆联名信用卡。该卡是国内第一款全国性主题公园联名信用卡，包括银联品牌及VISA品牌芯片卡，支持接触式与非接触式使用，将在中国内地、香港和澳门地区同步发行。

工银长隆联名信用卡既是工银信用卡，又是长隆会员卡，可享受工商银行和长隆集团双方的相应权益，在园区消费时不仅可获得双重积分，还可在园区内享受24小时免费停车。工银长隆白金卡可享受门票、酒店9折优惠，金普卡可享受9.5折优惠。工银长隆联名信用卡的所有卡种在有效期内可享受长隆集团主题公园每园5折门票1次，2015年6月30日前更有门票、酒店双9折优惠。同时，工商银行与长隆集团还将进一步拓展深度合作，在园区内为消费者提供可受理全球六大主流品牌的全面银行卡服务，通过覆盖全国的受理网络，为客户带来一卡在手，畅游全国的全方位便利支付体验。

截至2014年年末，工商银行信用卡累计发卡量达到10 056万张，国内率先超越1亿张大关，成为亚太第一、全球前三信用卡大行。广东长隆集团是中国旅游行业的龙头企业，集主题公园、住宿酒店、商务会展、餐饮娱乐等营运于一体，是中国首个实现旅游产业规模化经营的民族旅游品牌。此次双方强强联合，共同推出工银长隆联名信用卡，把高效金融服务与丰富多元的主题公园权益相结合，将为持卡人带来更多实惠和便捷。

资料来源：中国工商银行网站，2015-1-28.

(二) 金融机构直接分销渠道的优缺点

金融机构直接分销渠道有许多的优点，具体表现为以下几点。

1. 流通环节少

将金融产品直接销售给客户，不仅可以使客户及时了解金融产品的特性，使产品迅速投入市场，而且可以减少因销售环节多、时间冗长等引起的不必要的损失，缩短流通时间。

2. 流通费用低

由于间接营销中中间厂商过多，而且都须收取一定的费用，所以成本较高。相对于间接分销来说，金融机构直接分销直接与客户进行接触，大大缩减了流通环节，降低了营销成本，节约了流通费用。

3.销售量较多

金融产品强调对客户的服务，因此在直接分销渠道中，金融机构派专线人员直接为客户提供产品，并能够提供比较全面的售前、售后服务。这不仅能够提高金融机构的声誉，扩大其影响力，而且还能够维持与客户较密切的联系，进一步扩大其销售量。

4.有利于增加对市场的了解

通过直接分销渠道推销金融产品，金融机构不仅能够及时地掌握金融市场的最新动态，了解客户的偏好产品和习惯、心理等的变化过程，而且能够直接把这些信息反馈给金融机构的产品开发部门，使得研发人员不断更新与开发新产品以便满足客户的需求。

当然，直接分销渠道也呈现出了一些不足之处，其最大的不足体现在有些金融机构规模有限，此时通过直接分销渠道推销产品会使得金融机构较多的人力、物力和财力被占用。另外，金融机构在设立分支机构的过程中，需要配备足够的客户服务人员，这可能会使得分销费用增加，影响金融机构的经济效益。尤其是当目标客户分布比较分散、需求差异比较大时，直接分销渠道的缺点尤为明显。

■ 四、金融机构间接分销渠道

间接分销渠道指的是金融机构需要通过某些中间商或者中间设备才能将金融产品销售给客户。以商业银行为例，银行通过房地产开发商向购房者销售个人住房贷款，通过汽车经销商向购车者提供汽车贷款，通过安装在消费场所的POS机向客户提供电子服务等。这种分销渠道相对来说比较复杂，其模式如图6-2所示。

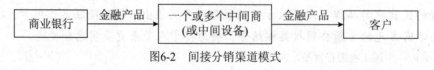

图6-2　间接分销渠道模式

(一)金融机构间接分销渠道的类型

1.短渠道与长渠道

在金融产品传递的过程中，根据纵向所经过的中间商的多少可以将间接分销渠道分为短渠道与长渠道。

短渠道，也称为一阶分销渠道，指的是金融机构在金融产品的销售过程中只需要通过一个中间商来传递产品。也就是说，在金融产品的转移过程中，最多只经过如批发商、零售商或代理商等一个中间机构，由该中间商将金融产品销售给最终客户。

长渠道，指的是金融机构通过两个或者两个以上的中间商的传递来销售金融产品。长渠道又可以分为二阶分销渠道和多阶分销渠道。二阶分销渠道指的是金融产品的销售要经过两个中间商，通常是一个批发商和一个零售商，或者是一个代理商和一个零售商。多阶分销渠道指的是金融产品的销售要经过三个或三个以上的中间商，一般是首先由金融机构为自己寻找一个代理商，然后代理商再转售给批发商或者零售商，最后由零售商将产品销售给最终客户。

2. 窄渠道与宽渠道

按照金融机构销售产品时在分销渠道的某个层次上横向选择的中间商数量的多少，可以将间接分销渠道分为窄渠道与宽渠道。

窄渠道，指的是金融机构在特定市场上只选用一个中间商为其推销金融产品。窄渠道能促使金融机构与中间商通力合作，排斥竞争替代性产品进入同一销售渠道。但是窄渠道也存在一些不足，如果金融机构对某一个中间厂商的依赖性太强，在发生意外的情况下，金融机构容易失去已经占领的市场。

宽渠道，指的是金融机构在分销渠道的某一环节中选择两个以上的同类中间商销售其产品。在分销渠道的某个层次上，如果使用的同种类型的中间商越多，那么分销渠道越宽；反之，如果使用的同种类型的中间商越少，那么分销渠道就越窄。

(二) 金融机构间接分销渠道的中间商

一般而言，中间商是指协助生产者促销、销售和配售其产品给最终购买者的企业或者个人。它是分销渠道的中间环节，包括批发商、零售商、代理商和经销商。

1. 批发商

批发商指大量购买供应者的商品，然后再分配给多个中间商进行销售或直接销售给公共用户和政府机关等，所得的利润主要来自差价。但是批发商也存在一定的风险，其风险在于差价能否及时实现以及实现的多少。一般对于金融产品而言，批发商一方面向金融产品供应者购买金融产品，另一方面又向其他批发或零售商批量销售金融产品。

当然，批发商也存在规模和级别上的不同，包括一级批发商、二级批发商等。一家批发商可以只经营一种产品，也可以同时经营多种产品。同样的，这些产品也可以是不同厂家生产的，但一般是互补的产品而不是相互竞争的产品。由于批发商在营销渠道中起着连接产品供应者和最终消费者的中间作用，因此它的综合实力、分布情况、种类以及社会关系等在营销渠道中发挥着重要的作用。

2. 零售商

零售商指的是所有将金融产品售予最终消费者的中间商，零售渠道是与最终消费者联系最紧密的营销渠道。零售商的作用在于把产品在合适的地点，以合适的价格和合适的数量卖给最终消费者，其目的是实现营销的最大利润化。在一般营销渠道中，可以没有批发商，但是零售商却是必不可少的。零售功能的大小与很多因素有关，包括零售商的实力、网点规模及分布、信誉、与其他中间商和供应商的合作态度等。另外，也与渠道的性质相关。

3. 代理商

代理商是指接受生产者委托从事产品的销售工作，但不拥有产品所有权的中间商。代理商没有产品的所有权，只是替委托人在市场上从事营销活动，从中抽取佣金或代理手续费。金融机构在产品分销过程中，可以通过代理商销售其产品。以银行为例，通常以酒店、宾馆、大型购物中心、机场、车站以及房地产经销商和汽车经销商作为自己的代理点来销售银行产品或提供产品中的某些服务。另外，银行之间也可以互为代理行，互相销售对方产品，为结算业务提供便利。这不仅使银行大大节省成本，扩展银行产品的覆盖面，而且还可以弥补银行在地域上的不足。

4. 经销商

经销商一般指没有产品所有权，为买卖双方牵线搭桥，提供中介服务并依法收取佣金的中间商。经纪商的存在是由于某些产品和市场的特点，如消费者分布广泛但单个消费者的需求量小，或者由于传统习惯导致消费者只愿意从某种类型的中间机构中获取服务，又或者产品由经销商经营更具有效率等原因。

(三) 金融机构间接分销渠道的优缺点

金融机构间接分销渠道即需要通过中间商才能向客户销售金融产品的方式有许多优点，具体如下。

1. 金融产品的提供方式有所转变

在直接分销渠道中，金融机构与客户之间的交流是面对面的，因此受到了金融机构分支机构网点和营业时间的限制。间接分销渠道的出现使得这种情况有所改变，金融机构与客户之间不需要直接的交流，不受分支机构地点和金融机构开业时间的限制，可以更好地满足客户的需求，为客户提供金融产品。

2. 金融产品的分销速度加快

在间接分销渠道中，中间商充当了金融产品交换的媒介，不仅可以有效地调节供求双方在地区、数量、时间和规模等方面的矛盾，而且加快了商品的合理分流，缩短了金融产品流通的时间，提高了金融产品的市场占有率。

3. 拓宽了金融产品的市场

由于中间商既熟悉金融产品的特性，又了解本地市场的情况，这不仅可以提高金融产品的销量，挖掘市场的潜在购买力，为更多的客户提供多样化的服务，而且有利于金融机构进一步拓展业务范围。尤其是当金融机构在新开发一个市场或地区时，可以通过寻找中间商进入新市场。

4. 降低了金融产品的营销费用

在直接分销渠道中，设立分支机构的成本比较大，而且金融机构与客户直接联系有时会事倍功半。相对于直接分销渠道，间接分销渠道通过中间商与客户取得联系，不仅可以降低营销费用，也能够改善金融机构与客户之间的关系，达到事半功倍的效果。

5. 有利于获得更多的市场信息

在间接分销渠道中，中间商作为流通媒介，与潜在客户有着许多的联系，他们能够了解到更多客户的信息，再将其反馈给金融机构，更好地促进金融产品的开发与销售。

当然，间接分销渠道也呈现出了一些不足之处，其最大的不足体现在中间商的选择上。另外，由于一个或者多个中间商的存在，使得销售环节增多，从而提高了金融产品的最终价格。

知识链接6-1　　　　　　　　　索罗斯血战英格兰银行

乔治·索罗斯(George Soros)，本名捷尔吉·施瓦茨，出生于1930年8月12日，是匈牙利出生的美国籍犹太裔商人，著名的货币投机家、股票投资者和政治行动主义分子，也是全球最大的慈善家。

索罗斯在1989年11月柏林围墙崩塌，东西德统一后，就敏锐地意识到，欧洲货币汇率机制已无法继续维持。当时英国经济处于不景气状态，利率很高。如果要维持高利率以支撑英镑币值的话，无疑是对英国经济雪上加霜。于是英国金融当局只能寄希望于外在因素，即德国马克能降低利率。索罗斯就瞄准了这一点，相信处于东德重建，经济已严重过热的德国，不会冒加重自己通货膨胀的危险而降低马克利率。于是，英国金融形势在这一日益激化的矛盾中熬过了三年，其央行英格兰银行越来越招架乏力。饥饿的"鳄鱼"也已耐心地蛰伏了三年，1992年8月28日，"鳄鱼"轰然张开了血盆大口，以极其迅猛的方式，在现汇、期货、期权市场同时打击英镑，小小的"鳄鱼"嘴在"杠杆原理"交易方式的支持下，狠狠地咬住了英格兰银行的伤腿。

当索罗斯听到英格兰银行将动用120亿美元去买进英镑时，他豪气盖天地说："我正准备抛空这个数量。"于是，一时间血肉翻飞，惨叫阵阵。在"鳄鱼"有力的咀嚼中，英格兰银行这个欧洲最老道的渔夫竟逐渐无力哀号，英镑直线下跌，直至宣布退出欧洲货币体系。英镑汇率由2.1变为1.7，索罗斯因此获取20多亿美元，个人收入6.5亿美元，名列1992年华尔街个人盈利榜榜首，创造了历史记录，至今无人能破。他利用"杠杆效应"的放大原理，将其犀利的判断有力地作用于世界金融市场，创造出天量的赢利。所以被冠以令人敬畏的名称"金融大鳄"。

第二节　金融服务分销渠道的选择与拓展

■ 一、金融服务分销渠道决策的基本原则

金融机构只有将产品送到客户的手中，实现了所有权的转移，才能实现其经营目标。因此，如何在合适的时间按照适当的价格与数量以适当的方式将产品送达到合适地点的目标客户，已经成为金融机构的一项重大决策。

分销渠道决策是决定通过何种途径或方式将产品销售到最终客户手中的问题，其中包括渠道模式与类型选择，渠道级数(长度)和渠道成员(中间商)的选择。分销渠道的选择是金融机构营销管理中最为重要的决策之一。通常金融机构分销系统的建立需要经过长期细致的选择与组织，且具有一定的稳定性。

金融机构在进行分销渠道的选择时，一般应遵循以下几个原则。

(一) 畅通高效原则

在金融分销渠道的选择中，畅通高效是首要原则。分销渠道畅通、高效，能够将产品和服务以最短的路径送到客户最方便购买的地点，确保了经济高效、及时地满足客户的需求。另外，金融产品和服务传递给客户所需要的时间、提供服务的速度都是衡量分销效率的重要标志。

(二) 适度覆盖原则

金融机构在选择分销渠道时，还应该考虑产品能否顺利销售出去，是否具有较高的市场占有率。覆盖范围的选择要适度，但不宜过度强调覆盖面，应该避免扩张过度、分布范围过宽、过广。因为这将造成成本上升，与客户之间的沟通也存在困难。

(三) 成本最小化原则

分销渠道的成本主要包括两种，分别为渠道开发的投资成本和保持渠道高效畅通的维护成本。一般来说，金融产品的特点，渠道成员的数量、效率以及渠道的长短等都会影响分销成本的高低。因此，金融机构应该首先以金融产品自身特点为基础，然后根据金融产品的特点来设计分销渠道的长短，以追求成本的最小化和经营的效率。

(四) 稳定可控原则

金融机构分销渠道的建设是复杂而缓慢的，一般不便轻易更换渠道成员，更不能随意转换渠道模式。因此，只有在保持金融机构分销渠道相对稳定和正常运转的基础上，才能提高分销渠道的效益。

(五) 协调平衡原则

在选择和管理分销渠道时，金融机构还要关注其他渠道成员，合理分配成员间的利益。另外，渠道成员之间还可能存在冲突和竞争的关系，金融机构要协调、引导、同意各成员充分合作，确保其经营目标的实现。

(六) 发挥优势原则

金融机构在选择分销渠道时要注意充分发挥自身的优势，有效利用现有资源，进行分销渠道的设计，并将之与产品策略、价格策略结合起来，强化营销组合的整体优势。

■ 二、影响金融服务分销渠道选择的因素

分销渠道是金融机构与客户之间沟通的桥梁，因此，选择恰当的分销渠道对于金融机构的经营和发展有着十分重要的意义。金融机构分销渠道的选择受到多种因素的影响和制

约。具体来说，主要包括金融产品的特性，客户的特性，金融机构的自身状况，竞争对手的状况，中间商的特性，分销成本，政治和法律因素，自然环境、经济与文化等。

(一) 金融产品的特性

金融产品的特性在金融机构选择分销渠道时起着十分重要的作用，金融机构需要根据产品的特性选择不同的分销渠道。产品因素包括产品的价格、专业性、及时性、技术性和售后服务等。通常，对于单位产品价格较高、专业技术性强和服务要求高的产品，比较适合选择直接分销渠道。对于单位产品较低、技术与服务要求不高的大众化产品，则可以选择间接分销渠道，或者设置多个网点进行普遍性分销。由于大多数金融产品包含较多服务成分，需要金融机构设立广泛的营销网点，建立完善的服务体系，所以应选择较短、较宽的渠道，即较少选择中间商进行分销。

另外，如果涉及消费结算、缴费、电子货币等中间业务产品需要大力开展，那么就应该选择相应的中间商或者代理行分销，以达到扩大市场接触面和资金运转渠道覆盖面的目标。

(二) 金融机构的自身状况

金融机构自身的规模、资源技术力量、经营管理能力、信用能力、销售能力、服务能力、营销目标等，都会影响分销渠道的选择。如果金融机构的资金实力较为雄厚，经营管理能力较强，那就可以建立自己的分销体系，直接销售产品；相反，如果金融机构资金实力较弱，管理能力缺乏，那么通过中间商进行分销则是更好的选择。一般来说，声誉高、实力强、服务能力优越的金融机构，中间商更愿意销售其产品，因而分销渠道选择的余地越大，可以尽可能地利用各种有利的分销渠道进行产品营销；反之，实力较弱、声誉不佳的金融机构，其分销渠道选择的余地则小得多。另外，金融机构在选择分销渠道时，还必须考虑其现有分销渠道的适用性。

(三) 市场状况

1. 客户的特性

目标市场客户特性是分销渠道的市场基础，客户特性包括客户的数量、类型、需求、心理、购买频率、地区分布等。对于客户数量大，而且分布集中、需求旺盛的市场，金融结构可以采取直接分销渠道，加速产品的流通。但是对于客户数量少且分散的市场，金融结构可以通过中间商提供服务。

2. 竞争者的状况

竞争对手所使用的渠道也会影响金融机构分销渠道的选择。因此，在进行分销渠道的选择时，金融机构应该充分竞争对手的情况。有些金融机构往往选择采用与竞争对手同样的渠道，贴近竞争对手，希望以更优质的服务取胜。有些金融机构则选择避开竞争对手所使用的渠道，在市场的空白点另辟渠道发展。市场是有限的，金融产品是无限的，有限的市场不可能容纳无限的同一类型的产品，因此在设立分销渠道时，应该尽量避免出现过度竞争。

3. 中间商的特性

中间商的性质、能力以及其对各种金融产品销售的适应性也会影响金融机构分销渠道的选择。金融机构要利用中间商进行产品分销，就必须考虑各种不同中间商在沟通、促销、接触客户、信用条件、人员素质等方面的特点，从中选择那些最能实现金融机构营销目标和消费者需求的中间商。例如，对于技术性较强的金融产品，如果要通过中间商分销，那么就需要选择有相应技术和能力的中间商。如果某个市场上的中间商过多，那么金融机构就可以通过对比，选择一个或多个中间商，利用多种分销渠道进行销售。

(四) 分销成本

金融机构在发展各种分销渠道时也应该以利润最大化为前提，因此应该充分考虑分销成本。分销成本指的是维持金融产品销售渠道所产生的各类费用的总和。费用越低，分销成本越小，占用的金融机构的资金就越少。分销成本主要受到分支网点的数量和规模，中间商数量的多少，分销渠道的长度和宽度，分销渠道维护的费用等的影响。所以，金融机构在选择分销渠道时，应当进行成本分析，作出最恰当的选择。

(五) 政策与法律因素

政策与法律因素主要体现在国家制定的政策、法律、法规和条例对金融机构分销渠道选择的制约。例如，对于有些金融产品与服务，政府实行管制政策，不允许金融机构设立分支机构开展经营，如果金融机构想进入，那么只能选择间接分销渠道。政府对各类金融产品所采取的政策、税收政策等都会影响金融机构分销渠道的选择。金融机构受到政策与法律的约束越大，那么选择分销渠道的权利和范围越小。

(六) 自然环境、经济与文化因素

自然环境的特征、经济环境的变化以及文化因素等，都会从不同层面、不同层次上影响金融机构分销渠道的选择。

1. 自然环境

自然环境对金融产品分销渠道的选择主要是受到地理条件对分销渠道制约的影响。如果位于城市的商业中心或者交通便利的地区，由于地理位置比较优越，金融机构可以通过设立分支网点等直接分销渠道来销售产品。如果位于偏远或交通不便的地区，由于地理位置比较偏僻，金融机构采取间接分销渠道则可能更为便利。

2. 经济环境

经济环境的变化也会影响金融机构分销渠道的选择。例如，在经济较为发达的地区，金融机构分支机构的平均规模应该大一些，功能也应该趋于综合化。再如，当经济处于高涨时期，金融产品需求旺盛，供不应求，金融机构可以充分利用中间商广泛开展间接分销。总之，金融机构要密切关注当地经济环境的变化，适时调整分销渠道策略。

3. 文化因素

文化是在社会长期发展过程中积累形成的观念、思想与习惯传统等的总和，具有相对稳定性。但是随着人类对群体的划分范围的不同，文化也体现出了一些差异。因此，金融机构要意识到分销渠道对市场文化的依赖性，在文化环境发生变化时，应及时地调整分销渠道。

另外，自然环境、经济环境和文化因素之间也会相互产生影响。所以，金融机构在选择分销渠道时，必须充分考虑上述各种因素之间的相互作用，从而作出恰当的决策。

■ 三、金融机构分销渠道的拓展

在竞争日益激烈的金融市场上，金融产品分销渠道是否通畅，覆盖面是否广泛，都会决定金融机构的竞争能力和市场份额。由于金融市场发展状况的差异，金融机构在拓展产品分销渠道时可以选择自设分销渠道、开展金融机构收购和兼并、拓宽代理分销渠道、构建战略联盟等四种方式拓展业务。

(一) 自设分销渠道

在市场发展空间较大、金融机构经费充足的情况下，建立金融机构自己的分销渠道，如ATM网络和电话服务等。增加分销网点的数量并扩大其容量，是金融机构拓展分销渠道最主要的方法。不过这种方法主要取决于分支机构网点是否设置合理并且能否高效运行。分支机构网点在与客户面对面的交流方面优势明显，金融机构可以在与客户面对面交流中了解到客户新的需求，开发新的服务和产品，开辟新的盈利渠道。一般来说，如果金融机构在本国境内设立的分支机构越多，那么分销渠道的拓展就越容易。不过，随着金融全球化的发展，金融机构在境外设立分支机构同样成为其拓展分销渠道的重要方法。

(二) 开展金融机构并购业务

通过开展金融收购和兼并，不仅能够迅速地扩大机构规模，并利用由此形成的规模效应，而且能够节省大量的成本费用，同时也可以为客户提供更加广泛的产品。一般来说，金融机构并购的方式主要有三种，分别为纵向并购、横向并购和混合并购。纵向并购，指的是在各自独立的市场上收购同样产品和服务的金融机构。横向并购，指的是在同一市场上进行的两家或两家以上的金融机构的合并。混合并购，指的是金融机构与其他机构之间的合并。金融机构进行并购不仅可以扩大其分销网络，也可以提高其自身业务的综合实力。

(三) 拓宽代理分销渠道

要想增加金融产品的销售，金融机构就必须建立代理机构，寻找更多的代理商以及信用卡的特约用户。拓宽代理分销渠道可以帮助金融机构拓展市场份额。但是由于代理机构可能会代理一家或多家金融机构的产品，因此合理有效地选择自己的代理商，确保代理商的质量，提高代理商销售产品的积极性也成为代理商面临的一个问题。

(四) 构建战略联盟

联盟是指金融机构根据自身优势，根据签订协议，互相提供服务，以此拓宽营销渠道，扩大销售。最重要的是构建战略联盟不需要金融机构投入很多的人力和物力资源，而是重在相互借用各自的营销渠道来拓宽自身的业务，一方面风险小于收购兼并，具有更多的选择空间和更大的灵活性；另一方面还可以突破有关的政策限制，有利于金融机构拓展跨国、跨地区业务。

第三节　金融服务分销渠道的新发展

20世纪以来，随着科学技术的不断进步，电子网络系统不断发展，与此同时也带来了产品分销渠道的快速发展。网上营销、电话营销、电视营销等的出现，使得人们不用出门就能买到产品，对传统营销渠道也形成了强有力的冲击。

近几年，尤其是对于股份制商业银行来说，电子银行业务发展迅速，这些业务的产生和发展对传统银行业务造成了较大的影响。例如，在商业银行中，体现为出现了网上银行、电话银行、手机银行、企业银行、家庭银行、POS、ATM等。本节具体以商业银行为例来介绍金融服务分销渠道的新发展。电子银行业务主要是以网上银行为主，其他还包括电话商业银行、销售点终端和企业银行等。

一、网上银行分销策略

网上银行，即网络银行，指的是商业银行在实体营业网点的基础上，通过银行的信息网络向客户提供金融服务。它是传统银行利用互联网为客户提供在线服务，实质上是传统银行服务在互联网上的延伸。

(一) 网上银行的基本特征

传统的金融产品、金融服务都以实物形态呈现。相对来说，由于虚拟化经营的特点，网上商业银行的经营产品和过程越来越非实物化，主要呈现出数字化、理念性和资源共享性三个基本特征，具体如下。

1. 数字性

网上商业银行的数字化主要体现在两个方面，一是网上商业银行金融产品，二是网上银行金融服务。近年来金融创新日益重要，电子货币也应运而生，已经成为新的趋势。电子货币主要有两种：一种是Mondex，即电子钱包，它主要以IC为基础；一种是网络货币，它主要是借助互联网发行。这些电子货币呈现出理念化、名称化、不可触摸等特点，但是却可以使消费者得到这些金融产品和金融服务带来的利益。不过，这些金融产品和服务没有具体的形态，仅仅表现为数字的增减。

2. 理念性

网上商业银行的理念性主要体现在网络银行经营地点的虚拟化、经营业务的虚拟化和经营过程的虚拟化这三个方面。经营地点的虚拟化指的是商业银行只有虚拟化的网址，没有具体地点，没有营业大厅，也没有营业网点。经营业务虚拟化具体指的是金融产品基本都实现名称化，没有可以触摸的具体的实物形态，全部体现为理念中的产品和服务。网上银行经营的金融产品和业务大多数以电子货币、数字货币以及网上服务等形式出现。经营过程虚拟化指的是网上银行的经营过程全部通过指令来完成和实现。

3. 资源共享性

在传统商业银行的管理系统中以账户为中心，同一客户的账户之间很难建立直接或间接的联系。同样的，商业银行缺乏客户详细的档案资料，不仅不能正确评价客户的资信情况，而且也不利于信贷发放，各业务部门之间也不能实现资源共享。相对来说，网上商业银行管理系统以客户为中心，将客户的资料与账户分开管理，将客户档案与其账户用客户的标志符号连接捆绑起来，可以提供全面的客户分类、资信和其他功能。网上银行的优点表现为在商业银行管理系统中，一个客户仅仅只有一个档案，只要有一个部门或者商业银行建立起客户的相关信息，那么其他部门或商业银行都可以使用，从而达到了资源共享的效果。

(二) 网上银行的服务内容

1. 基本业务

多数商业银行提供的网上银行基本服务包括开设账户、在线查询账户信息、存款(活期存款、定期存款和通知存款)、转账汇款和数据下载等。

2. 网上投资

常见的投资品有网上基金、网上贵金属、网上证券等。另外，西方银行的网上银行还提供期货等衍生工具。

实例6-6   **工行推出"工银e投资"交易终端**

工行于近日面向个人投资者推出了"工银e投资"客户交易终端。"工银e投资"客户交易终端是集行情、资讯、交易和服务于一体的开放式交易服务平台。通过这个专属交易终端，个人投资者可以进行账户贵金属、账户原油、积存金等全系列投资交易产品的交易和查询。

"工银e投资"客户交易终端提供丰富的资讯服务，集合外汇、贵金属、期货、债券等八大资讯板块，并拥有强大的分析功能，为客户提供全面的行情分析工具。为了让客户及时掌握行情走势，准确抓住投资机会，交易终端保证高频行情刷新，最快可以实现4秒刷新一次。同时，交易终端还提供"预留信息验证""300秒锁屏"等安全保障措施，全方位保障客户账户安全。另外，该客户交易终端包含行情端和交易端，行情端主要为客户提供行情查看及管理功能，交易端主要提供交易下单、账户及资金管理、交易明细查询等功能。

资料来源：中国工商银行网站.2014-8-6.

3. 网上购物

为了方便客户网上购物，有的银行还与大型网络购物平台签订协议，为客户在支付时提供网上银行支付选择。

4. 个人理财服务

越来越多的银行网站为客户提供理财服务，如理财计算机、理财信息发布、建议理财规划等，客户可以通过自助的方式进行理财学习、理财规划。

5. 企业银行

网上银行的企业银行服务往往比个人服务品种更多、更复杂，同时对相关技术分析的要求也很高。除了基本业务以外，还包括在线支付各种费用、商业信用卡、透支保护、总账户与分账户管理，甚至网上贷款等。

实例6-7　　工行"网贷通"余额超3000亿元

从中国工商银行获悉，截至2014年6月末，工行创新互联网融资产品"网贷通"余额已超过3000亿元，达到3014亿元，较年初增加494亿元，增幅达16%。工行"网贷通"迄今已累计为6.3万家小微企业提供了1.34万亿元的贷款支持，是目前国内互联网金融领域单体金额最大的融资服务产品，同时也使工行成为国内最大的网络信贷服务银行。

"网贷通"不是简单的"模拟线下流程"，而是结合互联网跨时空、跨地域的渠道特性构建起的一套既契合网络操作行为且风险可控的业务模式，能够有效支撑客户随借随还的业务需求。工行经过多年积累，已经拥有了完整的风险管理体系、专业队伍以及较高的风险定价能力，而工行良好的金融O2O(Online to Offline)基础也为"网贷通"的发展提供了有力的保障。

资料来源：苏和.工行"网贷通"余额超3000亿元.eNet硅谷动力，2014-7-11.

6. 其他金融服务

有些银行还会为客户提供更为丰富的金融产品服务，例如保险、发放电子信用证、网上国际收支申报等。国外有些商业银行还将业务"外包"出去，通过与多家网上金融服务商合作，收取佣金。如专门进行网上按揭业务的E-loan，经办网上支票业务的Check-Free以及从事网上股票买卖的E-trade。

(三) 网上银行的优势

网上银行较传统银行来说，体现出一些优势，具体如下。

1. 网上银行有利于实现无纸化交易

如今，实体网点使用的票据等各种传统凭证大部分已经被电子支票、电子汇票和电子收据所代替，纸质现金已经被电子货币所代替，纸质文件的邮寄也已经转变为通过数据通信网络进行传送，还有一些都说明网上银行陆续实现了交易无纸化和办公无纸化。

2. 网上银行有利于实现金融全球化

传统银行拓展业务的一个重要方法就是设立实体分支机构，所以客户资源明显受到了固定地域的限制。相对来说，网上银行利用互联网来开展银行业务，打破了传统银行经营的地域、时间限制。因此，网上银行可以将服务领域衍生到全球的每一个角落，实现了金融的全球化。

3. 网上购物有利于降低运营成本

与其他银行服务手段相比，网上银行的运营成本最低。根据1998年美国某网络服务与咨询公司的一次调查结果显示，普通的全业务支行平均每笔交易成本约1.07美元，而网上银行仅仅为0.01～0.04美元。网上银行主要利用公共网络资源，不需要设置物理的分支机构或营业网点，减少了工作人员的相关费用，从而降低了运营成本。

(四) 网上银行营销策略

1. 加强品牌建设

在网上银行品牌的构成中，域名是非常重要的。银行域名是互联网上的永久性标志，具有极高的商业价值，网上银行营销中的品牌保护重点在于域名的保护。另外，网站的形象构成了银行的网上品牌形象的主题，要想让网上银行形象得到巩固，那么就必须保持一贯风格，频繁变动网站形象不利于客户对网站形象的加深。

实例6-8　　　　**携手建行网银 15载相伴同行**

截至2014年5月底，建行个人网银客户数已超过1.6亿，交易量达20.7亿笔，交易额达16.5万亿元，日均交易量达1369万笔。据统计，建行个人网银客户满意度在五大国有银行中保持第一。

"快人一步"源于创新。近年来，建行对个人网银的创新以提升客户体验为核心，首先是成功实现与Windows7电脑操作系统以及IE、FireFox、谷歌Chrome等主流浏览器的全面兼容，其次是推出了快捷转账、信用卡账单分期、信用卡额度调整、账号支付、超级网银、银医服务、在线客服、跨行资金归集等服务，快速扩充的功能应用使建行网银服务能力获得极大提升。此外，建行个人网银不断丰富投资理财服务，推出结售汇、专户理财、账户银、账户铂、储蓄国债、保险、贵金属代理金、贵金属双向交易服务，为客户提供多种投资选择。

"以客户为中心"引领服务提升。以客户为中心，既是建行个人网银的优势所在，也是建行个人网银追求的目标。通过产品创新、服务创新和渠道创新，建行个人网银为客户提供个性化、综合化的金融服务解决方案，赢得了客户和市场的认可。建行也因此有效提升了自身竞争力，在激烈的市场竞争中处于领先地位。

以包容开放的心态积极应对挑战。建行个人网银自建立伊始，便怀着包容、开放的心态，努力吸收先进技术与创新理念，并将其转化为提高自身服务水平的动力，这为个人网银积累了宝贵的经验。当下，建行个人网银正积极应对互联网金融的挑战，稳步推进互联网技术与金融业务的深度融合，创新实践基于互联网的金融业务，努力担当银行互联网金融的领跑者。

资料来源：新商报. 2014-7-9.

2. 加强安全性

网上银行的安全性已经成为客户判断网上银行优劣的重要因素。日益猖獗的木马病毒、形形色色的钓鱼网站以及网络犯罪的规模化、集团化等因素使得网上银行的安全性风险大为增加。因此，网上银行必须关注安全防范技术的发展，加强安全的防御能力，努力为客户创造一个安全的服务平台。另外，有一部分安全问题来自客户对网上金融产品不熟悉或者安全防范意识较差，没有保护好自己的账号和密码等重要信息，因此，商业银行必须利用各种渠道向客户宣传网上银行的安全知识，提醒客户有关注意事项，加强客户的安全防范意识。

3. 提高便捷性

目前，中国的网民数量规模虽然庞大，但是网上银行的用户群在其中占的比重却很小。部分网民不使用网上银行，主要原因在于网上银行的操作流程较为复杂。因此，提高使用的便捷性是扩大用户群的有效方法之一，也是目前各大银行网上业务急需改进的重要举措。

实例6-9　手机"摇一摇"受热捧　建行引领移动金融新风潮

随着微信等手机客户端的流行，使用"摇一摇"功能成为一种时尚，建行手机银行开展得如火如荼的"周末尽情摇"活动更是受到众多"摇摇族"的热捧，参与人次突破200万。2013年7月，为了增强手机银行用户使用中快乐和时尚的趣味体验，建行推出手机银行"周末尽情摇"活动，用户参与就有机会获得iPad mini等总价值达千万的奖品。活动自上线以来受到了时尚一族的积极响应，截至9月底已有超过200万人次参与了"周末尽情摇"活动。许多建行手机银行用户乐于自称"摇摇族"，每周五摇奖已经成了双休日前的快乐"热身运动"。这一功能将移动金融与掌上生活完美结合，为广大用户指尖上的金融生活开辟了一个全新的舞台。

资料来源：国际金融报，2013-11-5.

■ 二、电话商业银行

电话商业银行起源于20世纪70年代，是由现代电信技术的发展和金融服务的特点所决定的，通常服务于企业或个人。它指的是一种与电话网络相联系的银行计算机系统。客户首先可以使用电话拨通该系统，然后根据系统的提示和电话数字键盘对系统提供的各种服务进行选择，从而完成客户所选择的金融服务，最后计算机将处理结果转化为语音或短信通知客户。

电话银行作为一种金融服务，在商业银行扩大市场份额中起到了重要的作用。它不仅改变了客户办理业务的习惯，而且降低了银行成本、提高了工作效率。

■ 三、销售点终端

为了进一步扩大ATM的功能，使持卡人能够享受到更为便利的消费服务，金融机构设立了POS销售终端转账服务作业系统。它提供给消费者24小时的自助电子支付服务，使持卡人可以在销售网点通过电子转账交易直接进行扣款消费。销售终端的覆盖点包括百货公司、机场以及酒店等，它对银行、消费者和企业都起着重要的作用。具体如下：

(1) 对银行来说，首先，不仅扩大了服务网点，增加了手续费收入，降低了作业处理的成本，而且减少了传统账务处理中的程序，提高了银行的竞争能力。其次，在将银行业务渗透到商品交易的这一过程中，巩固了与客户的紧密联系，与此同时也提高了银行的形象，由此收集来的信息加工、整理可以为微观经济和宏观经济调控提供相关的信息数据。

(2) 对企业来说，不仅可以为客户提供便利的购物环境，及时地收取货款，而且能够强化企业管理，建立销售信息数据库以进一步增加销售量。

(3) 对消费者来说，在购物、出行、旅游时，消费者持大量现金很不方便，同时也存在很大的风险。POS的出现解决了这一问题，刷卡既方便又安全，还能够获得银行提供的分期付款、免息提供的保险和积分等，给消费者带来了很多的方便和好处。

■ 四、企业银行

伴随着信息技术和网络的进一步发展，计算机网络系统日益成为我们生活的"必需品"，银行可以利用其在企业设置专用终端，为客户提供全球汇款、货款结算、国际贸易、市场行情等各项服务。同时，企业主管仅仅坐在自己的办公桌前就可以利用专用终端进行商品交易，一方面获取最新的财务资料，另一方面也可以得知国内外金融信息、汇率变化、现货或期货市场动态、贷款利率、证券股市信息等。

知识链接6-2　　　　　　　　互联网金融

互联网金融是传统金融行业与互联网精神相结合的新兴领域。当前互联网金融格局，由传统金融机构和非金融机构组成。传统金融机构主要为传统金融业务的互联网创新以及电商化创新等，非金融机构则主要是指利用互联网技术进行金融运作的电商企业、创富贷(P2P)模式的网络借贷平台，众筹模式的网络投资平台，挖财类的手机理财

APP以及第三方支付平台等。

当前，在POS创富理财领域，以往不被重视的大量中小微企业的需求，正被拥有大量数据信息和数据分析处理能力的第三方支付机构深度聚焦着。随着快钱、创富通宝、创富理财、乐富支付等先后推出移动支付产品，这种更便携、更智慧、更具针对性的支付体验必将广泛惠及中小微商户。以创富理财、快钱、通联支付、乐富支付为代表的支付创新企业将金融支付彻底带入"基层"，也预示着中小微企业将成为互联网金融发展中最大的赢家，这对于中国经济可持续健康稳定发展也将有着重要且深远的意义。可以看到，在创新变革的大潮下，互联网金融依然不顾一切地迈入了"小时代"。

我国主要的互联网金融模式如下：第一种模式是传统的金融借助互联网渠道为大家提供服务，即网银；第二种模式，类似阿里金融，由于它具有电商的平台，为它提供信贷服务创造了优于其他放贷人的条件；第三种模式，即熟知的P2P的模式，这种模式更多地提供了中介服务，这种中介把资金出借方和需求方结合在一起；第四种模式，通过交互式营销，充分借助互联网手段，把传统营销渠道和网络营销渠道紧密结合；将金融业实现由"产品中心主义"向"客户中心主义"的转变；调整金融业与其他金融机构的关系，共建开放共享的互联网金融平台。

以互联网为代表的现代信息科技，特别是移动支付、云计算、社交网络和搜索引擎等，将对人类金融模式产生根本影响。其主要特点有成本低、效率高、覆盖广、发展快。20年后，互联网金融将迈入一个新的阶段，可能形成一个既不同于商业银行间接融资也不同于资本市场直接融资的第三种金融运行机制，可称之为"互联网直接融资市场"或"互联网金融模式"。

⸬ 本章小结

金融服务分销渠道指的是金融服务的营销渠道，具体来说是指金融机构通过一定的途径和手段提供把产品和服务提供给其客户的过程，包括以何种方式为客户提供服务以及在何地为客户提供服务。

直接分销渠道，即零阶渠道或者零级渠道，它指的是金融机构直接把产品提供给客户而不需要借助中间商完成产品的销售。

间接分销渠道，指的是金融机构通过中间商把金融产品销售给客户的各种手段和途径。

金融服务分销渠道决策应该遵循的基本原则包括畅通高效原则、适度覆盖原则、成本最小化原则、稳定可控原则、协调平衡原则、发挥优势原则。

影响金融服务分销渠道选择的因素包括金融产品的特性，金融机构的自身状况，市场状况，分销成本，政策与法律因素，自然环境、经济与文化因素。

金融机构分销渠道的拓展包括自设分销渠道、开展金融机构并购业务、拓宽代理分销渠道、构建战略联盟。

金融服务分销渠道的新发展以网上银行为主，其他还包括电话银行、销售点终端和企业银行等。

∷ 思考题

1. 简述金融分销渠道的含义以及发展变化过程。
2. 简述金融分销渠道的类型。
3. 直接分销渠道与间接分销渠道的优缺点各是什么？应该如何进行选择？
4. 对比分析金融机构的直接分销渠道与间接分销渠道的内容。
5. 在选择金融服务的分销渠道时应该遵循哪些原则？
6. 简述影响金融服务分销渠道选择的因素。
7. 简述金融机构分销渠道的拓展策略。
8. 简述金融服务分销渠道的新发展。

∷ 案例讨论

邮政储蓄银行分销渠道发展之路

从国外零售银行的发展状况看，零售银行面临着增加收入的同时控制成本的极大挑战。优化渠道建设是其应对挑战的重要措施之一，如将直销模式引入其渠道结构；流水化其网点作业模式，同时引导客户到其他渠道或自助渠道等。Capgemini对全球41家零售银行的调查显示，通过网站和电话中心两种销售渠道，金融产品销售量将从2000年的6%上升到2010年的33%；而网点销售量将从2000年的94%下降到2010年的67%。越来越多的零售银行客户通过非网点渠道购买金融产品，包括简单的一般结算账户到更加复杂的抵押贷款和保险产品。

国外零售银行分销渠道呈多元化发展趋势。但多渠道营销往往存在相互配合的问题：第一，多种渠道的相互协调不够，同时客户信息的共享程度低。第二，多渠道营销活动对于网点的影响很难预测和管理。第三，结果很难测度，进一步很难提出改进建议。除了很好的协调能力外，多渠道销售方案需要精心设计，否则，只能给客户带来烦恼。

中国邮政储蓄银行市场定位是：完善城乡金融服务功能，以零售和中间业务为主，面向城市社区和农村居民提供基础金融服务。完善的分销渠道是中国邮政储蓄银行全面开展零售业务的基础，对提高其市场竞争力具有重要意义。面对上述问题，中国邮政储蓄银行可以在以下几个方面考虑其经营模式。

1. 推进分销渠道多元化发展，加强对分销渠道的管理

零售银行必须继续发展新型和便捷的服务来保持竞争力并不断满足客户需要，通过不同的客户群细分来为客户提供价值。中国邮政储蓄银行应该将产品和服务捆绑在一起，同时，将销售和服务过程结合在一起，通过多种渠道来为特定的客户群提供特定的服务。中国邮政储蓄银行网点仍然是分销的主渠道，但应按照功能进行分区改造，建立功能先进、业务种类齐全的现金业务和非现金业务区、自助服务区、贵宾服务区，拉开网点的服务档次，并缩小现金柜面业务区域。

当前，中国邮政储蓄银行客户数量规模庞大。但是，客户结构不太合理，中、高端客户所占比例很小，对中国邮政储蓄银行总体收入的利润贡献比例比其他商业银行低。因此，要扩大投放，优化布局，同时加快电子支付渠道的建设。电子支付渠道是分流柜面业务和提供现代化服务的重要渠道，要加快电话银行、网上银行、手机银行工程建设，使多种分销渠道协助网点处理日常简单的业务，有效分流一般性的存取款客户。

2. 合理设计外部营销模式

大规模的外部营销活动有其固有的缺陷并可能给客户带来不便，应该设立反馈机制来检验效果并改进经营，例如通过精简信件清单来改进营销效果。山东省邮政储蓄分行开展的"寻找黄金户"和"质贷惠'三农'"主题营销，是客户细分和营销方面的典型案例。不同地区在开发客户群体、细分客户要求、营销客户手段方面存在较大差异，各分行应该密切结合本地市场的实际情况，密切关注竞争对手的动态，有效挖掘自身的优势潜力，完善服务渠道，规范适度营销。

同时，中国邮政储蓄银行应该提高应对客户情况的能力。第一，关注能够成功实施管理的具体客户群体。第二，通过多种渠道信息共享来综合客户信息，例如客户在网点做完咨询后，银行可以在线提供信贷方案。第三，培训电话中心员工，正确应对客户询问。

3. 强化网点咨询服务功能，综合各种渠道信息，增进与客户的交流

客户来网点的次数呈下降趋势，这个趋势正在不断持续。然而，零售网点对于中国邮政储蓄银行来说是一笔重要的资产，客户在这里开设经常账户、进行复杂的金融投资、申请抵押贷款。中国邮政储蓄银行要最大化地发挥这种与客户亲身接触的优势，提高网点的咨询服务能力，把简单的业务交给机器，"腾出"人手来与客户充分交流，发掘更值得关注的业务。通过咨询服务，有效分流一般客户并捕捉高端客户，开展有针对性的营销。中国邮政储蓄可以培训网点员工尤其是理财规划师应对客户需求，采用监督系统(如设定一系列指标和明确的目标)来激励员工，增进与客户的交流。

资料来源：杜崇东，辛兵海.邮政银行分销渠道发展之路[N].中国邮政报，2014-10-22.

案例讨论题：
1. 多渠道营销存在的问题是什么？
2. 中国邮政储蓄银行应该从哪些方面考虑其经营模式？

⋮⋮⋮ 推荐读物

张雪兰，黄彬.金融营销学[M].北京：中国财政经济出版社，2009.

⋮⋮⋮ 本章参考资料

1. 安贺新，张宏彦.商业银行营销实务[M].北京：清华大学出版社，2013.

2. 李克芳，聂元昆. 服务营销学[M]. 北京：机械工业出版社，2012.

3. 安贺新. 服务营销管理[M] . 北京：化学工业出版社，2011.

4. (美)克里斯托佛·洛夫洛克(Christopher Lovelock)，约亨·沃茨(Jochen Wirtz). 服务营销精要[M]. 帕特里夏·周(Patricia Chew)，李中等译. 北京：中国人民大学出版社，2011.

5. 张雪兰，黄彬. 金融营销学[M]. 北京：中国财政经济出版社，2009.

6. 阳林，汤发良，李荣喜. 服务营销[M]. 北京：电子工业出版社，2008.

7. 杨米莎. 服务营销[M]. 广州：广东经济出版社，2005.

8. 李小丽，段晓华. 金融营销实务[M]. 天津：天津大学出版社，2012.

9. 吕一林. 市场营销学[M] . 北京：中国人民大学出版社，2011.

10. 张劲松. 金融产品营销[M]. 北京：清华大学出版社，2014.

第七章
金融服务的沟通与促销

本章学习目标

- 了解金融服务沟通的目标
- 掌握金融服务促销的影响因素和决策过程
- 掌握金融服务人员促销的形式
- 掌握金融服务广告促销的策略
- 掌握金融服务营业推广的工具
- 掌握金融服务公关促销的方法

本章主要概念

金融服务人员促销、金融服务广告促销、金融服务营业推广、金融服务公关促销

银行和保险企业备战"双十一"多样化形态促销

在互联网金融引领当下金融业风潮之际，不少的传统金融机构也紧跟潮流，挤进了"双十一"促销大潮中，相关的营销活动在一些银行官方网站上频频可见，业界备战"双十一"的气氛渐浓。

2013年，除了建行、招行、中信、中行等多家银行推出"双十一"促销活动外，保险公司也加入了2013年"双十一"的促销热潮之中。"7.12%高收益明星产品"，一家保险公司在网站中推销自家旗下一款"特供双十一"万能型年金险产品时，给出了颇具吸引力的预期收益率。

2013年，银行和保险公司备战"双十一"的促销形态多种多样，归纳起来，主要有以下四种。

一是银行电商平台展开的限时抢购业务。

截至2013年年底，在交行电商平台"交博汇"商品馆成功交易的客户，可获得10元话费奖励，每人每周限一次，每周限100名。在"交博汇"商品馆成功缴费或进行充值类交易的客户，交易满20元也可获得10元奖励，每周也是限额100名。

二是各行携手特定电商公司联合开展限时特惠活动。

这些合作的商家覆盖行业范围广，既有高端奢侈网购平台，也有旅游电商等，而优惠形式也有专属优惠、返券等多种形式。例如，目前中信银行正联合某奢侈品购物网站开展优惠活动。而平安银行"淘宝特惠"平台的限时特惠活动形式也颇为多样，10倍积分、9块9包邮、20元封顶、5折团购等几大活动同时上演。交行的客户也能在百森水果、卓彩网、乐宿客等网购平台上专享优惠。在2014年2月28日前，在指定的10家网上商户海淘，单笔交易每满100美元可返现5%，单笔交易最多返现10美元。

三是为加大各行网银、手机银行等支付工具的交易量，针对在所有平台进行网购的客户，推出的适用范围更广的优惠活动。

四是各大保险公司特供产品，主要为万能险产品或特价车险。

此外，多家险企的车险也参与了"抢钱行动"，投保保费达到一定额度将获得返现金、送行车记录仪、加油卡，无限次免费道路救援服务等。

资料来源：赵占波.金融营销学[M].北京：北京大学出版社，2014.

第一节　金融服务沟通

■ 一、金融服务沟通的概念

金融服务沟通是指借助于人员促销、广告促销、营业推广、公关促销等沟通工具展现金融企业的个性特征，并突出体现特定金融服务的竞争优势，使原本无形的金融服务通过特定的沟通方式变得具体，展示那些可能被掩盖起来的优势和资源的一种信息传播活动。①金融服务沟通的主要目的就是通过定向沟通影响消费者的价值判断和消费行为。

在日益全球化和放松管制的金融市场环境中，消费者逐渐提出对于个性化金融服务的要求和预期，如果金融服务没有达到他们的预期和理想状态，消费者希望可以表达出自己的愿望和不满。因此，市场营销人员应精心筛选出金融服务的促销方法来达到营销沟通的目的。但由于金融服务是无形的，消费者购买金融服务是为了达到其他使用目的，这两个特点加重了金融服务的复杂性，也给金融服务沟通增加了困难。

| 实例7-1 | Twitter金融服务 |

Twitter是针对手机和网络用户的短信息服务渠道，规定每条信息不能超过140个字，同时允许使用者分享有用的网址信息。Twitter的优势是能记录用户间的对话交流与回应。因此，Twitter是一个极好的知识共享平台资源，金融机构应该重视这个坐拥庞大用户群的新媒体。目前，已经有很多金融网站围绕Twitter进行开发，如TwitPay、StockTwits和FXTwits。这些网站都通过Twitter提供某种支付和融资服务。一些创新银行，如荷兰国际集团旗下的ING直接银行(ING Direct)和英国合作银行也开始作出回应。所以，看来金融机构也需要Twitter。

资料来源：吉莉恩·道兹·法夸尔，亚瑟·梅丹. 金融服务营销[M](第二版). 王桂琴译. 北京：中国金融出版社，2014.

二、金融服务沟通的目标

清晰的沟通目标是沟通成功的决定因素。基于传统消费者决策模型，沟通目标决定了什么样的营销沟通方式最有效。

(一) 识别消费者需求

这是引发消费者需求的一个阶段。在金融服务方面引发消费者需求的因素可能是外源的，例如汽车保险是法律所要求的。另外，人们为了规避特殊情况的愿望也会表现出对"厌恶和规避类"金融服务的需求。例如，医疗保险能够避免疾病治疗方面的漫长延迟；财产类保险能够减少意外事故带来的重大经济损失。

(二) 发现目标客户

在金融服务市场上，新客户的数量是很有限的，因而鼓励消费者转换金融服务的提供商就成为了金融服务沟通的一个目标。金融服务营销人员应积极开拓客户，鼓励已经购买其他金融企业的客户转而购买本企业的金融服务。同时，金融服务市场营销人员也可以从

① 安贺新. 服务营销管理[M]. 北京：化学工业出版社，2011.

现存的客户中筛选出需要某特点服务的消费者。例如，从客户的信息系统中分辨出客户的需求，之后再有针对性地向该客户推销相应的金融服务。

(三) 构建企业品牌

品牌营销对于金融企业来说是个很大的挑战，因为客户很难区分不同的金融服务供应商和各家企业所提供的金融服务。因此，为了避免客户仅凭价格选择服务提供商，金融企业必须开展营销沟通，大力宣传本企业的品牌和服务。

实例7-2　　　　　　　丘吉尔(Churchill)的品牌构建

Churchill保险(RBS集团的一部分)创造了一个代言形象，一定程度上成功地用有形的方式传递了保险服务的价值。该品牌的代言人是一只名叫Churchill的斗牛犬，它与第二次世界大战时期的英国首相Churchill同名。Churchill具有斗牛犬的血统和美德，名字具有名人效应。它操着一口率真耿直的北方口音做代言宣传。这些特色传递了一种扎实务实的金融服务品质。Churchill甚至会憨憨地点头，表明它会同意人们的各种请求。Churchill保险公司也发起过一场"挑战Churchill"的活动，鼓励人们用Churchill代言的产品来节省汽车保险和房屋保险的费用。而这项活动无形中也极大地提高了公众对Churchill品牌的认知度。

资料来源：吉莉恩·道兹·法夸尔，亚瑟·梅丹. 金融服务营销[M](第二版). 王桂琴译. 北京：中国金融出版社，2014.

(四) 超越和替代竞争者

金融企业超越和替代竞争者的沟通目标是保证本企业的服务在某些方面比竞争者更好。在互联网时代，比较网站是金融企业达到超越和替代目的的一种有效途径，因为消费者越来越依赖网络来作出自己的购买和消费决策。同时，比较网站也降低了金融服务企业的成本。

(五) 促成购买决策

金融服务沟通的目的在于向消费者提供金融服务的有关信息，并最终促成交易。因此当某项金融服务比较复杂，而购买决定又关乎未来时，人员促销的方式更为合适。

(六) 留住客户

金融企业在鼓励消费者从其他竞争者那里转过来的同时，也应该关注和留住能带来丰厚收益的客户。任何金融服务沟通策略都应该重视客户的价值，并根据给企业带来的价值的大小有侧重地进行营销沟通。例如，向低价值的客户投递较少的直接邮寄邮件，而向高价值的客户提供精心准备、针对性强的服务信息。

■ 三、金融服务沟通策略

金融服务沟通策略是指针对特定受众群体的需求制定的沟通方向、方法和执行方案。金融服务沟通策略通常建立在三种关键活动基础上，即3P策略，包括拉动策略(Pull)、推动策略(Push)和全方位整合策略(Profile)。

(一) 拉动策略

拉动策略是为对于产品和品牌具有拉动需求的金融服务客户而创造的需求。拉动策略以激发行动意愿或带动交叉销售为目标。在这个策略里，建立核心信息主体是关键。

(二) 推动策略

推动策略关注的目标受众可能不自己消费这些服务，而是为获取服务增值的人群，这些人通过提供专业的建议，推动金融服务的销售。独立的金融中介(经纪人或中间人)为消费者提供独立、中立的建议，在金融服务的提供过程中发挥着重要作用，因此金融企业应投入资源来维持与中介的关系。金融企业与中介的沟通不仅包括为他们提供更新的服务信息、业务材料，还包括服务信息、销售激励和促销材料等。通常，金融企业都会设立专职团队负责建立和维护与中介的关系。

(三) 全方位整合策略

全方位整合策略主要针对一个组织中需要不同信息或需要相同信息但以不同形式呈现或传播的不同利益相关者。通常在公司层面所做的沟通会与在品牌沟通中的沟通有重叠；与利益相关者(如中介)的信息沟通中会注重发展公司形象和声誉。

第二节　金融服务促销

■ 一、金融服务促销概述

(一) 金融服务促销的概念

促销是指卖方向买方传达产品或服务的信息，以帮助顾客认识产品和服务的特点与性能，引起顾客的注意和兴趣，激发顾客的购买欲望，从而促进产品和服务从卖方向买方转移的营销活动。

金融服务促销是指金融企业将自己的金融服务通过适当的方式向客户进行报道、宣传和说明以引起客户注意和兴趣，激发其购买欲望，促进其购买行为的营销活动。简而言之，金融服务促销是金融企业将其金融服务的信息向客户传递的过程。这一定义实质包含两层含义：一是金融服务促销是一个信息传递过程；二是为了吸引客户购买其服务，金融企业应当进行一些促销活动，并根据目标客户制定合理的促销组合。

(二) 金融服务促销的特点

由于服务的无形性以及生产和消费的不可分离性，使得金融服务促销在其促销方式的实施上有其独特之处，具体表现在三个方面。

1. 客户对信息的需求迫切

金融服务的无形性导致客户消费服务的风险大于购买产品承担的风险，因此客户在作出消费决策时更谨慎，一般会在消费前尽可能收集大量相关信息。若客户没有收集到某一服务的相关信息，客户很可能会减少或不购买此项服务。

2. 注重客户的口碑宣传

金融服务是一种体验，客户更希望从周围的人获取金融服务消费的相关信息，这也意味着客户口碑宣传的重要性。因此，在金融服务促销中更注重客户的口碑宣传。

3. 促销效果受客户的认知和经验影响

客户在接受外部信息的同时，也倾向于根据自己的记忆和以前的消费经验作出决策。

■ 二、金融服务促销的意义

金融企业开展服务促销活动是金融市场发展的必然结果，通过促销可以大大改善金融企业的经营能力，可以说金融服务促销在现代化金融的竞争中发挥着重要作用。

(一) 提供金融服务信息，引导消费者

金融企业通过促销活动，使客户知晓本企业提供何种服务？这种服务能够满足何种需要？其服务与其他金融服务相比有哪些特点？客户可以通过哪些渠道获得这种服务？客户在消费此种服务过程中有哪些收益？这些明确的信息提供能够迎合客户的要求，便于客户的分析、选择及购买。特别是当新的金融服务推出以后，更需要通过促销活动来进行引导。

(二) 刺激金融消费需求

金融服务的促销活动可以起到诱导和激发需求的作用。金融企业通过促销活动以引起客户对于新服务的购买欲望，从而既刺激了金融消费需求，又为新服务开拓市场创造了必要条件。

通过对金融服务的促销，促进现有的或潜在的客户关注金融企业提供的服务，使客户对金融企业的形象和服务产生好感，刺激客户的兴趣，在潜移默化的影响下激发购买欲望，使其产生购买行为，将"潜在的需求"转化为"现实的需求"。同样的，对于已购买了金融服务的客户，通过促销可以扩大服务的影响，凸显服务的价值，坚定其消费该服务的信念。

(三) 树立金融服务的品牌形象

通过金融服务促销活动可以让客户了解本企业提供的服务的特点和优点，提高金融服务的知名度，加深客户对本企业的了解，树立良好的信誉，从而使客户产生对本企业及服务产生深刻印象，有助于增强金融品牌效应，扩大本金融企业的服务在市场上的份额。

(四) 提升金融企业的竞争力

在"金融深化"的引导下，各国纷纷放松了对金融业和金融市场的管制，对金融业的约束弱化，金融企业设立和进入市场的障碍减少。金融业竞争激烈，而促销已成为当前金融企业竞争的一种重要手段。促销活动可以使客户了解不同金融企业服务的特点，从而方便客户进行比较及选择。各金融企业之间也可以通过促销来增强相互的了解，并根据对方的促销状况采取对策。同时，通过宣传自身的服务，金融企业能够使客户认识到它能带来的特殊利益，增强客户对本企业服务的偏好，不断提高本企业服务的竞争力。

■ 三、金融服务促销的影响因素

在市场经济活动中，金融服务促销受到许多因素的影响，从而使得金融服务促销的效果不理想。因而金融企业在作出促销决策时，应充分考虑以下五方面因素的影响。

(一) 消费需求

由于金融服务消费者的购买需求各不相同，其对金融服务的要求也不相同，因而金融企业应该采取不同的促销策略。

(二) 金融服务生命周期

所谓金融服务的生命周期，是指金融服务从投放市场到退出市场所经历的过程，一般来说分为引入期、成长期、成熟期和衰退期。在金融服务生命周期的各个阶段，其需求量、利润会有所不同，因而金融服务所处的生命周期阶段是进行促销组合设计时需要重点考虑的因素。

1. 金融服务的引入期

在引入期，金融企业应当做好投入市场前的公关宣传工作，并配合适当的广告、人员促销工作，快速地使其目标客户熟悉其服务，从而缩短服务的引入期。

2. 金融服务成长期

鉴于该阶段客户已对金融服务有所了解，知名度也有一定的提升，所以该阶段应降低广告的投入量，将主要的促销手段变为人员促销，而促销的重点也应由介绍产品转向建立分销渠道。

3. 金融服务成熟期

这时金融服务已经站稳市场，其促销的作用就是要延长产品的成熟期。因此，金融企业应该采取以营业推广、公关关系为主，广告、人员促销为辅的促销策略。

4. 金融服务衰退期

当金融服务无法满足客户需求时，金融企业应大幅度减少促销投入。

(三) 促销费用

金融企业在选择促销组合时应遵循以下两个原则：一是在促销费用一定的条件下，选择能使促销效果最佳的促销组合；二是在促销效果一定的情况下，选择能使促销总费用最低的促销组合。此外金融企业也应将企业自身的经营状况、财产实力等考虑在内。

(四) 目标市场特点

目标市场的特点一般包括消费者人数、消费者分布情况、信息传达便捷性和消费者类型等。目标市场的特点会直接影响金融服务促销决策的制定。当消费者多且分布广泛、信息传达便捷时，使用广告和营业推广相结合的促销组合较合适；而当消费者少但消费量大时，人员促销就能达到理想的促销效果；当消费者对金融服务已有一定的了解时，人员促销的效果要好于广告促销。

实例7-3 **根据目标市场特点选择促销方式**

招行的Young卡主要是针对在校大学生的，针对大学生收入低、消费需求大、喜欢网上购物、需要使用外币支付等特点，招行决定采用广告促销。招行在Young卡的宣传广告中，主要突出四点内容：①一卡双币、全球通用；②先消费、后还款；③开卡和使用挂失零风险；④网上购物，安全方便。这些内容很好地捕捉到了学生这个目标群体的关注点，加之招行成功的入校宣传，Young卡成了校园中普及率很高的一款信用卡。

资料来源：刘志梅.金融营销学[M].北京：高等教育出版社，2014.

(五) 促销策略

通常金融企业会根据目标市场的规模、类型等不同而选择不同的促销策略。促销策略一般有以广告、营业推广为主的拉式策略，以人员促销和营业推广为主的推式策略两种。拉式策略是指直接刺激客户对其金融服务产生兴趣，再促使客户向金融企业购买其金融服务；推式策略强调将金融服务向最后的客户进行推销。但在实际的促销活动中，金融企业极少单独使用某一种促销策略进行产品推广，更多的是将两种策略有效地结合使用，并侧重于其中一种。例如在金融企业中，保险公司通常是保险人员主动联系客户，采取推式策略来推销其保险产品，而银行则更倾向于使用广告、营业推广等拉式策略来吸引客户。

■ 四、金融服务促销的决策过程

金融服务促销决策的实施过程一般分为六个步骤：选择目标促销对象、确定促销目标、设计促销信息、制定促销预算、决定促销组合以及促销实施、控制和效果反馈。

(一) 选择目标促销对象

金融服务目标促销对象是指接受金融服务促销信息的潜在客户。金融服务目标促销对象的选择是以对金融企业的市场细分和服务定位为前提，以目标促销对象对金融服务熟悉程度和喜爱程度为依据，具体可分为以下几种。

(1) 高熟悉高喜爱型：金融企业应当通过各种促销形式继续保持其良好的社会公众形象。

(2) 低熟悉高喜爱型：金融企业应该增强其促销宣传力度，提升金融服务知名度。

(3) 高熟悉低喜爱型：对于这类负面产品形象深入人心的金融服务，进行促销的战略意义不大，因此对于此类金融服务应进行全方位重新包装或放弃提供该服务。

(4) 低熟悉低喜爱型：该类金融服务知名度和美誉度都很低，因此金融企业必须采取相应行之有效的促销措施来改变这一不利局面。

(二) 确定促销目标

金融服务促销目标是指金融企业从事促销活动所要达到的目的。金融服务促销的本质是信息的传达过程，即AIDA模式。金融服务促销的目标在信息传达不同的时期以及不同的市场环境下有所不同。金融服务在AIDA模型不同时期的促销目标如下。

1. 注意(Attention)阶段

该阶段的促销目标应定为引起促销对象的注意。通过促销宣传使客户对本企业及该金融服务有所了解，提升金融企业及其金融服务的知名度。

2. 激发兴趣(Interest)阶段

该阶段的促销目标应定为建立良好的企业、服务形象。激发客户对该金融服务的需求，争取客户对该金融服务产生选择性需求。

3. 刺激欲望(Desire)阶段

该阶段的促销目标为以客户需要为诉求点刺激客户的购买欲望。即在目标市场中营造企业和服务的独特风格和个性，建立良好的企业整体形象和服务形象，使客户对该服务产生消费欲望。

4. 行动(Action)阶段

该阶段的促销目标应定为增加客户的重购次数、提升服务口碑。客户购买不标志着企业与客户沟通的结束，因为客户可能在任何时间终止与该金融企业的联系，并转向另外的金融企业。因此金融企业应与客户保持持续的沟通，从而增加客户的重购次数。

(三) 设计促销信息

在确定目标促销对象和确定促销目标之后，就应该对促销信息的内容、结构、包装和载体进行科学的设计。

1. 信息内容设计

信息内容设计是指通过对金融服务的客观描述，为唤起客户的需求进而产生购买行为而进行的信息设计。信息内容根据其诉求点的不同分为客观诉求和主观诉求。

客观诉求又称理想诉求，是对金融服务的基本功能、价格、操作方式等客观情况进行平铺直叙的描述。

主观诉求也可称为情感诉求，是指唤起人们内心的某种情感，并利用这种情感来描述金融服务。

2. 信息结构设计

信息结构设计是指将信息内容的先后顺序进行安排。信息结构根据其主要诉求点插入的不同阶段可分为降式、升式和水平式三种。

降式信息结构是指在信息内容的开始就展示其金融服务的主要诉求点，然后逐渐弱化这一结论。

升式信息结构则是在信息内容的最后才提出金融服务的主要诉求点。

水平式信息结构就是在整个信息内容的传达过程中始终包含其主要诉求点。

3. 信息包装设计

信息包装设计是解决如何包装信息内容的问题。信息包装包括信息内容的背景颜色、造型、字体等。但需注意的是信息包装可以采取艺术手段，但艺术仅仅是服务于信息内容的，不能脱离信息内容的主要思想。同时，在进行艺术包装过程中要注意目标受众对于信息的可理解性，不能使受众产生歧义或感觉信息内容晦涩难懂。

4. 信息载体设计

信息载体是用于传达信息内容的工具。金融企业在选择载体时应当注意信息载体的专业性、可靠性和可亲性。专业性体现在信息内容可以通过金融专家或专业人士来传达；可靠性和可亲性体现在其选取的信息载体必须是积极的、正面的，容易让人信任和喜爱的。

(四) 制定促销预算

促销预算是指金融企业打算用于促销活动的费用开支，预算规模直接影响促销效果的大小和促销目的的实现程度。一般而言，确定促销预算的方法有以下几种。

1. 量力而行法

该方法是根据金融企业自身能力所能负担的程度来灵活地确定促销费用。此方法虽简便易行，但其忽略了促销对扩大销售的积极作用，因而此方法很少得到应用。

2. 销售百分比法

即金融企业根据以前销售水平和未来预测销售水平的一定百分比来确定促销预算。该方法在实际情况中应用得比较广泛，但在对竞争对手的预测中存在一定的困难。

3. 竞争比较法

即金融企业根据同行业的竞争对手的促销费用或行业平均促销费用水平来确定自己的促销预算。由于该方法完全依赖竞争对手的情况而定，忽视了金融企业自身实力和促销目标，存在一定的盲目性。因而该方法适用于竞争比较激烈的金融市场中。

4. 目标任务法

即金融企业根据自身的促销目标和任务来确定所需要的费用，进而确定促销预算。该方法下的促销费用完全根据促销目标而定，具有很强的针对性。但在实际工作中需要考虑的因素太多，很难估计各项促销费用的成本，因而该方法的可行性不大。

(五) 决定促销组合

促销组合是金融企业根据促销目标对促销方式的合理搭配和综合运用。金融企业的促销方式包括广告促销、人员促销、营业推广和公共宣传等。由于不同的促销方式各有优缺点，因而金融企业通常将多种促销方式组合运用，从而达到扬长避短的效果。有效的促销组合一般应符合以下几个条件。

1. 符合金融企业的促销目标

好的促销组合一定要符合金融企业的促销目标。例如，如果金融企业希望其服务的潜在客户群达到最大，并且大多具有消费意愿，则其可以采用广告和营业推广相结合的促销组合；如果金融企业希望客户了解其服务特色，并且改善金融企业的形象，可以采用人员推销和公共宣传相结合的促销组合。

2. 符合企业服务的特点

好的促销组合要符合服务的性质。服务的不同性质决定了客户的消费目的的不同，因此营销人员也要采取不同的促销组合策略。例如，大额贷款这类金融服务主要针对的是组织市场中的工商企业，宜采用人员推销为主的促销组合；保险类、信用卡类服务主要针对广大的消费者，适宜采用广告和营业推广为主的促销组合。同时，在服务生命周期的不同阶段，促销目标不同，因此也需要采用不同的促销组合。例如，在服务的投入期，金融企业的促销目标是希望该服务能被广大的人群所了解，适宜采用广告和公关宣传为主的促销方式；在服务的成熟期，促销人员可以通过采用广告来提醒客户，运用营业推广方式来刺激客户购买。

3. 符合市场条件

成功的促销组合一定要符合市场条件，市场条件包括市场规模和市场特性。市场规模的大小决定了能够购买该服务的客户群的大小，也就决定了采用何种促销组合最为有效。如果金融服务的市场范围广、客户多，那么适宜采用广告推销为主、营业推广为辅的促销方式；如果市场范围窄、客户少，则适宜采用以人员推销为主、营业推广和广告为辅的促销方式。另外，市场的特性决定了促销方式的接受程度，因此不同的市场特性也需要采用不同的促销组合。

4. 符合促销预算

不同的促销方式其预算也不相同，金融企业应在自身实力允许范围内选择合适的促销方式。促销预算必须是能够负担的，适应竞争需要的，因此要考虑销售额多少、促销目标、产品特点等因素来制定促销预算，并选择符合预算的促销组合。

实例7-4 **"寻人启事"的启示**

台湾有家新光人寿保险公司，成立之初由于缺少知名度，生意十分难做。当时，电视台做一则广告起码要一万元台币，由于公司刚创办，资金紧缺，拿不出这笔广告费，公司经理吴家录便挖空心思，想出一招：每天晚上他都到各家卖座好的电影院去发"寻人启事"，通过银幕"找新光人寿保险公司的某人"。每次只需花零点几台币，就能让千把人知道新光人寿保险公司的存在。渐渐地，新光人寿保险公司的品牌通过"寻人启事"在台湾城乡传开，生意也兴隆起来。

资料来源：刘志梅. 金融营销学[M]. 北京：高等教育出版社，2014.

(六) 促销实施、控制和效果反馈

促销策略的实施与控制过程就是对促销进行监督、指导的过程，并在必要时采取调整、改进措施。促销活动开展以后，金融企业还要根据市场反馈信息，调查促销效果，考察是否实现了预期的目标，并以此为依据提高促销质量、实现促销目标。

第三节　金融服务促销组合

金融企业为了与客户顺利进行信息交流，达到促销的目的，需要通过适当和有效的方式向客户传递信息。金融企业的服务促销方式分为两大类：一类是人员促销；另一类是非人员促销，包括广告促销、营业推广、公关促销等三种方式，如图7-1所示。

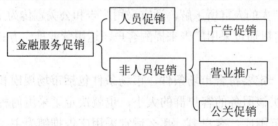

图7-1　金融服务的促销方式

知识链接7-1　金融企业促销工具的种类

广告	人员推销	营业推广	公共关系
报刊和电台	上门服务	有奖储蓄	报刊评论
电视台	销售会议	赠品	研讨会
邮寄品	电话推销	免收费	捐赠
宣传册	咨询活动	各种优惠	赞助
招贴		专有权益	公共宣传
路牌		关系行销	
标记和标志			

资料来源：刘志梅. 金融营销学[M]. 北京：高等教育出版社，2014.

金融服务促销组合是指金融企业根据促销的需要，对人员促销、广告促销、营业推广与公关关系等各种促销方式进行的适当选择和综合编配。

一、人员促销

(一) 人员促销的概念

金融服务人员促销是指金融服务营销人员以促成销售为目的，通过与客户进行言语交谈，说服和引导客户购买金融服务的过程。

鉴于金融服务具有无形性、提供和消费的同步性、较强的专业性等特点，金融企业在进行服务宣传时就需要一定的营销人员与现有或潜在客户直接打交道，从而有助于客户对服务的了解，引导其购买金融服务。金融企业营销人员可以有目的地去企事业单位或居民家庭推销金融服务，面对面地向这些客户说明这些金融服务的用途、特点，并说服这些客户购买该服务。

人员促销的主要作用：使客户深入了解金融企业的服务；增加服务的被优先购买的可能性；与客户协商价格及其他条件；完成交易；提供售后服务；坚定客户再次购买服务的信心。

(二) 人员促销的特征

1. 双向信息交流

人员促销是一种双向沟通的促销形式。在促销过程中，营销人员一方面为客户提供有关信息，促使客户购买其服务；另一方面可直接、及时地了解客户的需求、愿望和购买偏好，掌握市场动态，了解客户的反馈信息，从而有利于金融企业适时地调整其服务，为企业的经营决策提供依据。另外，营销人员可以通过与客户的直接沟通，反复介绍服务的特点和功能，激发客户的购买欲望。

2. 双重目的

人员促销的目的不仅是为了促销金融服务，也是为了帮助客户解决问题，满足其金融需求。人员促销的双重目的性能够增进营销人员与客户之间的情感，使新客户成为老客户，从而更好地实现金融服务的促销目的。由此可见，在人员促销过程中应建立起供求双方的沟通与联系，加深营销人员与客户的了解和信任，使得双方超越交易关系，从而有助于金融企业巩固老客户，发展新客户。

3. 需求多样

人员促销既能够有效满足客户对金融服务本身的需求，又通过对服务的介绍宣传，满足客户对服务信息的需要；通过售前、售中与售后服务，有效满足客户对技术和服务的需要；通过文明经商、礼貌待客，有效满足客户心理上的需要，从而使双方关系密切，增进客户对金融企业的信任感。

4. 促销灵活

营销人员与客户的面对面洽谈，易于形成双向互动的交流关系。营销人员通过交谈和观察，及时掌握客户的购买心理，从而有针对性地介绍金融服务的特点和功能，并抓住有利时机促成客户的购买行为；及时发现问题，进行解释并提供服务，从而消除客户的疑虑与不满意感；双方面对面交谈和议价，易于迅速达成交易，提高交易成功概率。

(三) 人员促销的形式

人员促销的形式多种多样，可以采用柜台促销、大堂促销、专门服务区促销、电话促销、上门促销、研讨会或讲座和社区咨询活动促销等。

1. 柜台促销

柜台促销是传统的银行人员促销的方式，客户来到金融企业之后，由营业柜台的临柜人员办理业务，并同时向客户介绍金融服务或向其发送印有相关业务介绍的文字资料、宣传折页等活动。由于柜台促销面向的是广大的个人客户，通过服务人员的优质服务能够大大提升金融服务的销售量，从而带来许多新的客户。

2. 大堂促销

大堂促销是指在金融企业的营业大厅里由专门的大堂工作人员向客户提供相关的信息咨询服务，进行促销。目前，许多金融企业在营业大厅里设立由熟悉业务、形象较好的职员负责的专业咨询服务台，为客户介绍服务，帮助客户进行金融服务的购买咨询，分析不同金融服务的特点，并推荐适合的金融服务。例如，在一些银行，作为客户进入银行网点最先接触到的工作人员，大堂经理发挥很大的促销功能。也有银行相关部门负责人表示，一个优秀的大堂经理能够抵得上四五个营业柜台的作用。

3. 专门服务区促销

目前，有一些金融企业在客流量大的营业网点设立一些专柜服务区，为客户提供特定功能的咨询服务，从而将业务复杂、占用柜台时间较长的业务与一般的业务分开，将特殊的客户与普通客户加以分离，更好地向其提供服务。

目前，大多数银行把营业大厅分为四个区域：一是办理传统、常规业务的柜台区域；二是ATM等自助服务区域；三是大堂经理区；四是金融理财专区。在理财专区内，银行工作人员通过面对面、无干扰的谈话方式，为客户提供多功能、全方位的咨询服务，从而提升客户的满意度，增强客户对银行的信任感和亲切感。此外，许多证券公司设立贵宾室，并配备先进的电脑设备，进行自主委托、网上交易和电话委托等，拥有快捷畅通的证券交易通道，并有专门的服务人员为其提供专业化的指导。

4. 电话促销

电话促销是通过金融企业的有关工作人员，以电话的方式向客户进行金融服务的介绍，提供有关的业务咨询，促进产品的销售。

5. 上门促销

上门促销是指金融企业的相关营销人员专门去企事业单位或个人客户家中送宣传服务的折页、推销金融服务和联系其他的业务。例如，保险公司的代理人与经纪人通常是通过上门推销的方式向客户促销保险服务。

6. 研讨会或讲座和社区咨询活动促销

一些金融企业也可以采用举办研讨会或讲座的方式、派员工深入社区开展咨询活动的方式，让客户更多地了解金融企业及其服务，传播金融知识。

(四) 人员促销的优缺点

在各种促销方式中，人员促销是最直接的一种，具有以下优点。

1. 面对面接触，沟通性强

人员促销的主要工具是营销人员，所以在进行服务促销时，营销人员和客户的零距离接触，能够使得营销人员根据观察客户的反应及时调整促销策略，同时避免信息的错误理解，沟通性强。

2. 针对性和互动性强

这一优点是基于金融营销人员与客户面对面接触的特性。营销人员可以通过互动的形式为客户解释其服务的具体形式，并根据目标受众的特点有针对性地进行说服。这一特点在保险、基金业务方面尤为突出。

3. 使金融服务有形化、具体化

金融服务具有无形化的特点，怎样让无形变得有形，从而使客户感知到此种服务是金融营销人员要解决的重要问题。人员促销中，营销人员向客户传递服务信息，以引发客户的购买欲望，使得金融服务有形化。

4. 加强与客户的关系

在人员促销中，营销人员与客户之间产生情感交流并建立良好的关系，这就为后续的交易提供了很好的基础。交易的双方一旦有了感情基础，客户在需要该服务或类似服务时就知道去哪里寻找。例如，在保险业中，投保人还需要购买保险时，通常会继续选择同一家保险公司的同一个保险业务员。

当然，人员推销中也存在着一些不足之处，具体如下。

1. 人员数量多，人均成本高

人员促销的形式有一对一、一对多和多对多三类，而金融企业目标受众数量多、分布广，因此进行这种促销时需要大量的营销人员，营销人员的基本工资、交通费等成本开销较大。

2. 接触面小

人员促销面对面接触的特点，提高了单个促销信息沟通的有效性，但由于金融企业的人力、物力、财力有限，进行人员促销时不能将其金融服务的宣传覆盖所有的目标受众，导致整体的信息沟通有效性降低。

从其优缺点可以看出，人员促销适用于以下情况：金融服务的功能繁多，需要进行详细说明；金融服务针对的是某一类型小群体客户，不了解金融服务而有意向购买的客户；目标市场集中且金融企业的资金充裕。

■ 二、广告促销

(一) 广告促销的概念

所谓广告，即广而告之，是"以其事告之于人"的方法。根据美国营销协会的定义，广告是"由盈利性及非营利性组织、政府机构和个体以付费的方式，通过各种传播媒体在特定的时间或空间安排通告和劝说性信息，目的是向特定的目标市场成员或受众传达并使他们相信其产品、服务、组织或构思。"广义的广告是指一切向目标市场上的客户对象传递某种信息的活动，包括不以获利为目的的非经济广告和为了促进客户购买行为、以获利为目的的经济广告两大类。狭义的广告则是特指经济广告。金融服务营销中的广告是狭义的广告，即金融企业支付费用后，通过媒体以各种方式向现有和潜在的客户介绍服务及其功能、特点等情况，以吸引客户的注意并引导客户消费行为的宣传活动。

金融企业的广告具有以下四个基本的功能。

1. 传递信息

金融企业推出新的金融服务项目后，为了让公众了解服务的性质与功能，通过广告可以提供与传递信息，向客户介绍服务，提高金融服务的知名度，从而激发客户的需求。

2. 说服购买

通过广告，可以展示金融服务的性能、价格、功效、解除客户的疑虑，说服客户建立对本金融服务的信心，强化客户对金融服务的消费欲望，促使其迅速采取购买行动。同时，一定范围内高密度的广告宣传会改变客户对金融服务的消费行为。

3. 提升品牌形象

金融企业可以通过各种广告形式向社会公众传递诸如企业名称、金融服务方面的信息，通过持续的广告，不断地刺激客户，让社会公众在无意识中记住金融企业，接受其品牌，从而树立金融企业的良好形象。

4. 方便联系

通常金融企业在做广告时，会在广告上注明联系方式、咨询电话与营业地址等，这些联系方式可以在客户中起到沟通的作用，一旦客户有需求或遇到疑难时可以咨询，从而保持联系渠道的畅通。

(二) 广告促销的特征

广告促销与其他的促销形式相比具有以下特征。

1. 信息传播的群体性

通过大众传播媒介，广告将服务信息传递出去，提高了促销的效果；与人员促销相比，广告到达每个潜在客户的人均费用要低许多。

2. 促销效应的滞后性

广告的促销作用相对滞后，促销效应往往不能立竿见影地对消费者的态度和购买行为产生影响，其说服力度较弱，难以促成消费者及时的购买行为。但由于宣传媒体的广告可反复进行，其传播的渗透力对吸引潜在客户的作用较大。

3. 人员促销的辅助性

广告会告诉公众目前有哪些金融服务，又开发了哪些新产品，从而使公众对服务的特性有所认识和了解，激发人们的购买欲望，对人员推销起着补充和促进的作用，从而在当营销人员与客户进行面对面交谈时，就能大大缩短介绍时间，强化说服效果。

(三) 金融广告的种类

金融广告的种类较多，下面按照不同的标准对金融广告进行分类。

1. 按照金融服务广告的目的划分

按照金融服务广告的目的划分，可以分为形象广告和服务广告。

(1) 金融企业形象广告。这是指把金融企业作为一个整体进行宣传，塑造良好的形象，以提高其声誉，增强客户对金融企业的了解和信任，从而达到赢得客户的目的。例如许多银行开展了大量侧重于宣传商业银行服务宗旨、经营方式等特色化内容的形象广告宣传，目的就是为扩大银行的知名度，树立起值得客户信赖并能提供最佳服务的形象。

(2) 金融服务广告。这是金融企业对所提供的服务所作的宣传。通过对服务的特点、作用、收益的介绍，让客户了解金融企业提供的金融服务，激发客户的购买欲望。例如，中国建设银行的广告语："欧币储蓄到建行""要买房，到建行"等都向客户提示了其服务的特点。

2. 按照金融服务的内容划分

按金融服务的内容划分，可以分为介绍性广告与说明性广告。

(1) 介绍性广告。这类广告主要是向客户介绍金融企业推出的服务及其特点，增加客户对该服务的认识与了解程度。

(2) 说明性广告。这类广告主要用于说服客户改变对金融企业及金融服务的看法，从而引导其改变消费行为，使其购买金融服务。

3. 按照金融服务的客户划分

按金融服务的客户来划分，可以分为针对潜在客户的广告和针对现在客户的广告。

金融企业的广告客户包括现有客户与潜在的或未来的客户。因此，金融广告也可以分为针对现有客户和针对潜在客户的广告。例如，金融企业专门针对大学生做广告，从而提升他们对金融服务的兴趣，促使其在毕业后能购买它们的产品。

4. 按照广告使用的媒体划分

按广告使用的媒体划分，可以分为电视广告、广播广告、户外广告、报纸广告、杂志广告、网络广告和宣传页广告等。

5. 按照广告覆盖面的大小划分

按广告覆盖面的大小划分，可以分为全国性广告、区域性广告与地方性广告等。

(四) 金融服务的广告策略

广告是金融促销的一种手段，为了达到更好的促销效果，金融企业在做广告时采取必要的策略。制定广告策略一般采用5M法，即目的(Mission)、资金(Money)、信息(Message)、媒体(Media)和衡量(Measurement)，因而相应的金融服务广告开发策略则分为确定广告目的、广告预算、广告内容、广告媒体和广告效果衡量五个方面。

1. 确定广告目的

金融企业的广告目的应该与企业营销战略保持一致。同时，由于广告的使用具有周期性，所以金融企业要明确每个时间段的广告目的。例如，为达到在目标受众中树立良好声誉的目的，金融企业会选择以企业形象为主题的广告宣传；为了扩大近期销售量，金融企业会选择以金融服务为主题的广告宣传。

以金融服务为主题的广告说明了服务本身的特点，易引起消费者的注意，并成为客户购买服务的理由，从而起到促销的作用。服务广告的关键在于：一要充分展现本企业服务区别于竞争者的特色，并加以宣传介绍；二要突出显示本企业服务的质量和服务优势对于不同的目标市场和客户需求的满足程度；三要精确选择广告投放的时间和地点，从而在人无我有的情况下，达到先入为主的效果。

2. 编制广告预算

广告预算是指金融企业根据广告计划在一定时期内从事广告活动所要投入的总费用。任何广告都必须发生一定的费用，因此金融企业要根据自身的情况进行广告预算。金融企业在编制广告预算时要考虑金融服务的生命周期、广告目的、市场激烈程度等因素，从而制定合理的广告预算。

3. 制作广告内容

这部分是金融服务广告开发与广告计划最为重要的一个步骤。广告根据制作形式的不同可以分为平面广告、影像广告两种。平面广告注重文字表达，其文字简明、生动并配以适当的图片；而影像广告则运用声音和动感的画面来达到所需要求。在制作广告内容时，企业可以根据自身的广告目的而选择不同的广告策略。常用的广告策略有USP策略、品牌定位策略和品牌形象策略三种。

(1) USP策略。USP策略又称独特销售策略。该策略的思路是通过广告向客户介绍本金融服务区别于其他同类服务的特点，并进行集中展示该特点，从而让客户了解该金融服务可以给自己带来的利益。因而，该策略是基于对服务的详尽分析，并展示其与众不同之处。

(2) 品牌定位策略。品牌定位策略的基本思路是，首先找到该类金融服务在客户心中的切入点，然后向目标受众集中广告，并运用广告创意使得该金融服务给客户留下深刻的印象，使目标受众在选购相似金融服务时首先就会想到本企业的金融服务。

(3) 品牌形象策略。品牌形象策略既指金融服务本身所带有的承诺，也指金融企业的形象，因此使用该策略的前提是该金融服务拥有良好的服务威望和品牌形象。

无论采取何种策略，为了使金融广告给消费者留下深刻的印象，一则好的金融广告都应该把握以下几点：

(1) 金融广告的内容具有说服力。金融广告可以通过直接指向目标受众的切身利益，扼要地阐明其所提供的服务，以使客户有明确的选择。

(2) 金融广告要富有创意。广告的效果在很大程度上取决于广告创意。随着公众兴趣和认识态度的转变，创意性广告已成为塑造金融企业形象的有效手段。

实例7-5 **纽约人寿的广告**

　　一家人筹备婚礼的情形在平静而喜悦的气氛中展开，女儿写请帖时亲昵地询问母亲、对着过世父亲的照片祈求庇佑全家等，让人很自然得出女儿要出嫁的判断。然而当接新娘的花车徐徐开走，洁白的婚纱转过来却是一张母亲的脸。由于有了纽约人寿保险，父亲过世却留给家人一份坚实的生活保障，使妻子得以鼓起勇气迎接新的人生，就像父亲在天堂微笑地祝福和保佑着全家人一样。

资料来源：叶伟春. 金融营销学[M](第二版). 北京：首都经济贸易大学出版社，2012.

(3) 好的广告语。广告语是广告的灵魂，应具有较深刻的内涵。既含蓄又独具创意的广告语能使人耳目一新。而且寓意深刻的广告语能给人留下意犹未尽、回味无穷的美好印象。

4. 选择广告媒体

电视、广播、报纸和杂志被称为传统四大广告媒体，近年来户外广告和互联网广告也成为广告的载体之一。

(1) 广播、电视媒体。广播媒体的优点是制作周期短、传播时间灵活、宣传范围广、人口覆盖面大、成本费用低，属于大众化传媒；缺点是仅限于声音传播、信息瞬间即逝。电视媒体的优点在于富有感染力、传播范围广、有利于金融企业形象塑造、更好地说明金融服务的功能。

(2) 报刊媒体。报纸的优势在于订阅和发行地区明确、区域集中度较高、传播快、费用较低，尤其适合于需要借助文字、传播内容比较复杂的说明性广告。杂志的优点在于品种多、保存时间长、可反复阅读；不足之处是发行周期长、传播慢、读者范围窄。

(3) 户外媒体。户外媒体主要包括公共场所的广告牌、海报招贴等。优点是主题鲜明、形象突出、注意率极高。

(4) 互联网媒体。互联网媒体的优点是信息更新快、表现形式多样化、费用低；缺点是目标受众不明确。

各种广告媒体都有自己的优缺点。因此，在选择广告媒体时应注意以下几点：

(1) 费用。目前许多金融企业大多从媒体受众的人均成本来考虑广告费用，却忽视了媒体受众中的无效客户，因此金融企业应当弄清楚目标客户群的实际人均费用，从而高效地进行媒体选择。

(2) 目标受众特征。目标受众特征是指金融企业目标客户的教育水平、生活方式等。一般而言，教育程度越高的人更倾向于选择网络、杂志等媒体。因此，金融企业必须根据目标受众的行为特征来确定相应的媒体。

| 实例7-6 | 金融企业根据广告对象选择广告媒介 |

招商银行的Young卡，由于其潜在的用户主要是学生，而学生中上网的比例很大，所以大量的Young卡广告都是通过电子邮件发送的。这种方式可以使得信息点对点地到达潜在用户，而且成本十分低廉。

富国基金管理有限公司，由于受到广告预算资金的约束，无法同时将广告投放到多个广告媒介。到底是将钱花在电视广告上，还是将钱花在平面广告上，这是一个问题。经过反复的权衡，该基金最终选择了平面媒介，收效不错。

资料来源：刘志梅. 金融营销学[M]. 北京：高等教育出版社，2014：288.

(3) 信息交流特点。不同的媒体传递信息的特点不同。如金融企业可以根据自身的广告目的，选择不同的媒体。

5. 衡量广告效果

常用的衡量方法有销售实验法和广告效率法两种。销售实验法通过对比广告促销前后的金融服务的消费量来评定广告效果；广告效率法的计算公式是：

$$广告效率＝本企业的市场份额/广告份额$$
$$广告份额＝本企业广告费用/行业广告费用总额$$

■ 三、营业推广

(一) 营业推广的概念

在市场营销中，营业推广也称为销售促进(Sales Promotion，SP)，是指金融企业为刺激需求而采取的能够产生激励作用并达成交易目的的促销措施。一般包括陈列、展出、展览、表演和许多非常规及非经常性的销售措施。营业推广只是广告和人员促销的一种补充、辅助工具，仅适用于短期促销。

营业推广的主要作用表现为：加速新服务进入市场的过程；抗衡竞争者的促销活动；刺激消费者的购买欲望。

(二) 营业推广的特点

与其他几种促销方法相比，营业推广具有以下几个特点：

1. 非规则性

营业推广大多用于一定时期内为完成一定的销售任务而采取的短期和额外的促销活动，目的在于解决短期、具体的促销问题。

2. 应用范围广

金融企业的营业推广有较广的应用范围，包括：一是推广主题的广泛，即金融企业的全体人员均可参加；二是推广对象的广泛，凡是与金融企业有联系的公众均可成为其推广对象；三是推广内容广泛，金融机构的形象与服务都可以成为推广的内容。

3. 灵活多样性

营业推广工具繁多，没有固定的模式，金融企业的营销人员可以根据客户的实际情况选择合适的推广形式，体现出灵活多样性。

4. 低成本

营业推广是金融企业的营销人员在为客户办理业务过程中附带的一项促销活动，一般不需要向营销人员支付专门的费用。

5. 短期效益明显

营业推广较容易实现短期目标，在短期内刺激客户大量购买，并且吸引潜在的客户。但频繁地使用营业推广会降低服务项目在客户心中的"身价"，不利于树立金融企业的形象。

(三) 营业推广的对象

营业推广的对象可以分为三种：一是金融企业的客户，包括潜在客户和现有客户、机构客户和个人客户；二是金融企业服务及业务的中间商；三是金融企业的推销人员。因此，金融企业营业推广的对象可以针对任何人，也可以限制一定的条件，选择一部分人。

(四) 营业推广的工具

营业推广的工具有很多，且各有其特点和适用范围。可供金融企业使用的营业推广工具主要有以下几种。

1. 赠品

赠品是为了鼓励客户购买某种产品而附赠的另外一种产品。赠品包括即时赠送的附包装赠品、包装调换赠品、自助获赠赠品和自我清偿性赠品等，价值较小。

2. 赠券

优惠券可以让持有者购买某种特定产品或服务后凭此优惠券按照事先的规定少付若干金额或可以在办理其他业务时享受一定的折扣。优惠券又可分为无条件优惠券和附条件优惠券。

3. 退款优惠

金融企业的客户在消费某种金融服务后，可获得一些退款，或参与抽奖，并根据抽得的结果，退还部分金额。

4. 有奖销售

有奖销售是指客户在购买某种金融服务后，向他们提供赢得现金、旅游或物品的各种获奖机会。例如，有的银行曾推出"住房有奖储蓄""外币出国旅游有奖储蓄"等。

5. 促销联盟

促销性政策联盟是金融企业利用一些生产或流通企业开展联合营销活动，以扩大它们的影响力。如与航空公司、酒店和洗浴中心等合作，给予优惠、付现金折扣款等。

6. 专有权益

专有权益指金融企业给某些客户提供某种特殊的权益或方便。例如，英国渣打银行推出一种信用卡客户享有的专有权益，可以使持卡人在香港及海外各大城市的任何一部电话上使用国际电话服务，电话费可以使用信用卡支付。

| 实例7-7 | "旅在云端"中信信用卡营销策略 |

航班延误赔付是中信信用卡为客户提供的商旅增值服务之一，因为中信信用卡定位于中高端人群，与航空公司的客户有高度的重合。中信银行信用卡在国内首家推出航班延误保障服务。因天气、机械故障等多种原因造成飞机起飞晚点达4个小时以上而被耽误的乘客，只要持有的机票是通过指定的商旅专线订购并使用中信信用卡支付的，就可拨打客服热线申报延误，根据所使用的信用卡卡种及订购机票的金额大小，将享受相应的保险保障，最高可获得高达5000元的机票赔付款。

当航班延误赔付成为各家银行标配的时候，中信信用卡又将招徕客户的重点放在了具体的赔付条款上，经统计发现，在航班延误的补偿限额上，各家银行的标准差异较大，赔付额度最大的中信银行信用卡则根据不同卡种分别设置了1000元、2000元和5000元等三种赔付级别。一些银行规定只有白金卡、钻石卡和航空联名卡才可以享受此类服务，而诸如中信银行、中国银行等则将其延伸到几乎所有信用卡的持卡人。

资料来源：陆剑清. 金融营销学[M]. 北京：清华大学出版社，2013.

四、公关促销

(一) 公共促销的概念

金融企业的公共(公关关系)促销是指金融企业运用各种传播手段与社会公众沟通，从而达到树立良好的企业形象，赢得公众的理解、信任和支持，乐于接受金融服务的目的。金融企业的公共促销包括金融企业与股东、员工、工商企业、同业、社会团体、政府及客户的关系协调。金融企业的公共促销是金融企业与社会公众传递信息，建立一种互利互惠、亲善友好的和谐关系。因此，金融企业在市场营销中应做到：

(1) 使客户充分了解金融企业的宗旨、信誉、经营范围及服务方式。

(2) 提供多样化、热情周到的服务。

(3) 善于处理客户投诉，善于协调与竞争者的关系，与竞争者建立良好的伙伴关系。

(4) 把经营的重点引向金融企业与公众利益的交会点，而非冲突点。

(二) 公共促销的原则

1. 沟通协调原则

金融企业通过与社会大众的沟通协调，促进金融企业与社会公众的相互了解和合作，从而建立和保持良好、和谐的关系。

2. 互惠互利原则

金融企业在与社会公众交往的过程中，应兼顾双方的共同利益，寻求双赢的结局，树立良好的企业形象和声誉，从而获得社会公众的回报。

3. 社会效益原则

金融企业在追求自身利益的同时，应更加重视社会效益。当经济效益与社会效益发生冲突时，企业如果能考虑社会整体利益，就能赢得社会公众的赞誉和支持，最终促进企业自身利益的提高。

(三) 公关促销的方法

公关促销的核心是公关活动的方法和形式的策划与实施。金融企业要根据本企业在目标市场所处的位置选择合适的公关方法和形式。公关促销的方法大致有以下几种：

1. 通过新闻媒介，宣传形象

报纸杂志、广播、电视等新闻媒介是与公众沟通、扩大影响的最重要的渠道。新闻报道在说服力、影响力和可信度方面是商业广告无法企及的，最容易被公众接受和认同。因此，金融企业要与新闻媒介建立良好的关系，争取他们的支持。这方面的活动包括：撰写各种与本企业有关的新闻、举行记者招待会、邀请记者参观本企业等。

> **实例7-8**　　　　　**中国银行深圳分行公共关系案例**
>
> 中国银行深圳分行在开展电脑代收交水电费、电费、电话费、煤气管道费、社会劳动保险费、高层楼宇费、代发工资、代办股款收付结算等现代生活"一条龙"服务初期，虽受到深圳市民、邮电局等个人和企业的欢迎，但有关管理部门却下文不赞成这种做法。
>
> 为此，该行开展了广泛的公关活动：在政府方面，积极反应情况，并介绍这一服务是"国际惯例"，对深圳投资环境的改善和确立深圳国际化、现代化的都市形象意义深远；组织有关部门参观、考察电脑代收费的全过程；策划和组织了与邮电部门联合召开客户代收费座谈会，把客户的意见，尤其是邮电部门的"十五分钟等于过去人工代收二十天"，客户的"再也不用挤柜台、排长队和为滞纳金而烦恼"的意见及时反映给市政府及有关主管单位，并写成长篇通讯《改革带来的思考——电话代收费以后》登在《深圳特区报》上。通过这一系列的公关活动，终于取得了市政府和主管单位的支持，帮助其推广"电脑代收费"业务。
>
> 资料来源：刘志梅.金融营销学[M].北京：高等教育出版社，2014：288.

2. 借助社会名人和知名团体扩大知名度

在金融企业的一些重要场合邀请名人或"意见领袖"参加，可以达到扩大知名度的目的。所谓"意见领袖"是指在某一阶层中具有一定影响力的人，他们的思想、态度和行为容易被人模仿，对促销有着不可估量的作用。

3. 积极参与和支持社会公益事业

对社会公益活动进行赞助是金融企业开展公关促销的重要形式。如赞助希望工程和孤寡老人，为慈善基金会和教育基金会捐款等。通过媒体报道赞助活动的过程获得免费的公共宣传，大大提高知名度，同时也能赢得公众的普遍赞誉。

4. 举办专题活动

金融企业各部门应在各自所辖范围内开展有吸引力的活动，如体育比赛、歌咏比赛、征文比赛等。通过这些活动增加员工之间的相互交流、相互了解，增强员工之间、员工与领导之间的友谊。

5. 危机应对活动

金融企业可能会因为某些问题与一些部门或客户发生矛盾，受到社会的批评或被新闻媒体曝光。此时，金融企业要开展相应的危机应对活动，将危机变为公关机遇。面对危机时金融企业首先要抱着正确的态度，虚心接受社会的批评，真诚表达歉意且尽快拿出处理意见和整改措施，从而既挽回声誉，又树立良好的企业形象。

知识链接7-1　　各种促销方式的特点和优缺点

促销方式	特　点	优　点	缺　点
人员促销	直接对话，增进感情，灵活性高，针对性强，反应迅速，易激起客户的兴趣	方法直接灵活，可随机应变，易激发兴趣，易促进交易	接触面窄，费用大，占用人员多，优秀的推销人才较难寻找
广告促销	公开性，传递性，吸引性，渗透性，表现方式多样，稳定性强	触及面广，能将信息艺术化、动态化，能反复多次使用，形象生动，节省人力	说服力较小，难以促成即时的购买行为，对大宗金融产品和金融服务的促销力度有限
营业推广	灵活多样，容易吸引客户，激发兴趣，短期效果明显	吸引力较大，直观，能促成客户即时购买	费用较大，使用次数不宜太多，有时可能会降低产品和服务的身价而引发客户反感
公关促销	长期目标，间接性，持久性强，效率比较高	影响面和覆盖面大，概率高且反应及时，容易使客户信任，提高产品和服务的质量，改善形象	间接性强，见效较慢，自主性差，金融企业无法计划和控制

资料来源：赵占波.金融营销学[M].北京：北京大学出版社，2014：250.

⠿ 本章小结

金融服务沟通是指借助于人员促销、广告促销、营业推广、公关促销等沟通工具展现金融企业的个性特征，并突出体现特定金融服务的竞争优势，使原本无形的金融服务通过特定的沟通方式而变得具体，展示那些可能被掩盖起来的优势和资源的一种信息传播活动。金融服务沟通的目标包括：识别消费者需求、发现目标客户、构建企业品牌、超越和替代竞争者、促成购买决策、留住客户。金融服务沟通策略包括：拉动策略(Pull)、推动策略(Push)和全方位整合策略(Profile)。

金融服务促销是指金融企业将自己的金融服务通过适当的方式向客户进行报道、宣传和说明，以引起客户注意和兴趣，激发其购买欲望，促进其购买行为的营销活动。金融服务促销的特点：客户对信息的需求迫切、注重客户的口碑宣传、促销效果受客户的认知和经验影响。金融服务促销的影响因素：消费需求、金融服务生命周期、促销费用、目标市场特点、促销策略。金融服务促销决策的实施过程一般分为六个步骤：选择目标促销对象、确定促销目标、设计促销信息、制定促销预算、决定促销组合以及促销实施、控制和效果反馈。

金融企业为了与客户顺利进行信息交流，达到促销的目的，需要通过适当和有效的方式向客户传递信息。金融企业的服务促销方式分为两大类：一类是人员促销；另一类是非人员促销，包括广告促销、营业推广、公关促销等三种方式。金融服务促销组合是指金融企业根据促销的需要，对人员促销、广告促销、营业推广与公关关系等各种促销方式进行的适当选择和综合编配。

▓ 思考题

1. 金融服务沟通策略有哪几种？
2. 金融服务四种促销方式有哪些优缺点？

▓ 案例讨论

工行一次成功的服务营销案例

2012年10月19日，中国工商银行某地高新园区支行营业部来了一位男性中年客户。因为正处于业务高峰期，大堂经理正在排号机前值班，分流客户。

大堂经理见到这位客户礼貌地问了声："您好，请问我有什么可以帮助您的？"

这位客户斟酌了一下，答复说："想征询点理财业务方面的问题。"

大堂经理问："您买过我行的理财产品吗？"

客户回答："从其他行买过理财产品，但已经很长时间了，由于我时常在你行办理一些个人结算业务，而且你们的员工服务水准和服务环境都让我满意，所以我想咨询一下你行的理财产品。"

听到这里，大堂经理断定该客户为一名优质客户，就引导客户来到贵宾客户理财区，并向正在坐班的客户经理进行了汇报。

客户经理热忱地同客户进行了交谈，了解到客户近期收回了一笔款，想了解一下本行的理财产品。客户经理了解到这一情形后，便和客户就基金的走势和投资理念进行了交流，同时给了客户一些投资建议。

在与客户重复沟通时客户经理发现，客户对本行前期代办的嘉实300指数基金很感兴趣，也可能是客户以前了解该基金的缘故，客户称以前在其他行买过200万元，收益还不错。但手续较麻烦，因为银行理财职员业务不熟练，在赎回过程中造成了一些不愉快。

客户经理具体向客户介绍了本行的产品，向客户推荐了理财金账户卡和本行快捷便利的网上银行，并向客户进行了操作演示，客户对该行网上银行办理业务的快捷、方便产生了兴致，当场办理了理财金账户，并开通了网上银行。对客户在网上银行应用进程中可能会碰到的问题，客户经理耐心详细地进行了讲解。客户对银行的服务十分满意，不但把其他行的存款转入到该行账户上，而且通过网上银行顺利地一次购置了1006万元基金。

资料来源：http://blog.sina.com.cn/s/blog_12af806210101oktc.html.

案例讨论题：

1. 该高新园区支行营业部金融营销的成功之处主要体现在哪些方面？
2. 根据该案例，试讨论作为客户经理在从事金融营销时应具备何种素质？
3. 围绕该案例，试分析银行金融营销的特色、准则和营销技能。

⋮⋮⋮ 推荐读物

1. 安贺新. 服务营销管理[M]. 北京：化学工业出版社，2011.
2. 安贺新，张宏彦. 商业银行营销实务[M]. 北京：清华大学出版社，2013.

⋮⋮⋮ 本章参考资料

1. 安贺新，张宏彦. 商业银行营销实务[M]. 北京：清华大学出版社，2013.
2. 安贺新. 服务营销管理[M]. 北京：化学工业出版社，2011.
3. 杨米沙，张丽拉，刘志梅，栾淑彦. 金融营销[M]. 北京：中国人民大学出版社，2011.
4. 陆剑清. 金融营销学[M]. 北京：清华大学出版社. 2013.
5. 刘志梅，石飞，柳欣. 金融营销学[M]. 北京：高等教育出版社，2014.
6. 迟到，韩雪，屈越. 金融营销学[M]. 北京：中国金融出版社，2013.
7. 叶伟春. 金融营销[M]. 北京：首都经济贸易大学出版社，2012.
8. 赵占波. 金融营销学[M]. 北京：北京大学出版社，2014.
9. 吉莉恩·道兹·法夸尔，亚瑟·梅丹. 金融服务营销[M]. 王桂琴译. 北京：中国金融出版社，2014.

第八章
金融企业服务
人员管理策略

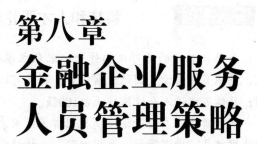

本章学习目标

- 掌握金融企业开展内部营销的手段
- 掌握金融企业内部营销成功的前提
- 掌握金融企业内部营销的活动内容
- 熟悉内部营销的概念及管理过程
- 了解金融企业服务人员的地位和
  重要性

本章主要概念

内部营销、服务利润链

导入案例 **科技和人才双轮驱动工行国际化**

　　如果把工行的境外机构作为一家独立银行来比照，总资产可以排到全球银行业第98位，差不多相当于美国的道富银行；利润可以排到第77位，差不多相当于一个瑞士信贷集团；总体可以进入全球银行业前100强。

　　工行负责人在接受国际商报记者采访时表示，未来一个时期，工商银行国际化的主要战略思想是"做深做细、做优做强"，持续提升境外机构的盈利、竞争力和发展质量，真正成长为一家具有较强竞争力的跨国银行。

　　在国际化发展中，工行始终坚持机构建设与系统建设同步，在中资同业中首家建立了全球统一科技平台，并实现了与境内系统的互联互通，在全球机构间共享客户、产品和数据资源，提升境外机构的产品供给、业务拓展和风险控制能力。

　　在渠道拓宽方式上，工行坚持物理网点与电子网络的有机结合。在拓展物理网点的同时，辅以ATM、银行卡、网上银行、电话银行、手机银行等虚拟服务渠道，解决境外营业网点少、服务区域大的问题。

　　除了注重科技外，工行跨国经营取得成功的另一个重要原因就是强大的国际化人才支持。经过20年努力，工行已建立起一支近万人的国际化人才队伍，其中当地雇员占比达90%以上。2011年，工行启动了国际化人才培训项目，每年派出200名左右的管理人员和业务骨干赴海外院校研修，计划用10年培养2000名左右的高端国际化人才，为下一阶段的国际化发展奠定更加坚实的人才基础。

　　资料来源：中国工商银行官网，2015-1-4.

　　当今，金融企业为了能迅速发展，不仅在渠道、科技等方面进行改善，在人力培养方面更是下足了工夫，很多企业都有自己的人才计划。现代金融营销理论认为：企业要获利和获得发展首先要使顾客感到满意，要使顾客感到满意就要使员工感到满意，员工感到满意就得从员工角度出发为其提供良好的工作环境、薪酬制度和教育机会等，即企业要注重内部营销。

第一节　金融企业服务人员的地位与利润链

　　随着服务经济时代的到来，顾客对服务质量和服务人员的要求也越来越高。金融服务过程依靠顾客和服务人员的交往沟通来实现，服务人员的表现会直接影响顾客对服务的整体评价，因此"人员"这一要素显得越来越重要。

一、金融企业服务人员的地位

对于金融企业来说，要提高服务的质量，高素质的员工是必不可少的。即使企业产品较其他同类产品略有不足，一个高素质的员工的良好形象、得体的行为和适当的语言都有助于让顾客选择该企业的产品，并且感到物有所值。因此，金融服务营销的成功与人员的招聘、培训、激励和管理密不可分。

金融服务业营销包括三种类型：内部营销、外部营销和互动营销。内部营销指为了使员工更好地向顾客提供服务，金融企业从营销管理的角度管理员工，和员工进行内部沟通，帮助员工提高传递服务的能力。外部营销是指企业在外部市场进行的活动，即对所传递的服务设定顾客期望，并向顾客作出承诺。在服务传递前，与顾客进行沟通的任何事物和人员都是外部营销。互动营销强调员工向顾客提供服务的技能。

服务营销三角形理论(见图8-1)认为，企业、顾客和服务提供者是三个关键的参与者，服务企业想要获得成功必须开展外部营销、内部营销和交互营销，这三种类型的营销活动相互影响、相互联系，共同构成了一个有机的整体。为了在激烈的市场竞争中取胜，针对目标市场的顾客，企业需要进行外部营销；企业必须向顾客兑现承诺，这就需要员工与顾客之间进行交互营销；如何让服务人员有更高的服务热情，这就需要企业进行内部营销。服务营销三角形理论表明，内部营销是企业开展外部营销的前提，是企业信守承诺和兑现承诺的基础。

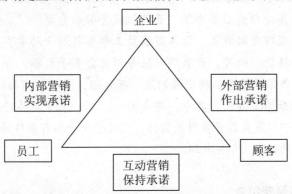

图8-1　服务业营销的三种类型

二、金融企业服务人员的重要性

了解了金融企业服务人员的地位，可想而知，金融企业服务人员在金融服务过程中的重要性，金融服务人员又分为前台服务人员和后台服务人员。

(一) 前台人员的关键作用

1. 前台服务人员是金融服务的重要组成部分

服务产品的生产依赖于服务人的参与，服务人员和服务产品是不可分割的整体，他们是服务的重要组成部分。在服务过程中，服务人员是对顾客的直接提供者，是顾客所购买的整体服务中不可分割的一部分，他们会影响顾客对服务的整体评价。

2. 前台服务人员是企业的形象代表

金融服务人员是连接金融企业与外界的桥梁，是企业形象及信息宣传的载体，直接影响公众对金融企业整体的判断，在沟通企业和公众双方信息方面起着至关重要的作用。在服务过程中，金融服务人员的形象和举止都被客户看在眼里，因此服务人员的一言一行和态度都会影响客户对企业的认知和对企业的整体评价。企业优秀的企业文化和服务质量能够通过服务人员得体的言行举止直接表现出来，从而给公众留下良好的印象，有利于树立企业的良好形象。

实例8-1 交行青岛分行举办"我的微笑 真心相伴"服务明星评选活动

近日，交通银行青岛分行启动2014年"我的微笑真心相伴"服务明星评选活动，邀请岛城市民到交行网点进行现场参与并投票，选出老百姓心中真正的服务明星。

据介绍，交行青岛分行聘请了国内知名培训公司，对柜员、大堂经理到客户经理、保安、保洁，从仪表仪容、接待客户的每一细节流程，到每个用品的摆放位置等进行系统的强化培训，全方位提升了员工素质。同时坚持实行每日服务晨会、每周服务分析会、每月分行服务领导小组会议，通过研究服务工作，协调落实责任，促进全行服务管理水平提升。

近年来，交行青岛分行先后举办了"开门红服务劳动竞赛""真情赢客户，满意在交行"大堂经理、客户经理劳动竞赛，让各岗位员工都参与到活动中去，通过比赛调动全员的积极性，熟练服务技能。此外，开展温馨服务创意金点子大赛，在全行范围内征集温馨服务创意，为打造交行温馨服务品牌出谋划策。据介绍，活动期间共征集到149条创意，涉及便民设施、温馨提示等多方面，其中，评出的一、二、三等奖共12项金点子全部在网点推广落实，18项金点子推荐在各营业网点实行，13项金点子在有条件的营业网点实行。

资料来源：中国交通银行，2014-10-24.

3. 前台服务人员是营销者

前台服务人员既是金融服务的一部分，又是企业的形象代表，因此说他们扮演了企业营销者的角色，他们就是企业的活广告。有些金融服务人员在给顾客提供服务时，会和顾客进行交流沟通，捕捉到顾客的一些重要信息，根据顾客的需求，介绍和销售顾客可能会感兴趣的服务或产品，让顾客感受到金融服务人员的专业性和敬业度。

(二) 后台人员的关键作用

1. 后台服务人员提供管理支持

金融机构管理者为企业的运行制订计划并控制企业朝着既定目标发展，为团体提供了一个好的典范。人力部门对各项工作和各个职位明确了具体责任，并对员工进行培训，引导员工以顾客为导向和具备服务意识，调动了整个服务组织对顾客提供优质服务的积极性，提高了服务的品质。

2. 后台服务人员提供技术支持

在服务过程中，需要借助服务设备，如电脑、打印机等。技术开发部门在服务设备出现故障时，可以及时进行维修，不影响对客户的服务。另外，在办理业务时，每家金融机构都有其系统支持，好的系统可以缩短办理业务的时间和减少出现错误的几率，技术部门对企业系统的维修和开发起着重要作用。

■ 三、金融企业内部营销及服务利润链

(一) 金融企业内部营销概述

1. 金融企业内部营销的概念

内部营销是为了使外部顾客对金融企业感到满意和信任并成为其忠诚顾客，金融企业从内部营销管理的角度，把员工当作顾客，对其进行培训和沟通，留下优秀的员工，服务顾客，提升企业的整体形象。由定义可知，内部营销的目的是获得有顾客意识，积极工作的员工。本质是将外部营销的营销思想、营销方法用于企业内部，通过企业内部互为客户、彼此营销，提高企业内部协调度，不断提高内部员工的满意度，进而提高外部顾客的忠诚度，从而形成强大的竞争优势。

2. 金融企业内部营销的特点

(1) 金融企业内部营销不是一项独立的活动，而是包含在服务倡议、质量机制、客户服务计划以及经营战略之中。

(2) 金融企业内部营销的组织活动由正式的和一些非正式的活动构成。

(3) 内部沟通和信息交流是金融企业内部营销成功的前提和关键，高层承诺支持，全体员工相互合作，管理风格开放，内部营销会更加成功。

(4) 金融企业内部营销是一个实验性的过程，在实践和运用中不断发展，重点在引导员工积极思考如何进步。

(5) 金融企业内部营销是渐变、进化的，不是一蹴而就、一成不变的，它可以逐步消除部门间各种壁垒。

3. 金融企业内部营销的具体作用

(1) 内部营销有助于提高金融服务质量，使得金融企业在同行业竞争中胜出，增加企业的收益。

(2) 内部营销有助于减少职能部门之间的冲突和摩擦，是人力资源管理的重要手段。

(3) 内部营销有助于推动金融企业革新精神的发扬，有助于金融企业的管理创新和业务创新。

(4) 内部营销是进行外部营销的先决条件。

(二) 服务利润链理论

1994年，由詹姆斯·赫斯科特等五位哈佛商学院教授组成的服务管理课题组提出了

"服务利润链", 试图从理论上揭示服务企业利润的决定因素, 他们将服务利润链理解为一条将企业、员工、顾客和利润联系起来的纽带。在图中, 每一个环节的实施质量将直接影响其后的环节, 最终目标是使企业获得利润并发展壮大。

分析服务利润链图(见图8-2), 我们可以发现, 企业内部服务质量会影响员工的满意度, 员工满意度会影响员工的忠诚度和生产效率, 进而影响外部服务质量, 外部服务质量会影响客户满意度, 客户满意度直接影响客户忠诚度, 最终推动和激发了企业的利润和成长。简而言之, 企业内部服务质量能够影响企业的利润和未来发展。服务利润链是一个循环的链, 企业盈利会提供更好的服务环境和奖励政策, 员工的满意度就会提升。因此, 一个良好的服务支持系统和相应的政策对企业的生存和发展是至关重要的。

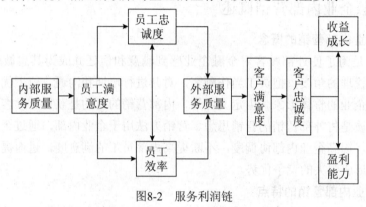

图8-2 服务利润链

(三) 服务利润链在金融机构内部营销中的运用

1. 金融机构内部服务质量影响员工满意度

金融企业应该将员工看待为内部顾客, 明确"内部顾客"服务的重要性, 尽可能地满足内部顾客的需求, 并为之提供优质内部服务。内部服务质量由员工来评价, 取决于员工对工作本身满意程度以及员工关系两个方面。当员工在工作中获得满足和快乐, 自己有一定的决定权时, 自然会对工作满意, 对企业满意, 并最终对企业忠诚。同时同事之间能维持一种和谐、平等、互相尊敬的关系并且相互合作、相互服务, 在这样的工作环境中, 员工满意度和工作效率就会提高。

实例8-2　　　　　　　　　中国工商银行的人力资源政策

中国工商银行致力于建设"最盈利、最优秀、最受尊重"的国际一流现代金融企业, 始终坚持以人为本的经营理念, 通过实施人才强行战略, 完善人才发展环境, 推动全行员工与工商银行同进步、共发展, 构建了具有工行特色的人力资源管理体系, 主要包括:

(1) 纵向可晋升、横向可交流的多通道职业发展体系。

(2) 集团化、市场化、多元化的干部人才管理体系。

(3) 目标为导向、绩效为依据的整体式绩效考核机制。

(4) 岗位价值和业绩贡献为导向的薪酬分配机制。

（5）国家法定福利与工行自主福利相结合的福利保障体系。

资料来源：中国工商银行官网．

2. 员工满意度影响员工忠诚度和效率

员工的满意度主要是指对金融机构提供的薪酬、工作环境、学习、晋升机会等方面是否满意，可以通过员工网上调查、员工服务热线等方式了解员工的满意度。员工对所在金融机构满意度越高，员工对企业未来发展就越有信心，就越认同金融企业文化，为成为金融企业中的一员而感到骄傲。员工的工作热情会被激发出来，自觉承担起一定的工作责任，提高了服务的质量和效率。因此，培养和提高员工的满意度从而提高员工忠诚度和工作效率对金融机构的发展具有深远的意义。

3. 员工忠诚度和效率影响外部服务质量

金融机构员工对企业的忠诚度表现为尽心为企业工作，把企业的事当作自己的事，不因外部诱惑轻易离职。把企业当作自己的家，这样在为顾客提供服务时，员工会有热情的服务态度和较高的服务质量，顾客在企业感受到的服务价值就会提升。因此说，只有高忠诚度的员工才能产生高的服务价值。

要培养员工的忠诚度，企业可以从几个方面做起：①给予员工提供发展的机会和挑战性的工作，让员工有成就感；②建立员工自我管理团队，让员工享有一定的股权，让员工有归属感；③对员工进行准确的定位，使其性格特点和职位认知与其所从事职业相吻合，让员工有得心应手的感觉；④企业应加强与员工的公开交流和沟通，促进员工和组织之间互相认同，让员工有亲切感。

实例8-3　　　　　**做有责任感的金融企业**

德鲁克先生指出，根据统计学规律，任何组织都不可能找到足够多的"优秀人才"。一个组织成为杰出的唯一途径是：使得现有的人产生更多的能力，也就是通过对员工的管理产生更大的生产力。

德鲁克先生将这个挑战称为"让凡人做非凡之事。"

华夏银行长沙分行营业部一直秉承以培养人才为最终目标的核心思想，特别注重员工的教育培训。每周四晚固定为营业部培训学习日，分行营业部主动邀请分行业务骨干亲自授课。同时，还通过大量文化活动，加强员工团队精神。班子成员还多次走访员工家庭，了解员工8小时以外的生活，结合员工家属具体情况，真正关注员工内心需求，解决员工实际困难。

以实际行动诠释着"一流的工作集体，一流的员工队伍，一流的服务水平和一流的工作业绩"的服务宗旨，华夏银行长沙分行营业部将"做有责任的金融企业"的服务文化内涵不断传承，上下一心，大家都有以一颗平常心做出不平凡事的勇气和干劲！以实际行动，获得了客户和公众的一致好评，也赢得了同行的尊敬。

资料来源：湖南日报，2014-7-24．

4. 外部服务质量影响客户满意度

对于金融机构，客户满意度取决于客户获得的实际服务效果和对服务预期的差距。客户获得的实际服务效果比预期高，客户满意度就高，客户获得的实际服务效果比预期低，客户满意度就低。由于实际服务效果和对服务预期的差距与企业提供的服务和客户期望有关，一方面企业可以提高自己的服务质量，另一方面企业可以尽可能贴近客户，尽量制定出符合客户的服务。

5. 客户满意度影响客户的忠诚度

客户满意是一种心理活动，是客户的需求被满足后的愉悦感。客户忠诚代表客户对企业及产品服务的偏好，如果客户对于企业所提供的产品和服务满意，会持续产生购买行为，客户的忠诚度就会随之提高。为了培养对企业信任、忠诚的客户，使企业获得持久的发展，金融企业的一切活动必须以满足客户的需求为出发点。

6. 客户忠诚度影响金融机构盈利能力及其成长性

服务性企业的利润来源于客户忠诚，客户忠诚度的提高能大大增强企业的获利能力。忠诚的客户所提供的销售收入和利润占据了企业销售收入和利润总额很高的比例。因此，可以说，忠诚客户的多少在很大程度上决定了市场份额，它比以实际客户多少来衡量的市场份额更有意义。

知识链接8-1　　　　　　　　**员工跳槽前的六大特征**

(1) 参与度减少。在会议上向来发言积极的员工是不是突然变得安静了？这名员工是不是没什么特殊的原因也不愿意参加中午的同事聚餐？整体的团队参与度是不是降低了？

(2) 工作效率变低。如果一个勤奋的员工突然变得懒散起来，你应该有所警惕。这种员工可能工作主动性减弱，只是完成上级交代的任务，也可能更频繁地推迟完成工作的时限，还可能对于下周的工作准备不足。

(3) 办公室恐惧症。考虑离职的员工往往会找各种借口远离办公室，如请很多次病假、上班迟到等。他可能会不准时上下班，找理由提前离开，也可能利用病假和上班空档去应聘。

(4) 经常抱怨和争执。员工经常提出反对意见可能是拖延时间等待正式宣布辞职的一种策略。当接到一项新任务或工作要求时，员工可能会说"让我先研究一下""我手头忙做不了"或"我觉得这么做不管用"等。

(5) 比较各家公司。如果员工经常赞赏其他公司的企业文化，贬低自己的公司，这是他们很可能就要辞职的明显迹象。

(6) 仪容仪表问题。一个人在工作场所仪容仪表和行为举止的细小变化可以传递出重要信息。某个员工可能近期一直在避免与他人有直接的目光接触；某个员工可能平时穿着比较随意，但最近经常穿正装，说不定他是要出去参加面试。

(四) 服务利润链理论对金融机构提升内部营销的作用

服务利润链理论在金融机构的应用提高了金融企业的营销效率和效益，增强了企业的市场竞争优势。这种作用主要体现在三个方面。①有利于改进金融机构的人力资源；②为银行管理者转变思想提供了理论依据；③推动金融机构通过内部营销提升服务质量。

第二节　金融企业内部营销及成功的前提

目前，内部营销理论与实践还处于不断完善的过程中，内部营销的内容非常广泛，金融企业如何能成功实施内部营销以及实现内部营销的目标，前提有以下几个。

一、建立顾客导向的内部营销战略

为了促使员工成功实现顾客导向的服务承诺，企业还要开发一组内部营销战略，内部营销战略是内部营销取得成功的核心。内部营销战略主要有以下几种。

(一) 人力资源战略

首先，企业通过招聘渠道雇用合适的人员，最重要的是具有服务意识和客户导向、头脑敏锐的人才。其次，企业对这些人员进行教育、培训和激励，留住精通、熟悉业务和工作认真积极的员工。最后，提供员工服务传递中所需的设备、技术和管理支持等，加强对人力资源的管理，使企业能够兑现其服务承诺。

(二) 类营销战略

企业把员工看做内部顾客，借助于市场营销战略来实现员工满意，促使员工向顾客传递优质服务。该战略主要是将市场营销战略运用于员工身上，企业在对员工进行市场调研的情况下，运用STP战略对所有员工进行市场细分、员工群体选择和定位，再运用营销组合来满足不同内部目标市场的需求，使员工满意。

(三) 综合性战略

该战略综合了类营销战略和人力资源战略的优势，将这两种战略融为一体进行运用。在使用综合性战略时，企业可以先使用类营销战略中的市场调研和STP战略，然后，再针对不同的员工群体制定营销组合方案，这些营销组合方案包括了不同的培训项目、激励方式、考评方法和指标等人力资源活动。由于这种人力资源管理组合是在考虑了员工不同需求的基础上制定的，方案的实施可以很好地满足员工的需求，因此，综合性战略的有效实施容易取得良好的效果。

在现实中，企业可以根据自身情况，单独使用人力资源战略或类营销战略，也可以使用综合性战略。

■ 二、打造金融企业内部文化

(一) 金融机构企业文化内涵

金融机构要想把自身"营销给内部客户"——员工，首先要有能让员工认可并奉行的企业文化。企业文化指企业在长期经营管理中形成，得到企业员工认可并遵循的内部文化，包括企业的价值观念、思维方式、行为准则、精神风貌、企业外部影响等要素的总和。金融机构的企业文化指金融机构在经营管理活动中所形成的，包括企业精神、经营目标、行为规范以及职工共同意识的组合。金融机构企业文化的核心是企业精神，本质在于注重职工的共同意识和价值观。

(二) 金融机构企业文化特殊性

第一，服务文化。服务文化是指向内外顾客提供优质服务的一系列价值观或信念，即企业成员共享一种以提供优质服务为导向的价值观或理念。金融机构提供产品的核心是服务，通过提供金融产品服务于社会和经济的发展，满足公众的金融需求，因而其一大特点是突出其服务性。

第二，诚信文化。金融的行业特性决定了金融服务业务要承担很强的道德责任和法律责任，诚信经营是金融业发展的灵魂。对金融企业来说，诚信文化应该作为一种基因根植于企业之中，并在此基础上强化法制观念、诚信观念和忠诚观念，保证客户、政府、合作伙伴以及同业之间对金融业形成强烈的诚信的认同度。

第三，人本文化。金融企业是以人的智力产品为主要资源的组织，人是企业的核心，企业只有进入到文化管理阶段后，才能真正体现以人为本的管理。金融业倡导的以人为本的文化，一方面应体现为使每一位平凡的人做出不平凡的事，即让每个人经营自己、经营企业、经营市场、创造辉煌；另一方面，要尊重个人，不仅包括尊重员工，还包括尊重客户、合作伙伴、政府以及每一个人。

第四，尽职文化。专业化服务是金融业发展的重要基础，虽然金融服务业具有较为规范的服务内容和流程安排，但是，由于每个人的专业水平、服务态度及理念不同，形成终端服务产品的效果差距会很大。因此，金融业的企业文化需要员工具有很强的尽职服务意识和尽善尽美的思想。这种文化的倡导会推进团队意识的建立、学习型组织的建立、质量第一的严谨工作作风的建立以及风险控制机制的建立。

第五，风险管理文化。金融业是巨额资金的集散中心，涉及国民经济各部门、单位和个人。任何经营决策的失误都可能导致"多米诺骨牌效应"。相对于一般企业而言，其自有资金比率较低，相当多资产来自于负债。因此，金融业是一个高风险行业，风险管理贯穿经营始终。

(三) 金融机构企业文化建设

金融企业要成功实施内部营销战略，就必须转换以企业为中心的观念，主动培育有助于实施内部营销的服务文化。服务文化是指向内外顾客提供优质服务，并把这种文化当作自然而然的方式。只有存在对优质服务的鼓励，才能形成服务文化，一旦这种文化深入人心，就会起到巨大的作用。①在企业内部，各个员工会向对方提供服务支持，形成良好的协作氛围，从企业外部来看，员工在服务过程中会主动地为顾客提供优质服务，为企业塑造良好的形象。

在培育服务文化的过程中，金融企业要注意以下几点。首先，企业的管理层不但在思想上要重视服务文化培育，还要采取措施让所有员工都感受到优质服务的重要性，从而为服务文化的形成营造一个良好的内部氛围。其次，享受优质服务的对象并非外部顾客，还有企业内部的员工。只有企业先向员工提供优质服务，让员工满意了，顾客才有可能获得员工所提供的优质服务。最后，企业应使服务文化成为每个员工最重要的行为标准，使员工围绕着服务文化来开展工作，规范自身的行为。

实例8-4　　扎根红土　花开华夏——夯实管理，营造家园文化氛围

开业以来，华夏银行南昌分行始终以一流的营业环境、一流的员工队伍、一流的业务基础、一流的经营管理、一流的创新服务、一流的银行文化"六个一流"为企业文化建设的核心，逐步将"诚信、规范、高效、进取"的企业文化理念植根于服务江西经济社会的发展中。

推进员工队伍建设，提高综合业务素质。一是科学合理地定编定岗；二是加快人才的引进和培养；三是建立人才流动机制，坚持事业留人、待遇留人、培训留人、感情留人的条件，使员工得到锻炼和提升；四是建立严格的责任链，明确各级管理者的责任，提高管理者的管理水平和抓落实的执行力，增强全体员工的责任感和事业心；五是建立内在的和谐、平等机制，使员工在一起工作和学习，充满和谐和友爱、自由和平等。

资料来源：江西日报，2014-9-26.

■ 三、有效的组织支持

银行要从战略上贯彻内部营销思想，树立大服务观念，所有的人员都是服务人员，区别只在于有的人员提供的是外部服务，有的人员提供的是内部服务。尤其管理者要转变思想，完成向服务者的转变，为企业员工服务，让企业员工在满意的基础上用优质的服务来赢得和维系顾客。

内部营销从本质上来讲，包括态度管理和沟通管理两方面，管理支持和内部对话在这

---

① 阳林. 服务营销[M]. 北京：电子工业出版社，2008.

两方面有重要作用。管理者对员工的支持激发了与员工的工作积极性，内部对话使员工感觉受到重视，从而改善工作氛围。管理支持的具体措施有：通过日常管理活动开展持续的培训，给员工参与决策和制订计划的机会。内部对话的具体措施有建立内部对话机制，打造言论开放的内部氛围。

实例8-5 民生银行的商业化改革——变革管理模式

在管理模式的变革方面，各家银行有不同的探索，民生银行的探索就是事业部制改革。事业部是国际先进银行普遍采取的管理模式，但如何在中国银行业落地一直是重大课题。国内有的银行认识到了事业部制改革的紧迫性，但是由于缺乏改革的经验和基础工作，轻易不敢尝试。有的银行甚至认为在中国行政体制和与之对应的经济体制下，事业部制在中国银行业行不通。

2007年7月，民生银行决定全面启动公司业务事业部制改革。2008年年初，民生银行的地产、能源、交通和冶金四个行业金融事业部挂牌成立，把这些高风险的公司业务从"三级经营、三级管理"的体制变为"一级经营、一级管理"的体制，极大地提高了专业化服务的能力和水平，并能更好地控制风险。民生银行将近5年来事业部制改革的实践表明，在管理信贷风险、提升专业化服务能力和综合金融服务能力等方面，事业部制都明显优于传统的总分行体制。过去几年来，有些同业相继启动了公司业务集中经营改革，有些正在推动事业部制改革，这就证明了民生银行在事业部制改革方面的成功探索获得了越来越多的认可，也充分证明，事业部制是中国银行业建设现代商业银行的必由之路。

资料来源：中国民生银行官网.

四、合理的内部市场调研和市场细分

内部市场的存在意味着内部市场调研的必要性。员工满意是客户满意的必要条件，员工满意来自于他们的需求得到满足，市场调研的对象就是员工的需求，目标是发现员工未满足的需求。在进行调研时，可以借鉴外部营销调研的成熟方法和技巧，如实地观察法、一对一访谈、专题讨论、问卷调查等，用于建立员工档案，了解员工的基本情况，发现员工的需求。此外，调研的对象不仅包括现有在职员工，还要包括潜在的员工和离职的员工，这样才能真正了解员工对公司的期望。

内部市场细分是赢得员工的前提，通过内部市场细分，可以明确员工的工作职责，提高员工的工作效率和管理效用。在细分时，可以根据员工的个人兴趣、业务专长、知识学习能力以及对荣誉、进修及培训机会和职位晋升的需求，找到各个岗位的合适人选。

知识链接8-2　　　　　　　　霍兰德的职业兴趣理论

约翰·霍兰德(John Holland)是美国约翰·霍普金斯大学的心理学教授，美国著名的职业指导专家。他于1959年提出了具有广泛社会影响的职业兴趣理论。他认为人的人格类型、兴趣与职业密切相关，兴趣是人们活动的巨大动力，凡是具有职业兴趣的职业都可以提高人们的积极性，促使人们积极地、愉快地从事该职业，且职业兴趣与人格之间存在很高的相关性。Holland认为人格可分为现实型、研究型、艺术型、社会型、企业型和常规型六种类型。

(1) 常规型：尊重权威和规章制度，喜欢有秩序的、安稳的生活。惯于按照计划和指导做事，按部就班，细心有条理。不习惯自己对事情作判断和决策，较少发挥想象力。没有强烈的野心，不喜欢冒险。

(2) 艺术型：热爱艺术，富于想象力、拥有很强的艺术创造力。乐于创造新颖、与众不同的成果，渴望表现个性，展现自己。做事理想化，追求完美。擅于用艺术形式来表现自己和表现社会。进行艺术创作或创新时，不喜欢受约束和限制。

(3) 实践型：喜欢使用工具或机械从事操作等动手性质的工作，动手能力强，通常喜欢亲自体验或实践理论和方法甚于与其他人讨论，一般不具有出众的交际能力，喜欢从事户外工作。

(4) 社会型：乐于助人和与人打交道，乐于处理人际关系。喜欢从事对他人进行传授、培训、帮助等方面的服务工作。愿意发挥自己的感染力和说服力引导别人。通常他们有社会责任心，热情、善于合作、善良、耐心，重视社会义务和社会道德。

(5) 研究型：喜欢理论研究，潜心于专业领域的创新和应用；喜欢探索未知领域，擅长使用逻辑分析和推理解决难题。不喜欢官僚式的管理行为过多地影响研究工作。

(6) 管理型：对其所能支配的各种资源能够进行有效的计划、组织、领导和控制。喜欢影响别人、敢于挑战，自信、有胆略、有抱负，沟通能力出色，擅长说服他人，追求声望、经济成就和社会地位。

五、技术支持

技术支持是后台人员对前台人员的一种支持。随着现代信息技术的发展以及在银行的运用，进行技术支持的人员显得越来越重要。内部营销的成功需要信息技术的支持，服务工作中信息的开发有利于员工提高工作效率。客户电子资料的建立和存储及与服务工作相关的信息处理和分析系统，都为员工的优质服务提供了工具支持。另外，有效的内部沟通可以减少部门间的摩擦，信息库的建立可以实现信息共享，减少重复工作，提高效率。

实例8-6　农行e-HR系统荣获"2014中国信息化成果最佳应用实践奖"

近日，在由国家工信部指导，中国电子信息产业发展研究院主办的"中国信息化成果大会"上，农行开发推广的新型人力资源信息化(e-HR)系统荣获"2014中国信息化成果最佳应用实践奖"。

农行e-HR系统是人力资源综合改革的基础工程和构建专业化人力资源运营管理体系的重要举措探索构建了"制度管理、流程控制和机器制约"相结合的人力资源服务管控模式，有力地提高了全行人力资源管理的规范化、信息化和精细化水平。

目前，e-HR系统已在总行和40家分行(学院)完成推广上线，实现了对员工"选、用、育、留、出"的全职业生命周期的管理，应用涵盖了机构、岗位、干部、员工、绩效、薪酬、招聘、合同、专技和监督等人力资源管理领域，系统用户达到了50多万人，已成为农行用户数最多、应用最广泛的管理信息系统之一，有力助推了农行人力资源信息化管理再上新台阶。

资料来源：http://www.abchina.com，2014-12-4.

第三节　金融企业内部营销体系的构建

内部营销理论的实质是强调企业将员工放在管理的中心地位，企业和员工有效的沟通以及为员工提供的令其满意的服务有利于员工认同企业的文化价值和企业文化，更好地为企业服务。内部营销体系的活动内容包括以下几方面。

■ 一、内部市场调研

服务链理论中，我们知道员工满意是客户满意的必要条件。了解员工的情感和需求是提高员工满意度和实施对员工的有效管理的前提。参照外部营销，内部营销的调研方法有实地观察法、一对一访谈、专题讨论、问卷调查等，用于建立员工档案，了解员工的基本情况、技能特长及情绪、信仰、价值观等，对企业的态度、对管理者的评价和期望、对内部服务质量的要求、对企业产品和服务的看法及建议等。

内部市场调研的目标市场不仅包括现有在职员工，甚至可以包括潜在的员工和离职的员工，这样才能真正了解职业市场的劳动力供求趋势、人才分布结构、薪资福利水平、期望的工作类型、职业发展方向及人才流动趋势等总体情况。

■ 二、内部市场细分

细分的前提是差异性和专业性，因为每位员工在受教育程度、人生经历上的不一致，导致了工作能力、心理和性格上存在着差别，因此企业需要把现代营销的市场细分理论应用于内部营销，把企业的内部市场像外部市场营销一样进行细分，认真了解员工的工作能力、心理类型和性格，根据员工不同的需要及情感特征，将其分为不同的群体，实施不同的管理方法、有针对性的激励方式和沟通策略，安排适合员工个性和专长的工作岗位，采取不同的营销组合，这样才能留住员工、保持员工满意、提升员工忠诚度并充分调动每位员工的主动性，使之为实现企业的目标而积极服务。

内部市场细分的变量较多，除员工个性、知识特点等心理、行为变量外，主要还有"员工在组织中所处的层次"及"员工与客户接触的程度"等。有两点需要特别指出：高层管理者既是内部营销的目标客户之一，也是内部营销的领导者和发起者，如果没有他们的认同，内部营销的理念很难得到全体员工的认同、接受，并融入企业文化且成为其中的一部分；同时，后台接触员工和支持性员工对创建、维护整个企业的"客户意识"和"服务文化"也发挥着重要作用。

实例8-7　中国工商银行培训发展——多层次、有重点的全员培训体系

按照人员类别细分培训对象，可以将全体员工划分为管理人员、专业人员、业务人员三大类别，分别开展需求调研，制定针对性培训计划方案，开发不同的培训项目，并开展相应效果评估。管理人员培训侧重提高其思想观念、政治素质、职业道德、管理能力和专业素养；专业人员培训侧重锻炼其专业能力、研究能力和创新能力；业务人员培训侧重强化其服务意识、职业技能和市场开拓能力。管理人员培训项目主要包括党校培训、国际化人才培训、中高级管理人才培训、"深港联动"培训和境内外短期培训等。专业人员培训项目主要包括专业资格认证培训、高级专业人才培训和新产品新业务培训等。业务人员培训主要包括客户经理培训、中年员工培训、一线柜员培训和新员工培训等。员工除参加岗位工作所需的培训项目外，还可根据自身兴趣参加各类讲座、周末课堂等多元化培训。2012年，全行共完成各类培训3.6万期(不含班后学习及晨训)，279万人次(不含班后学习及晨训)，人均受训约10.6天。

资料来源：中国工商银行官网.

■ 三、招聘教育和培训

不同的企业组织需要招聘不同类型的人才。企业与员工之间的相互匹配是开展内部营销的先决条件。因此，企业在招聘选拔人才时，可以采取笔试、面试等方式考察应聘者的专业技能、价值观、性格特征等，看是否满足公司的发展方向和公司对该职位的要求。对金融业这种服务性企业而言，最重要的是具有服务意识、良好的言行和态度。

在员工正式进入工作前，应当对员工进行培训，使员工能达到或进入理想的工作状态。除了对全体员工培训企业文化、企业目标战略以及行为准则等，对前台员工应增强他们的服务意识、人际技巧、产品或服务知识和业务技能，提高其对客户需求的响应能力；对后台人员，应侧重提高其技术技能、知识更新速度和工作的责任感。当员工在实践中出现错误时，提醒对方并就实践中出现的问题进行总结，帮助员工更好地适应工作岗位。

实例8-8 农业银行强化员工职业教育培训

近年来，农业银行党委全面贯彻落实中央干部教育培训工作会议精神，积极推进学习型、服务型、创新型银行建设，针对管理、专业、技能"三大序列"员工，围绕"四支队伍"建设和"十类人才"的培养目标，开展了大规模、多层次、宽领域、广覆盖的教育培训，为服务全行改革发展提供了重要的智力支持。

(1) 健全培训体制。为进一步整合培训资源，2013年6月，农行党委决定将下辖的天津、长春、武汉三所培训学院组建成农银大学。

(2) 完善管理机制。建立了从宏观培训战略规划到微观培训项目运作，涵盖培训规划、培训项目、培训考核、培训师资、培训院校、网络学院、培训经费等方面制度体系，使全行教育培训工作步入制度化、规范化、科学化的良性轨道。

(3) 分类设置项目。从管理层级、业务条线、岗位特点和工作职责出发，将全行员工分为八类培训对象，组织全行30个条线构建了各专业"四位一体"培训体系(包括培训需求模型、分类培训大纲、特色培训项目、核心课程体系)。

(4) 创新办学模式。在教学方式上，综合设计理论讲授、案例教学、专题研讨、岗位实践、网络培训等多种形式。

资料来源：http://www.abchina.com，2014-7-28.

■ 四、激励与认同

激励是企业采取适当的刺激方式，使员工发挥更高的工作水平，有更大的主动性和自觉性，往往一些不成功的企业就是因为没有有效利用各种奖惩办法。在短期，支付高于合理水平的工资是一种有效激励方式，长期而言，员工更希望获得持续的基于绩效表现的奖励。例如，金融企业可以在内部调研的基础上，根据员工需求，使用薪资福利、股权等利益激励手段以及授权、参与管理、建立建议制度等精神激励手段，实现对员工的个性化激励。

实例8-9 民生银行的商业化改革——建立激励机制

市场经济下的企业竞争，核心是人才的竞争，充分调动员工的积极性对于企业的健康发展至关重要。因此，一家企业能否建立起有效的激励机制，让全体员工愿意努力工作、创造价值，关系到企业的发展前景。从1999年起，民生银行积极建立现代商业银行的激励机制，"两率考核""等级行制度"和"三卡工程"等都是重要的激励机制创新。

1999年，民生银行董事会通过了以利润为中心的激励办法，并试行员工收入与利润增长挂钩。具体措施是：实行利润工资率与利润费用率"两率挂钩"，以"两率"推动创利，以"两率"控制成本；同时实行等级行制度，根据支行的利润贡献来决定支行行长的行员等级；另外还制定了以资产质量为中心内容的考核办法，防止出现短期行为和弄虚作假。"两率挂钩"办法的实施，将银行利益、股东利益和员工利益结合在一起，提高了员工创利的积极性。而"等级行制度"则避免了千军万马都想走行政职务这只独木桥，只要绩效好，支行行长的行员等级甚至会和分行行长一样高，收入甚至会比分行行长高。

在这种激励机制下，民生银行实现了跨越式发展，在2001年到2005年创造了总资产年复合增长超过70%、净利润年复合增长超过160%的奇迹。

资料来源：中国民生银行官网.

■ 五、授权

授权指为了能让基层员工作出正确的决定，赋予员工相应的权力和自主性，使其能控制与工作相关的情况并及时对可能出现的差错进行补救。[①]正确地运用授权，有助于减少员工的角色模糊和角色矛盾，增强员工的适应性和满意度，激发员工的自我实现愿望，最大限度发挥员工的才能。

金融业在为顾客提供服务时存在很多不确定性，需要员工有高度的创造性思维和随机应变能力，服务质量很大一部分取决于员工的工作经验和个人能力，这就需要企业加强对员工的授权。这样，一线员工在服务过程中，才能更好地对顾客需求和期望作出反应，能使员工提供更个性化、更加优质的服务。在授权时，一方面要防范一些人员过度用权和道德风险以及一些员工不敢用权，另一方面也要考虑成本，如员工的培训费用。一般适用于定制化程度高、技术含量高的服务，如投资银行等。[②]

■ 六、沟通

有效的沟通有利于员工准确理解公司决策，提高工作效率，高度拥护和支持企业目标；有利于管理人员了解问题的本质，更好地解决企业存在的隐患；有利于激励职工，形成健康、积极的企业文化。有效沟通的关键是渠道的有效性和信息发送者、接受者的理解。面对面沟通、会议沟通以及员工聚餐都是有效的方式，此外，现在很多金融企业都有自己的内部网站、内部期刊，这些也是有效的沟通方式。

对于企业内部来说，沟通一般分为横向沟通和纵向沟通。首先，员工要正确理解和接受管理者下达的命令和任务，双方可以通过正式或非正式形式沟通，沟通有利于工作正常进行和企业的运行。在服务过程中，服务质量和服务效率不仅取决于前台员工的服务态度和服务水平，还取决于后台工作人员的技术技能和其他部门的工作。因此，一线员工和其他部门的沟通和信息交流，有利于减少部门间因消息不通带来的摩擦，有利于消除企业承诺与兑现的差距，提高顾客的满意度和忠诚度。

---

① 安贺新. 服务营销管理[M]. 北京：化学工业出版社，2011.
② 杨米沙. 服务营销[M]. 广州：广东经济出版社，2005.

■ 七、团队和集体协作

金融业是一个服务行业，服务需要与人打交道，通常服务人员会感到烦躁、沮丧以及费神。内部营销是一个整体的管理过程，因此，维持服务人员动力的一个重要手段是团队合作。团队合作可以使前线人员从幕后工作人员那里获得更多的支持，可以提高人员的士气、满足感、成就感，缓解不良情绪，提高员工的服务热情；可以增加人员之间相互学习、相互鼓励的机会，有利于共同进步；可以提高信息在整个企业的流通速度，提高企业的整体效率。为了培养员工的团队协作精神，现在很多企业会定期组织员工集体旅游、做游戏等。

▦ 本章小结

金融企业服务人员在金融企业中扮演着相当重要的角色，他们对企业形象的树立和未来的长久发展起着关键作用。他们是服务的重要组成部分，是企业的形象代表，是企业的营销者。

服务链理论告诉我们，企业内部服务质量会影响员工的满意度，员工满意度会影响员工的忠诚度和生产效率，进而影响外部服务质量。外部服务质量会影响客户满意度，客户满意度直接影响客户忠诚度，最终推动和激发了企业的利润和成长。金融企业内部营销的对象是内部员工，目标在于培养有服务意识、工作积极的员工。

企业成功实施内部营销的前提有：建立顾客导向的内部营销战略，打造金融企业内部文化，有效的组织支持，合理的内部市场调研和内部市场细分以及技术支持。

内部营销的活动内容主要有：内部市场调研，内部市场细分，招聘、教育和培训，激励与认同，授权，沟通以及团队合作和集体协作。

▦ 思考题

1. 在金融营销中，金融服务人员的地位是什么？
2. 什么是服务利润链？试说明服务利润链理论在金融业的应用。
3. 什么是内部营销？其成功的前提有哪些？
4. 如何构建金融内部营销体系？

▦ 案例讨论

交通银行福建省分行营业部用"心"服务客户

"微笑发自内心，服务源于真诚，细节缔造温馨。"交通银行福建省分行营业部坚持用"心"服务客户。

注重细节 用心服务最贴心

"请问这个取号机怎么用？""我想取款啊，这个机器怎么用啊？"一位老人在交通银行福建省分行的营业厅里向大堂经理询问。据大堂经理介绍，这位老人家住西湖边，已经80多岁了。虽然住处附近有许多银行，但是多年来都舍近求远，乘坐公交车到交通银行福建省分行的营业厅办理业务。不仅如此，老人还介绍周围的朋友都来该网点办理业务。老人对此解释道："虽然我住的地方附近也有很多银行，但我觉得都没有这里的服务好。可能因为年纪大了，记性不好，总也学不会怎么用自动取款机，但是他们总是耐心地教我。大堂经理知道我有关节炎，走路一拐一拐的，每次她都会过来扶我去窗口。他们的服务真的非常周到和用心。"

交通银行福建省分行营业部周到的服务得益于规范的服务培训。通过每日互相点评、检查仪表，以此调动员工积极性，以最良好的状态迎接客户。每周举行例会对工作总结，并定期进行整套完善的服务培训，提升服务质量。在注重培养员工专业服务的同时，交通银行福建省分行营业部也在硬件设施上花了不少心思。饮水机上标注的换水日期，专为残疾人设置的绿色通道，表格填写区的老花镜、客户服务指南，等候区放置的报纸、杂志等。交通银行福建省分行营业部遵循"微笑服务"理念，持之以恒地为广大客户提供优质服务。

主动上门 人性化服务最暖心

2013年4月1日，马尾造船厂的工厂在下班之后罕见地排起了长龙，许多员工拿着身份证在车间里耐心等待着。原来，是交通银行福建省分行营业部的人员在车间为造船厂的员工们办理业务。

据此次带队的负责人张女士介绍，由于马尾造船厂与福州之间路途遥远，员工人数众多。交通银行福建省分行营业部为此组建了一支15人的营销团队连续10天赴马尾造船厂本部、平潭的利亚事业部和连江县的船政重工，利用下班时间为员工办理新卡激活、电子渠道签约、信用卡等多项业务，为造船厂员工提供了极大的便利。

"为了确保我们能够按时发工资，交行的团队成员不顾路途遥远，连续多日加班到深夜，他们的敬业精神和热情服务很令人敬佩。"马尾造船厂的一名管理人员如是说。

交通银行福建省分行营业部负责人林女士表示，"考虑到许多企业办理业务不方便，交通银行福建省分行营业部专门推出了'交行企业行'服务，对于一些像马尾造船厂这样位置偏远的企业，定期上门办理理财、办卡等金融服务。同时，也为一些老人及残障人士等需要关爱的人群提供上门服务，让他们能够享受更加便捷的服务。"

金融卫士 保卫财产最安心

"职业敏感善判断，专业过硬显身手；全程陪同化风险，精细服务解危机；巨额诈骗成功堵，客户称赞美名扬。"这六句话，见证了交通银行福建省分行营业部的柜员郑女士，帮助客户成功规避诈骗陷阱而挽回25万元巨额损失的生动事迹。

3月8日下午，一位50多岁的大妈非常着急、神色慌张地走进交通银行福建省分行营业厅，说是马上要汇款25万元。"她当时手上拿着电话，不停地询问收款人的姓名和卡号，电话里的人还要求她不要跟银行人员交流，汇款就好了。" 该行营业部当日值班柜员回忆道。见大妈汇款金额巨大，而且眼圈泛红，拥有丰富的银行从业经验的值班柜员当时觉得很不对头，扎实的专业服务功底告诉她，这其中似乎有隐情。于是，值班柜员立刻警觉起来，便善意地上去询问。

不曾想，大妈突然紧张起来，吞吞吐吐地说"汇给一个好朋友"，其他什么也不透漏。"她的户名填写得不对，卡号也有误差。"值班柜员觉得大妈很可能被骗了。这位员工的老公是一位警察，她平时常听老公说一些诈骗案例。于是，柜员一再提醒大妈，大妈这才向工作人员述说了事情的来龙去脉：原来顾女士接到一个自称是公安局的电话，对方对顾女士家境情况极其了解，通过讲述其收到违禁包裹开始，环环相扣，最后谎称其涉及犯罪，需缴纳25万元，否则将予以逮捕。顾女士独自一人留住榕城，无人商量，又见其有理有据，故慌乱中前来转账，幸得交通银行柜员及时阻止，才保住了顾女士的高达25万元的"养老金"。顾女士非常感动，特意送去锦旗以示感谢。

该网点负责人林女士表示，交通银行福建省分行营业部真正秉持为客户至上、用心服务的理念。用细心的服务体贴客户，用真诚的服务温暖客户，用机敏的服务让客户安心，为客户提供全方位优质服务。

资料来源：中国交通银行官网，2014-8-26.

案例讨论题：

1. 服务客户需要解决的最关键的问题是什么？
2. 金融机构应该如何提高服务人员的服务能力？

⠿ 推荐读物

安贺新，张宏彦. 商业银行营销实务[M]. 北京：清华大学出版社，2013.

⠿ 本章参考资料

1. 安贺新，张宏彦. 商业银行营销实务[M]. 北京：清华大学出版社，2013.
2. 安贺新. 服务营销管理[M]. 北京：化学工业出版社，2011.
3. 杨米沙. 服务营销[M]. 广州：广东经济出版社，2005.
4. 阳林，汤发良，李荣喜. 服务营销[M]. 北京：电子工业出版社，2008.
5. 李克芳，聂元昆. 服务营销学[M]. 北京：机械工业出版社，2012.
6. 张雪兰，黄斌. 金融营销学[M]. 北京：中国财政经济出版社，2014.
7. 万后芬. 金融营销学[M]. 北京：中国金融出版社，2011.
8. 克里斯托弗·洛夫洛克，约亨·沃茨，帕特里夏·周. 服务营销精要[M]. 李中等译. 北京：中国人民大学出版社，2009.

9. 周伟. 金融营销学[M]. 北京：电子工业出版社，2014.

10. 郭国庆. 服务营销管理[M]. 北京：中国人民大学出版社，2013.

11. 韩宗英，王玮薇. 金融服务营销[M]. 北京：化学工业出版社，2012.

12. 徐海洁. 商业银行服务营销[M]. 北京：中国金融出版社，2010.

13. 韩冀东. 服务营销[M]. 北京：中国人民大学出版社，2012.

14. 孙恒有. 服务营销实战[M]. 郑州：郑州大学出版社，2004.

15. 王永贵. 服务营销与管理[M]. 天津：南开大学出版社，2009.

第九章
金融服务过程管理策略

本章学习目标

- 掌握金融服务过程及管理的基本内容
- 了解金融服务的流程设计

本章主要概念

金融服务过程、三因素分类法、二维坐标分类法、服务蓝图法、生产线法

导入案例 招商银行私人银行业绩居首　立志成为高端客户"首选"

在各家私人银行跑马圈地拓展客户时，招商银行私人银行却以其卓越的财富管理能力，成为行业的佼佼者。2013年，国内私人银行业继续扩容。从日前各家商业银行所披露的年报来看，私人银行的客户数和管理金融资产规模均有所上升，有四家私人银行管理金融资产规模逾5000亿元。其中，招商银行私人银行业务成为行业中的领头羊，以管理金融资产规模5714亿元位列行业第一。面临着利率市场化的大方向和同行业的激烈竞争，招商银行私人银行负责人表示，将以专业的财富管理能力来扩大市场份额，致力于成为中国地区高端客户心目中的"最佳"和首选。

1. 招商银行开展综合性的金融服务

"国内的中资私人银行从起步发展至今，经历了三个阶段。第一阶段，私人银行从生活顾问向财富顾问转变；第二阶段，私人银行从关注为客户提供高收益的金融产品，向以客户为中心的资产组合配置优化升级；第三阶段，私人银行开展综合性的金融服务，为客户提供全方位的解决方案，包括家族信托、全权委托、公司金融和跨境资产配置等"。由于业内各家私人银行水平参差不齐，并非所有私人银行都能发展到第三阶段，多数还停留在比拼单一产品收益和增值服务这个层级。但是，招商银行私人银行却在境内市场中做了"第一个吃螃蟹的人"，于2013年5月实现了中国境内首单真正意义上的"家族财富传承信托"的正式签约。截至目前，签约客户已经近50户，管理总资产近10亿元，跟进的客户需求超过500个。

2. 开展公司金融业务

据《2013中国私人财富报告》调查结果显示，从职业角度来看，中国高净值人士仍然以企业主为主，达到60%左右，且在融资服务方面，高净值人士最希望获得个人融资和企业融资服务，个人融资需求的提及率达到63%。此外，在企业融资方面，接近30%的高净值人士希望财富管理机构提供资本市场融资服务，提高投资杠杆。因此，招行私人银行针对这一现状，提供了包括股债联合投资、融资融券和国内IPO服务等。

3. 维护客户关系，以增强客户粘性

实际上，招行私人银行不断丰富服务内容，提升财富管家的专业能力，其主要目的在于维护客户关系，以增强客户粘性。面临着利率市场化进程的逐步加快，商业银行存贷款息差的利润空间将缩小，这迫使银行将业务重心转向中间业务以增加收入来源。而私人银行和财富管理作为一项真正的中间业务，有望成为利率市场化来临后银行收入的中流砥柱。

资料来源：张芋月. 招商银行私人银行业绩居首　立志成为高端客户"首选"[N]. 上海证券报，2014-5-19.

第一节　金融服务过程及管理

一、金融服务过程

(一) 服务过程的内涵

1. 服务过程的含义

服务过程，简单来说就是服务的生产过程，具体包括服务的实际程序、机制和作业流程等，即服务提供的运作系统。

广义来看，金融机构所有的服务活动都可以看做是服务过程。具体来说，服务过程包括服务交付给客户的日程、任务、程序以及其他日常工作。随着服务过程的管理越来越受到了重视，金融机构可以通过重构服务过程的方式，改变服务交付的途径和效率。

2. 服务过程的特点

服务是一种过程消费，而不是一种结果消费。金融服务的提供与企业商品的提供不同之处在于金融机构服务的生产过程同时也是客户消费服务的过程。另外，金融服务无法储存，没有现成的服务，但是有现成的商品。因此，要想获得服务，客户通常需要参与到金融机构服务的生产过程中，并同时消费服务，如图9-1所示。

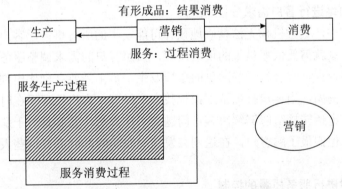

图9-1　有形产品、服务消费的本质及营销的作用

资料来源：(芬兰)克里斯汀·格罗鲁斯. 服务管理与营销[M]. 北京：电子工业出版社，2008.

(二) 研究金融服务过程策略的意义

在金融机构的营销过程中，对金融服务过程的把握非常重要。所以，研究服务过程策略有助于金融机构改进服务直销方式，充分合理地利用服务资源，提升客户满意度。

1. 推动金融机构进行服务流程的设计与管理

对服务过程策略的研究，可以使金融机构切实地明白，在不同类型的服务过程中，员工与客户分别扮演着什么样的角色，客户在服务过程中的参与程度，每一项服务有多少环节，服务的传递是否顺畅等。

2. 有利于发现服务管理的不足

金融机构通过对服务过程进行研究，可以发现服务过程的问题。例如，服务过程的缺失，服务步骤过多或过少，服务监督存在盲点，员工与客户接触方式不适宜，员工与员工之间缺乏沟通与协作等问题，在此基础上对服务过程进行改善，从而提升客户满意度。

3. 金融服务是无形服务的有形表达

由于无形服务不能触摸，不能被测试和试验，通常人们用语言来描述它。但是用语言描述服务的过程中，通常会产生模糊或者混乱。一方面，语言存在主观性和片面性，不能充分地描述完整和复杂的服务系统。另一方面，语言存在偏见性，员工在描述服务时往往忽略细节或服务中不熟悉的要素，这些问题最终会影响顾客的满意度。因此，研究金融服务流程的设计和管理有着重要的意义。

4. 有利于从顾客角度设计服务过程

由于服务生产和消费的同时性，顾客常常参与到服务中，与员工直接进行接触，已经成为服务生产的重要一部分。在服务过程中，充分发挥顾客的积极作用，如减少生产环节，简化操作程序，增加自助服务程序等，都有利于提高金融机构的服务能力，简化生产成本。因此，用来解决顾客在服务过程中的参与方式和程度的策略，也可以用来解决服务需求管理的问题。

(三) 员工在金融服务过程中的作用

1. 可以及时地进行客户需求分析

在服务过程中，金融机构无法精确地预计可能发生的所有事情，客户会随时提出新的金融需求，因此这就需要依赖员工的现场反应，按照客户的需求调整服务。实际上，在真实的服务过程中，也常常会有一些随机的事情发生，员工需要立刻作出判断，在最短的时间内解决问题。例如，当客户打电话到银行找客户经理，客户经理不在时，接线人员就必须立刻判断，将电话转接给能够解决客户问题的工作人员。尤其是对于那些与客户直接接触的银行员工，他们最了解客户，在遇到突发情况发生时，就需要这些人员迅速有效地作出反应。

2. 可以实时进行服务质量的控制

服务的结果取决于金融机构与客户之间的良好互动。特别是对于一线员工，即与客户直接接触的员工，他们直接参与到服务过程中，可以通过与客户的互动，实时地对服务质量进行控制。但这并不意味着仅仅有一线员工来承担服务过程中的责任，二线员工要配合一线员工的工作，保证服务质量，同时，管理者也需要对员工进行知识、技能和服务质量的培训，强化他们的服务意识。

■ 二、服务过程的分类

服务的内容和形式是多种多样的，因此在进行服务过程管理时，需要先对服务进行分类。由于服务种类和形式等的多样性，服务过程的差异也比较大。目前，比较普遍的分类方法为：三因素分类法和二维坐标分类法。

(一) 三因素分类法

三因素分类法是指分别按照服务流程差异度、服务作用客体及客户参与度来划分服务，如图9-2所示。

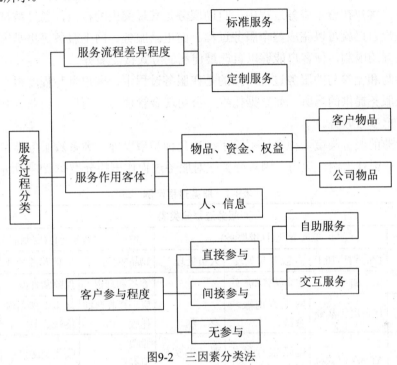

图9-2　三因素分类法

资料来源：(芬兰)克里斯汀·格罗鲁斯.服务管理与营销[M].北京：电子工业出版社，2008.

1. 按流程差异度分类

如果按金融机构服务流程差异度进行分类，那么可以将服务流程分为两类，分别为标准服务过程和定制服务过程。以银行为例，对于服务过程内容差异较小的银行业务，如存款、取款、汇款等简单的业务，员工每天要重复多次，适宜采用标准化服务流程，即为所有客户服务都运用相同的服务步骤并提供高度一致的服务。相对来说，对于服务内容差异度比较大的业务，银行应该使员工拥有更多的服务自主权，这样员工就可以更好地面对服务过程中复杂问题，提供客户所需要的个性化服务。

2. 按服务作用客体分类

一般来说，服务作用的客体可以分为两类，一类是物品、资金以及权益，一类是信息和人。第一客体中，涉及物品的还需要考虑物品的归属，因为这些物品可能是客户的物品，也可能使金融机构的物品。以银行为例，银行业务箱保管的就是属于客户的物品。第二类客体是非财产性的，例如金融机构的咨询业务，客户获得的是金融信息。

3. 按客户参与程度分类

按照客户在金融机构服务流程中参与流程的多少，可以把金融服务过程分为三类：客户直接参与的服务过程、客户间接参与的服务过程、客户无参与的服务过程。

客户直接参与的服务过程又分为交叉式服务和自助式服务。交互式服务是最常见的服务类型，很多金融机构的业务都要依赖客户与金融机构的交互影响，如在银行中，柜台的现金存取、办理开户等。而自助式服务是近年来金融机构业务发展的新模式，如使用ATM机办理业务。客户在整个服务过程中，自助服务是其最突出的特点，通过按键和触摸屏选择菜单，客户自己就可以完成整个服务过程。而电话服务、网上服务等更是突破了营业时间和地理位置的限制，使客户能够以自己最便利的方式接受服务。

间接参与和无参与的服务过程，指的是在服务过程中，客户参与程度很小，甚至客户没有出现在服务提供的场所，如票据托收、公司现金管理等。而保管箱业务则是一种比较典型的无客户参与服务。

金融行业的服务类型多种多样，除了少数几种类型以外，大多数服务类型基本都有所涉及。以商业银行为例，运用三因素分类法对服务过程作出的分类如表9-1所示。

表9-1　服务过程示例

服务过程分类表

项目		低差异化(标准服务)			高差异化(定制服务)		
		物品/财产加工	信息/形象处理	人员处理	物品/财产加工	信息/形象处理	人员处理
无顾客参与		保管箱	资金结算和汇兑		委托和理财	保险和理赔	
间接顾客参与		代理出售基金	网上查询账户余额		资金托收票据托收	现金管理系统终端	
直接顾客参与	自助服务	ATM存取款机	电话银行付款网上银行付款	服务的实施和布局	股票债券外汇买卖	收集金融产品信息	
	交互服务	现金服务	证券发行路演	投资常识和融资常识的普及	分期付款	理财方案的设计	投资项目培训、融资项目培训

(二) 二维坐标分类法

在平面坐标系中，以服务的定制化程度为横坐标，服务的复杂程度为纵坐标形成了一个坐标图，如图9-3所示。

横坐标表示定制化程度，在右半部分，客户需求的共性较多，可以提供标准化服务满足顾客需求；相对的，在左半部分中，顾客需求差异大，提供定制程度高的服务，可以进一步满足顾客较高层次的需要。纵坐标表示服务的复杂程度，下半部分的活动比较简单，一般顾客都能够做到，但是需要花费一定的时间和精力；上半部分表示服务的复杂程度越高，人员需要经过训练或需要一定投资，顾客缺乏一定的知识、技能和设备，比较难达到预期的服务效果。不同的服务类别对员工的服务接触方式和技能要求不同。

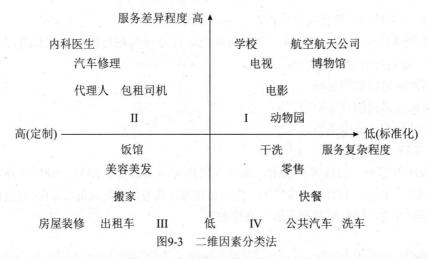

图9-3　二维因素分类法

在上图中，II象限对员工的专业技能要求比较高，且需要依靠比较复杂的设施和设备，因此需要对员工进行专门的训练。运用二维坐标对服务过程进行分类的方法，从不同角度揭示了服务活动的复杂程度，这种分类方法有助于服务流程的设计和管理。

三、金融机构服务过程的失误与补救

由于金融服务是一个生产和消费同步的过程，事前计划得再好的服务也可能无法达到理想的状态，在实际的过程中总会发生一些突发的问题。在金融机构为客户提供服务的过程中，不论哪一个环节出现问题，都会导致服务失误。一旦出现失误，客户的满意度就会大大降低。而且如果服务过程中出现的失误未能够得到重视和及时的补救，最终会影响金融机构的正常经营。

(一) 金融服务过程失误

金融服务过程失误指的是服务质量未能都达到客户期望的最低水平或未达到金融机构承诺或企业标准而使得顾客遭受损失的行为，它主要包括三种类型，分别是服务提交系统失误、对客户的需要和请求反应的失误以及员工的行为失误。

1. 服务提交系统失误

服务提交系统失误指的是服务机构提供的核心服务失误。主要包括：

(1) 没有可使用的服务。即通常可用但现在缺少的服务，例如银行由于某种原因系统出现失误不能办理贷款业务。

(2) 不合理的缓慢服务。客户认为服务提交和执行太慢，例如银行的员工办理业务的效率不高，导致客户排队等候时间过长。

(3) 其他核心服务失误。例如银行服务过程中，办理业务的速度和态度等都要符合顾客的要求，任何一个服务出现问题都会导致整个服务的失误。

2.对客户的需要和请求的失误

客户的需要既有明显的，又有隐含的。因此，服务营销人员应该准确识别客户需求，尤其要避免因为对客户隐含需要的错误反应而导致的服务失误。主要包括：

(1) 不能满足特殊需要和请求。金融机构应该注意顾客在习惯、心理和语言等特殊需求的反应，否则会引起服务失误。

(2) 不能满足顾客的偏好。

(3) 对顾客错误的反应不当。

(4) 对其他混乱反应不当。

3. 员工行为失误

(1) 未注意客户。忽视客户需求，始终表现出无所谓态度。例如，银行里办理业务的客户排着长队，银行却仅有一个窗口的工作人员在办理业务，而其他员工却在自娱自乐。

(2) 异常行动。例如辱骂和不适当的接触。

实例9-1	准贷记卡换卡未提示激活

　　王先生在中国农业银行某支行领取准贷记卡新卡后，欲通过个人网银操作该卡的转账业务，系统提示"卡已过期"。经客服系统查询，新卡尚未激活。客户对此不满，表示准贷记卡到期后网点未通知其换卡、换卡后网点未提示其激活，给其带来很大不便，强烈要求投诉。经与网点核实：因柜员操作上的失误，该卡当时确实没有被成功激活。经多次沟通，客户最终认可网点积极的处理态度，并前往网点办理了卡片激活。

资料来源：中国农业银行官网，2010-7.

(二) 金融服务过程失误的影响

　　当服务过程失误时，不同的客户对服务失误的忍耐度不同，如果客户在与金融服务接触的过程中感到不满，可能的表现具体有以下三类，如图9-4所示。

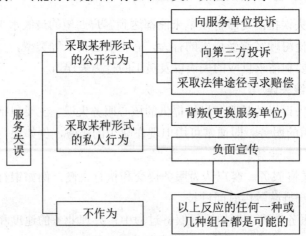

图9-4　客户对服务失误的反应选择

　　资料来源：克里斯托弗·洛夫洛克，约亨·沃茨著. 服务营销(第6版)[M]. 谢晓燕，赵伟韬译. 北京：中国人民大学出版社，2010.

1. 不作为

如果客户认为失误并没有造成明显的影响，或者客户表现出了宽容，那么客户就不会有明显的不满表示。但是在不作为的情况下，并不能够说明客户对服务失误的态度是不在乎的。如果服务失误情况多次发生或连续发生，客户就不会继续不作为。

2. 采取某种形式的私人行为

客户时常抱怨或者向第三者描述自己不愉快的服务经历等，如果金融服务失误多次出现，再加上补救不及时，客户就可能选择"背叛"，即更换开户银行。此外，此类事件如果经常发生，就会影响金融机构的声誉和社会形象，而且会导致客户流失。

3. 采取某种形式的公开行为

客户可以向金融机构或第三方投诉，采取法律措施寻求赔偿等。一般来说，客户首先会向金融机构有关人员或部门投诉，得不到解决后，如果客户还继续主张权利，则会向第三方投诉或者寻求法律途径来保障权益。

(三) 金融机构服务过程失误的原因

2002年的全美金融服务公司调查显示，客户对金融咨询不满的原因主要包括顾问的个人魅力不足，与客户沟通不足，对投资绩效不满，未能提供足够的信息或选择，没有明显明确客户的投资意向。结合金融机构的具体情况，格鲁罗斯曾分析影响服务成功的5个因素分别是组织障碍、系统和相关规定的障碍、与管理相关的障碍、与战略相关的战略以及决策障碍。以银行为例，可以把银行服务失败的原因归纳如下。

1. 服务战略及组织管理失误

如果银行没有一个清晰的服务概念，服务管理上就会出现混乱，管理者、一线员工以及二线员工都会感到无所适从。而且一旦在服务管理上缺乏战略远见，银行的服务就很难提升。如果银行在推行服务改革的过程中，只局限于对普通员工施加压力，而将高层管理者排除在考虑之外，就可能出现真正有权限的人没有服务责任，而有责任的人却没有足够的权限。

2. 银行人员服务与影响技能薄弱

银行人员，特别是一线人员的服务技能决定着服务传递的效率，他们的营销技能影响着客户对产品的接受度。由于一些银行员工业务不熟练导致出现差错，甚至给客户带来损失，这是投诉中常常出现的情况。另外，在现实工作中，有些银行的一线员工生硬的产品推销过程往往也会使客户感到困扰和不满。

实例9-2 　**老板不满银行服务态度　令员工排队每人存一元钱**

淮安市民张先生到银行办理业务时，因其不满银行工作人员态度，要求银行方面向他道歉未果后，一气之下，打电话让其手下10名员工到银行排队，每人办理存一元钱业务，开始时银行工作人员并没有办理张先生员工的业务，但看着排队的人越来越多，最后只好按张先生员工要求为他们每人逐一办理存款一元钱业务。

张先生说，他农行卡网银被锁了，网上提示说要到银行去更换客户证书。前天下午，他来到淮安城南农业银行办理这个业务，并将自己的卡和身份证给了一个女柜员。办理业务的女柜员说更换需十块钱。他很纳闷地问这个女柜员："我怎么记得以前办的时候是一块钱啊？"听到这句话，这名女柜员说："哪里一块钱，你去哪里办去！"这名柜员的态度让张先生很是生气，就问道："你的柜员号是多少？""没想到，该女柜员大发雷霆，把银行卡和身份证都扔给我，不给我办了，还对着我喊'我干吗告诉你我的柜员号！你问我柜员号干什么！'"张先生气愤地告诉记者，这名女柜员随即离开了柜台。后经过另外一位工作人员的协调，该女柜员终于将张先生的业务办妥了。但张先生要求这名女柜员就其恶劣态度向他道歉，在遭到拒绝后，张先生气不过，就准备自己排队存一块钱。但是没有人理会他的做法，也不给他办理业务。

资料来源：扬子晚报，2014-12-4.

3. 运行不良的系统和技术

银行的服务往往需要大量的信息支持和良好的技术支持，如果信息系统运行不顺畅或者服务的技术层面出现问题，都会极大地影响一线人员服务的效果，使得他们的服务承诺无法兑现，而且服务的稳定性和服务的效果也会遭到质疑。

4. 有效沟通不足

很多时候，服务中出现的矛盾和摩擦一般是由于一方或双方的误解造成的，这种误解产生的主要原因是银行人员与客户之间的有效沟通不足。如果客户只强调自己的需求，而银行员工只强调规则和制度，此时服务失败的出现就会变得不可避免。

5. 银行不能够满足客户的真实需求

客户的金融需求得不到满足的原因可能是多方面的。其一是因为客户没有能够准确地表达出相关的需求信息而使银行员工未能提供满意的金融服务；其二是因为银行的金融产品和服务达不到客户要求的标准；其三是因为银行的目标与客户需求之间的不一致，为了完成营销目标任务，有的银行人员会不顾客户的真实需求而推荐客户购买本不需要的金融产品等。

(四) 金融机构服务过程失误的补救措施

研究表明，服务失误后，如果金融机构作出了及时而有效的补救，那么客户的满意度反而会比没有遇到服务失误还要高。因此，有效的服务补救可以使坏事变成好事，重新塑造金融机构形象。

1. 建立职责明确的服务补救机制

在服务补救过程中，金融机构不同部门的人员有着不同的职责。一线人员应承担第一时间补救责任。服务补救具有现场性特点，金融机构应该授权一线员工在服务失误发生的现场进行及时的服务补救，而不是等待专门的人员赶来面对客户的抱怨。因为一线人员是直接接触的人员，他们最了解服务失误发生时的具体情况，有机会在服务问题发生后，第一时间进行补救。但由于一线员工有时候会受到工作权限和立场的限制，并不能够满足客户需求，此时二线员工在服务补救中就发挥着重要的作用，例如面对不同的服务人员时，客户抱怨的针对性就会变弱或者转为倾诉。因此，一个职责明确、目标明确的服务补救机制的建立是基础性的工作。

2. 为客户提供便捷的投诉渠道

通常，客户会先向机构内部管理人员或相关部门投诉，问题得不到解决时才会向第三方投诉。如果金融机构因为害怕面对投诉而不建立受理投诉的渠道，客户就只能寻求外部援助。但实际上，金融机构内部接到投诉的不良影响远远小于客户向外部投诉给金融机构造成的压力大。因此，金融机构应该为客户提供便捷和方便的投诉渠道，便于客户投诉。例如在机构内部设立专门的机构、人员处理投诉，并授予该部门一定的奖惩权限；在营业场所张贴投诉指导，发布诉讼流程；设置免费投诉电话，在营业场所公布投诉电话等。

3. 有效沟通

(1) 感谢投诉的心态

在与客户的沟通过程中，服务人员的心理和态度是十分重要的，甚至可以决定沟通的成败。如果金融机构的工作人员怀着对抗和敌视的心态，那么他在处理问题的过程中就会表现出不耐烦的情绪，甚至引发新的争执和矛盾。同样的，如果金融机构把客户投诉当作推进服务进步的动力，金融机构的管理者也把投诉当作是一个改进服务的契机，对投诉者提出的意见予以改进，那么就可以很大程度上扭转客户的不满，减少服务过程中的摩擦。

(2) 学会换位思考

金融机构的相关人员要学会换位思考，才能真正理解客户的需求。因此，投诉受理人员应当进行积极的心理建设，要反复对自己说："客户是来寻求帮助的，而我可以帮助他。"同样的，当听到客户遇到的问题时，也应当进行换位思考，试想自己是客户的情形。换位思考有助于员工更好地理解客户，在与客户沟通的过程中保持平和、客观的心态，从而更容易赢得客户的信赖。

4. 掌握服务补救的技巧

金融机构应该对员工进行专门的服务补救技巧培训，并在日常工作中重复强调服务补救的原则，使员工能够将这些原则和技巧运用到金融服务补救过程中。以银行服务补救过程为例，结合克里斯托弗的11条原则，具体如下。

(1) 行动迅速。时间是服务补救是否成功的关键要素之一。如果是在银行营业场所发生服务失误，一线人员应立即对客户的问题予以回应，即使不能及时解决，也应该立刻求助网点专门人员或管理人员。如果是其他渠道，如电话银行、网络银行发生服务失误，应限定一定的解决问题的时间，并向客户予以承诺，尽量满足客户的需求。

(2) 允许客户情感宣泄。发生失误时，面对客户的抱怨，员工应耐心倾听，充分尊重客户。

(3) 不要与客户争辩。发生失误时，有些工作人员会先和客户争辩谁是谁非，这样只会加深与客户之间的矛盾。在这种情况下，工作人员应该保持冷静，耐心与客户协商解决问题。

(4) 对客户表示理解。当客户发现自己的想法被认同时，他的抱怨目标在某种程度上就达到了，其不安和焦躁心理也能够得到平复。

(5) 澄清真相、梳理原因。员工不应与客户进行争辩，但并不意味着要模糊真相。相反，银行工作人员应在倾听客户描述的基础上，引导客户发现服务失误的真相。

(6) 允许客户质疑。并非所有的服务失误都是银行的错。但是，不顾客户的立场是否正确，都应允许客户质疑，让客户感觉到自己的需求即便没有得到满足也得到了足够的尊重。

(7) 提出解决问题的步骤。所有的补救措施最终的落脚点都是解决问题，如果问题确实出在银行一方，银行应向客户明确承诺解决问题的方法和步骤。

(8) 使客户知悉服务补救的进展。对于不能在第一时间及时补救的服务失误，银行应由专人向客户传递服务补救的进展信息，让客户感觉到银行在一直作出补救措施。

(9) 考虑提供赔偿。

(10) 坚持不懈地努力重获客户的好感。有时在服务补救过程中，会遇到客户一再的否定和拒绝，这将影响银行人员的服务信心以及与客户之间的关系。因此，银行人员需要不断解释和努力，排解客户的失望情绪，以使客户扭转对银行的不良印象。

(11) 自我检讨、优化服务系统。银行与客户之间是长期的合作关系，所以银行人员必须进行充分的检讨才能够发现服务系统中存在的问题，找到解决的方法，杜绝此类事件的再次发生。

实例9-3　工商银行邯郸新国际支行再学服务典型案例提升服务质量

为帮助员工增强服务技能，进一步提升网点现场服务水平，近日，工行邯郸新国际支行利用晨会时间，再次组织员工学习《网点现场服务典型案例集》、总行《关于陕西分行营业部纺建路支行发生恶性服务事件的通报》、省银协《关于做好个人客户金融服务工作的提示》，并组织讨论，借以提升员工服务意识，改进服务质量。

一是积极动员，提高思想认识。分别召开行长办公室、行务会对服务工作进行总动员，并利用每日晨会传达上级行服务精神及有关要求。

二是周密安排，组织开展讨论。组织中层管理人员、专业业务骨干、网点负责人、现场管理人员、大堂经理、客户经理和员工代表，参与到相关服务文件学习培训和讨论活动中。

三是认真履职，确保落实到位。严格履行支行行长、主管行长核网点负责人的管理职责，加强业务工作学习，增强业务规范操作的能力和意识；加强对员工行为、制度执行的管理与控制。实行行长负责制，建立健全各项内控制度，全面规范部门工作秩序。严格执行岗位责任制，落实检查监督责任，规范柜员操作行为，及时发现、制止和纠正违章违纪行为，加强事中控制环节。充分发挥营业经理、业务主办对营业网点的事中控制和事后检查作用，并针对业务检查监督中出现的情况和问题，不断改进方法，提高检查工作的质量和效率。从而形成自上而下履职畅通、严格操作流程的合规经营氛围，以进一步提升网点现场服务水平。

资料来源：第一金融，2014-6-13.

■ 四、金融服务过程的改进

金融服务过程可以从复杂性(Complexity)和歧异性(Divergence)两个方面来进行考虑。复杂性指的是构成金融机构服务过程的步骤和次序的多少，而歧异性指的是关于金融机构服务执行的范围或步骤、次序的可变性。从服务过程的复杂性和歧异性两个方面进行分析，可以对金融业务重新进行分类。

为了达到完善管理过程以及提高服务质量的目标，金融机构可以通过改变服务过程的复杂性和歧异性加强或改变服务定位。根据服务过程的复杂性和歧异性，金融机构服务过程的改进方式有四种，分别为增加复杂性、减少复杂性、增加歧异性和减少歧异性。

(一) 增加复杂性

增加复杂性指的是金融机构通过增加服务步骤来达到改善经营管理或提供高层次服务的目的。增加服务过程的复杂性，不仅可以使金融机构对业务的审查时间增加，而且其业务处理过程更加慎重，这样的服务过程改进适用于需要更多地考虑风险管理的业务，如贷款的发放与管理等典型的业务。

20世纪90年代末，中国的金融业尤其是银行业暴露出了严重的不良贷款问题，究其原因主要是由于贷款业务办理环节过少，经办人员权限过大，贷款发放缺乏制约。某些银行在贷款管理的一些关键点上甚至处于真空状态，贷款发放之后就不再过问，以至于贷款企业已经重组、改制，放款银行却一无所知。面对这些问题，金融监管部门出台了相关法律法规，要求金融机构在贷款业务管理中必须例行"贷款三查"，即贷前检查、贷时检查和贷后检查。各大金融机构，如银行业、保险业也增加了贷款业务审查以及后续跟踪管理环节，提高了对金融业资金安全性的关注。

由于增加复杂性可以增强风险控制，为客户提供更完善的服务。因此，在开展金融服务的过程中，例如在理财产品营销时，在营业机构配备理财客户经理，专门为客户理财咨询和理财规划计划，加强对理财产品的介绍和对客户的金融理财教育以进一步增加服务环节，从而可以更好地保证服务质量和推进营销工作。但是许多金融机构在拓展理财业务市场的同时，由于步骤的增加，会使业务办理时间变长。在这种情况下，对于更注重服务快捷性的客户来说，可能会感到一些不适应。

实例9-4　　　　　**工行做深做细现代服务业金融服务**

据统计，截至2014年6月末，工行在现代服务业领域投放的贷款余额已近1.5万亿，较2014年年初增长11.17%，服务企业客户约5万户，有力地支持了现代服务业的健康发展。据了解，2008年以来工行就将现代服务业作为信贷支持的重点领域，不断加强对该领域的市场分析和行业研究，促进产业结构优化升级。

针对现代服务业的子行业范围广泛、金融需求多样的特点，工行积极根据不同类型的产业领域和客户类型，结合企业各自的经营特点和需求特征量身定制解决方案，形成了特色产品体系，为各类现代服务业企业提供创新型、个性化的融资支持。例如，针对服务业产业龙头企业，提供贷款、供应链融资、债券发行、理财融资、财务顾问等间接和直接融资渠道；针对服务业中小企业提供高效便利的小微贷款以及中小企业集合债等优质的信贷支持，有力促进了批发零售、商务服务、酒店餐饮、现代物流、教育服务、医疗服务和旅游服务等一大批现代服务业企业的发展。同时，工行还紧密结合市场及企业需求的最新变化，积极创新拓展现代服务业金融服务模式，延伸服务内涵，不断将服务做深做细。

资料来源：华西都市报，2014-8-29.

（二）减少复杂性

减少复杂性指的是金融机构通过省略服务过程中的某些步骤和活动，从而使服务传递和控制更加容易。

金融机构在服务过程中省略某些环节和步骤所带来的成效是很明显的。服务步骤的减少，一方面可以使服务时间缩短，从而提高服务效率；另一方面可以减少资源占用，从而降低成本。另外，服务环节和步骤的减少后，与之相关的管理环节也会减少，金融机构的管理环节得到了提升。对于一般的业务，服务的环节和步骤越少，客户得到的便利就越多。因此，这类服务的重点是提高效率的同时提升顾客的满意度。例如，摩根大银行为了提高效率，对私人银行业务进行了很大程度的简化。改进前，在该银行开设私人银行账户时，银行至少需要看6个文件，还要经过多次签名才能完成开户手续。改进后，客户只需要填写一张表格，签一次名即可完成开户。

但是减少服务过程的复杂性有时候也会存在弊端，因为减少的服务过程可能是吸引某些客户的重要环节，这些环节的减少反而可能会使部分客户流失。例如，在一些相对复杂的理财产品营销中，如果减少了理财产品的介绍环节，那么可能会使客户质疑银行人员的专业素养和产品本身的可靠性，从而拒绝购买该产品。

（三）增加歧异性

增加歧异性指的是包括更多的个性化服务以及服务价格的灵活性。增加歧异性可以使金融机构为客户提供多样化和个性化的服务。对于金融需求较高的客户和有特殊金融需求的客户，这样的服务过程改进能够提高其满意度。但是增加歧异性也可能会给一些客户带来不便。对于某些客户来讲，服务过程中歧异性的增加所带来的更多的选择，可能会使客户面对如何进行金融消费决策的困惑。由于客户的差异性，金融机构应该选择合适的客户进行引导。另外，服务过程中歧异性的增加意味着金融机构的员工提供服务的权限增加了，所以也同时要求制定相关的管理政策与之相结合。

实例9-5 台湾银行业者抢占压岁钱商机 儿童账户受热捧

台湾银行业者战场正从大人的世界向下延伸至孩子身上，根据统计，目前至少有5家银行推出儿童账户，在春节后抢占"压岁钱商机"。

银行业者表示，春节期间，孩子会领到一笔可观的压岁钱，除了拿红包购买喜欢的玩具或物品适当消费外，家长也可借机教育孩子了解理财的重要性；银行建议，家长可利用儿童账户替孩子管理压岁钱，并教导孩子基本的理财观念。

资料来源：中国新闻网，2015-3-2.

(四) 减少歧异性

减少歧异性指的是通过生产更为一致的服务，从而提高服务的可行性。

减少歧异性可以为金融机构带来许多好处，包括降低成本，提高工作效率，使服务传递更为简单。有些客户对金融机构的业务需求比较高，尤其是对于一些时间宝贵的大客户来说，他们需要的是方便、快捷的服务，并且希望在短时间内得到金融需求的满足。因此，对于那些想要节省时间但是不太在意服务多样化的客户来说，改进服务、减少歧异性，可以提高他们的顾客满意度。例如，有些银行开发了功能各异、外形各异的多种银行卡，银行员工向客户营销时就需要分别介绍从而使客户作出选择。而招商银行实行"一卡通"，集定期、活期、多储蓄、多币种、多功能于一卡，多次被评为消费者喜爱的银行卡品牌。

但减少歧异性的服务改进也可能带来不利影响。因为服务的高度标准化可能会让某些客户感到没有选择的余地。对于那些追求服务的多样化和个性化的客户以及有特殊需求的客户来说，这样的服务改进可能会降低顾客满意度。

知识链接9-1　　　　　　　　　　　**IBFX**

IBFX为 InterBank FX 的简写，也称"银特贝克"，由Todd Crossland于2001年成立，其总部位于美国犹他州盐湖城，是一家在线外汇交易服务提供商，提供个体经纪人、基金经理、机构客户专有技术以及用于在线交易即期外汇的工具。IBFX为客户提供智能MT4交易平台，主要货币对点差1.8～2.5点，黄金3.8～4.8，杠杆1：100，1：200，1：400，客户自己可以选择。

2004年12月23日，IBFX获得美国国家期货协会会员资格和期货佣金商(FCM)资格。IBFX由美国商品期货交易委员会(CFTC)管理，同时也是美国国家期货协会(NFA)成员。IBFX的交易产品主要包括如下几种。

(1) 外汇：美元对人民币(离岸人民币)，欧元/美元、欧元/日元、欧元/纽元、英镑/美元、美元/日元、美元/加元等。

(2) 黄金白银等贵金属：伦敦金、铂金、银、铜等贵金属交易。

(3) 原油和大豆，糖等：德克萨斯原油、杜伦特原油。

(4) 指数期货：美元指数USDOLLAR，香港恒生指数、道琼斯工业指数、伦敦富时100、标准普尔500、德国法兰克福指数、法国CAC-40指数、欧盟50指数、日经指数、香港恒生国企指数、ASX 200指数、瑞典股票30等。

第二节　金融服务流程设计

根据统计数据表明，对于一项新产品来说，随着科学技术的发展，在5年后仅有约56%的服务和产品还在市场上销售，这表明了好的服务和产品需要不断地对流程进行开发和设计。流程是由一个或一系列连续有规律的行动构成的，这些行动以确定的方式发生，并且会导致特定的结果。美国服务营销学家斯蒂文·阿布里奇指出，服务流程指的是客户享受到的，由服务组织在每个服务步骤和环节上为客户提供的一系列服务的总和。在一个良好的服务运行中，服务流程的设计非常重要，有效的服务流程往往会给金融机构带来更高的工作效率，赢得客户满意度。服务流程的设计有多种办法，主要包括服务蓝图法、生产线法等，金融机构可以结合自身的特点选择适合的服务流程设计方法。

一、服务蓝图法

(一) 服务蓝图法的构成

服务蓝图法在服务流程设计中有着十分广泛的运用。20世纪80年代，美国几位学者将工业设计、决策学、计算机图形学等多个学科的有关技术引入了服务流程设计中，为服务蓝图法的出现奠定了基础。

服务蓝图指的是用来表示服务流程的图表，即由一系列感知与满足顾客需求的有序活动组成的描述服务传递过程的"地图"。服务蓝图的主要构成包括4个区域和3条界线。4个区域分别是客户活动区域、前台接待人员活动区域、后台员工活动区域以及支持性活动区域四个部分。这4个区域被3条界线分开，这三条界线分别是互动分界线、可视分界线、内部互动分界线。另外，服务蓝图中还有服务联系线，即蓝图中的纵向连线，具体的如下图9-5所示。

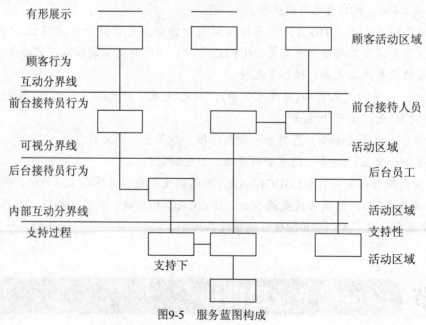

图9-5 服务蓝图构成

资料来源：瓦拉瑞尔·A.泽丝曼尔，玛丽·乔·比特纳.服务营销(第三版)[M].北京：机械工业出版社，2002.

由上图可知，服务蓝图最上方的是有形展示。例如，金融机构将营业场所设计成开放式格局，以直接面对面交流方式接待来访的贷款顾客等。在金融机构服务过程中，由4个区域的活动构成，它们分别包括以下内容。

1. 客户行为

它指的是客户消费过程中的步骤、选择、行动、互动、评价等。例如，在购买基金时，客户行为包括决定到某银行购买基金、向大堂经理询问、与业务经理面谈、选择购买基金的种类、在营业窗口办理基金开户以及购买交易、收到协议书等。

2. 前台接待人员行为

它指的是与客户直接接触的一线人员的服务活动。在日常业务活动中，顾客经常看到的和接触频繁的是前台员工行为，如为客户开立账户、办理银行卡、现金支付、兑换零钱，受理支票等。大堂经理的日常工作包括维持营业网点秩序、提供客户咨询以及指导客户填写单据等。

3. 后台接待人员行为

它指的是不与客户直接接触而对前台人员服务进行支持的员工所进行的业务活动。例如，在进行汽车贷款时，对客户资信和贷款资料进行审核、评估和决策等，这些工作就必须由后台员工来承担。

4. 支持性活动

支持性活动是指在金融机构内部支持前台和后台员工的内部服务活动。以银行的信息技术部门为例，银行的前台、后台业务所使用的计算机系统平台都要由该部门进行开发和维护。

上述四种主要行为区域被三条分界线分开，这三条分界线分别起着十分重要的作用。互动分界线表示顾客与组织之间直接的互动，如果有一条垂直线穿过此线，那么就表示发生了直接接触。可视分界线是前台与后台员工活动区域的工作分界线，它表示是否为顾客提供了很多可视服务，同时把顾客能看到的或不能看到的服务行为区别开来。在服务蓝图中，位于可视线下方的区域是客户接触不到的区域，相反，位于可视线上方的区域是客户可以接触的区域。内部互动线一方面把顾客服务人员和支持他们的其他人员区别开来，另一方面把后台活动区域和支持性活动区域区分开来。如果垂直线穿过内部互动线，则表明发生了内部服务接触。

(二) 服务蓝图法对金融服务管理的作用

将服务蓝图法引入金融服务过程管理有着重要的意义，这种方法可以在很多方面改善服务管理。

1. 服务蓝图有利于实现无形服务的有形化

金融机构服务的无形性一直是服务管理困难的一个重要原因，通过语言对服务进行表述，可能存在疏漏、表达模糊等问题。因此通过绘制服务蓝图，使银行服务的流程有形化，提高了对服务认识的清晰度，实现了服务的有形化。例如，3条分界线的引入使各部门员工的职责和活动区域更加分明。

2. 服务蓝图有利于实现对服务流程的全景描绘

服务蓝图法的绘制分别概括了金融机构所有人员的活动，为金融机构提供了一个对服务系统的全景描绘。它包括整个机构服务新体系的人员、功能以及客户行为。另外，也充分揭示了机构中各个部门在服务系统中的作用。

3. 服务蓝图有利于把握服务的接触点，提升服务过程

在服务蓝图中，服务接触点指的是互动分界线与服务联系线的交点，顾客活动与前台服务人员的两侧分别是顾客的行为和一线员工的行为。每一个服务接触点代表着客户与银行前台人员的接触，在这些接触点上双方形成互动，而且此时客户与银行人员也最为接近。对服务接触点的揭示，不仅可以使金融机构更加全面地了解到在哪些服务环节上客户对服务的感知最深刻，而且对于在这些接触点上的服务管理，能够有效地提升客户的满意度。

4. 服务蓝图是制定金融服务战略的重要依据

服务蓝图描述了服务环节、服务联系和程序等服务链上的内容，而服务链是制定服务战略的重要依据。因此，了解服务链上各个服务环节的成本以及各种服务之间的联系，一方面有助于金融机构找到成本不合理的服务环节，从而有助于制定成本优先的竞争性战略，另一方面了解服务链上各个服务环节以及整个程序的优势和劣势便于金融机构找到自己的核心竞争优势，从而有利于制定出差异化竞争战略。

5. 服务蓝图有利于发现服务的失误点

在金融机构服务管理中引入服务蓝图，一方面可以更加清晰地认识服务环节，为管理者提供系统性信息，另一方面也可以使管理者及时发现服务流程设计中存在的薄弱环节，从而及时对服务失误点进行改进。

6. 服务蓝图有利于优化内部营销过程

服务蓝图中有一条内部互动线，这条线与纵向连线的交点是内部服务的提供者与内部客户的内部服务接触点。对服务蓝图的分析，可以使金融机构认识到这些接触点的分布，更好地为内部员工提供有效的内部服务。

(三) 金融机构服务蓝图的制作步骤

服务蓝图的制作步骤通常有6步，分别是确认服务内容和服务流程，认识目标市场顾客对服务的需求，从顾客的角度绘制服务过程，描述前台与后台员工的行为，把顾客行为和服务人员行为与支持功能联系起来以及在每个行为步骤上加上有形展示，如图9-6所示。

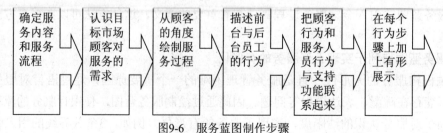

图9-6 服务蓝图制作步骤

1. 确认服务内容和服务流程

绘制金融机构服务蓝图，首先要确认服务内容与流程。明确服务内容是设计服务流程图的前提。因此，金融机构需要先了解服务传递由多少个步骤构成，然后需要明确每一步骤中具体的服务内容分别是什么，然后在此基础上描绘出简单的示意图。

2. 认识目标市场顾客对服务的需求

每个细分市场顾客的需求不同，产品或者服务流程图应该尽可能地准确反映出这些差异。当一个服务蓝图不能够满足不同顾客群的服务时，就需要分别单独制作；当发现蓝图中存在不必要的步骤，则应该对其进行删除，绘制出初步的蓝图。

3. 从顾客的角度绘制服务过程

顾客在服务流程设计中发挥着至关重要的作用。因此，要准确识别出谁是顾客。如果是内部顾客，那么顾客就是提供服务的员工。在顾客服务过程中，仔细观察和调查研究的感受，认真推敲服务的每一个阶段和细节。

4. 描述前台与后台员工的行为

首先画出互动线和可视线，尤其是注意员工与客户的接触点，然后从顾客和服务人员的角度把前、后台服务区别开来。另外，在进行技术传递服务或者需要结合技术和人力传递时，可视线的上方还需要绘制出技术界面所需要的行动。

5. 把顾客行为和服务人员行为与支持功能联系起来

先画出内部互动线，随后就可以识别出内部支持职能部门和服务人员行为之间存在的联系。在这一过程中，揭示了内部行为对顾客的直接或间接影响。如果从内部服务过程与顾客关联的角度出发，顾客经历与主要内部支持服务的关联并不明显，那么该过程中的某些步骤就可以忽略。

6. 在每个行为步骤上加上有形展示

最后在服务蓝图上加上有形展示，即顾客看到的以及每个步骤中得到的有形物质，包括服务过程的照片、幻灯片或形象蓝图等。这些有形展示在服务蓝图的制作中发挥着重要的作用，因为它能够帮助分析与整体步骤和服务定位的一致性。

(四) 服务蓝图示例

实例9-6　　招商银行远程银行客服标准化流程化运营实践

2013年，招行远程银行中心引入了SOP标准作业程序(Standard Operation Procedure)理念和方法，同时深入研究了六西格玛的方法论和精益管理的原理，总结提炼出了有利于提升远程银行业务差异化服务，实现大规模集中运营下标准统一、运作高效、规范安全的适合远程金融服务的SOP标准作业程序体系理念和推进方法，具体如下图所示。

同时为了让流程执行的员工能够更直观、更清晰、更完整地看到SOP标准作业程序的所有相关要求，中心还特别设计了以流程图示法为核心，集流程基本信息、品质要求、知识要点、经验要点、持续管理机制为一体的标准"作业指导书"模版。为检验其有效性，中心运用标准差、离散系数、因果矩阵分析等工具，按照业务的发生频率、复杂程度、重要性、差错率、稳定度等几个方面对现有所有交易和办理类业务进行了全面评估筛选，并通过以下步骤完成了相关业务的试行研究。

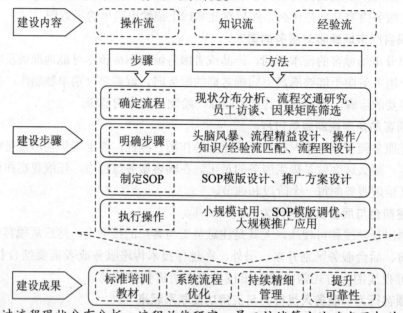

(1) 通过流程现状分布分析、流程效能研究、员工访谈等方法确定了相关业务的主要流程步骤。

(2) 通过头脑风暴、流程精益设计、关键控制点分析，结合操作流/知识流/经验流逐一匹配对应关系，完成了复合SOP作业流程图的优化设计，并梳理出知识要点和经验要点，确定了流程操作时长标准和品质要求。

(3) 将设计好的复合SOP流程、流程基本信息、相关品质标准、知识要点、经验要点嵌入标准作业指导书模板中，设计培训推广方案，组织业务室小规模(10～20人)员工实施培训，进行小规模试用。

(4) 跟踪小规模试用效果，对复合SOP流程和作业指导书进行调整优化，确定最终普遍应用版本，推广应用到业务室全员，并通过培训辅导和持续跟踪检验的方式，确保全员摒弃旧习惯，熟练掌握应用复合SOP标准作业程序。

资料来源：招商银行官网，2014-1-14.

■ 二、生产线法

(一) 生产线法的含义

生产线法(the Product Line Approach)是把企业生产管理思想引入服务流程管理的一种方法。在生产企业，工人在生产流水线中的各个环节上完成规定的操作行为，分工大大地提高了生产效率。霍夫曼认为，在服务流程管理中，生产线是把硬件技术和软件技术同时应用于服务操作的前台和后台。硬件技术指的是提供标准化服务的硬件设备，软件技术指的是提供标准化服务所必须遵循的规定、管理和程序。生产法主要适用于差异程度低、操作简单的服务过程，其目的旨在为客户提供标准化以及程序化的服务。例如，金融业证券业的股票交易、银行的存取款业务、资金划转汇兑和保险业中保费的分期支付等都属于生产线法。

(二) 金融机构生产线法的特点

生产线法主要从标准化、系统化的观点出发，将小规模、个人化、无定行的服务系统改造为大规模、标准化、较稳定的服务系统，从而实现提高服务的效率和质量。生产线法的特点主要如下。

1. 服务标准化

在生产线法中，各个环节的人员只能严格按照规定来进行操作，在这种情况下，金融机构对外提供的服务是高度一致的，通过服务的标准化来保证服务质量是稳定的。另外，生产线法对服务产品本身重新进行分析，减少了其中的可变因素，使之趋向标准化，为客户提供稳定、一致的服务。

2. 系统标准化

生产线法认真分析服务运营的各个阶段，在适当的地方采用机械和自动化设备来代替人员密集型，可以提高标准化程度和效率，减少人为导致的差错。

3. 一致的服务带来高效率

生产线法强调将整个服务任务分解成一个又一个简单的步骤，因此需要将每一个岗位人员的职责明确而细化，并且不断重复同样的活动，因而很容易使员工积累专业技能，从而达到提高服务效率的目的。

4. 便于管理

生产线法一般通过限制金融机构服务的种类、数量，减少服务的复杂性和歧异性。由于服务的质量、数量以及过程变化性小，员工自助处理问题的权限也受到了一定的约束，所以服务过程中的变数就会减少，金融机构不需要考虑太多服务过程中可能出现的随机事件。

(三) 金融机构生产线法的制作步骤

生产法的制作步骤通常有4步，分别是简化工作任务、明确人员的分工、充分利用机器设备以及将工作内容进行标准化。

1. 简化工作任务

生产线法要求服务的步骤明确而简单，要在金融机构服务流程设计中贯彻生产线法，第一步就要简化服务流程，对于某些过于复杂的服务不适合流水作业式的服务生产模式。

2. 明确人员的分工

金融机构运用生产线法时，需要将员工视为生产线上的操作者，那么就必须明确人员分工，尽量使得不同工作岗位工作的边界清晰，这样就可以减少因职责模糊而造成的问题，从而提高服务生产的效率。

3. 充分利用机器设备

不同的服务人员的操作行为往往会存在偏差，因为即使同一个员工也很难做到每一次业务处理在时间上和效率上完全保持一致，但是硬件设备却具备高度的稳定性。例如，两个银行柜员的点钞手法和速度不可能完全一样，但是同一型号的点钞机的运作手法和效率可以视为是完全一致的。因此，用设备代替服务人员的工作可以提高服务质量的一致性。

实例9-7　　　　工行8万台ATM便捷服务客户

近年来，中国工商银行积极响应客户的金融服务需求，持续加大自动柜员机(ATM)等自助机具的投放力度，并通过优化设备功能、加强运营管理和机具维护等措施不断提升服务品质，努力为广大客户提供安全方便快捷的自助金融服务。截至2013年年末，工行投入服务的ATM总量已超过8万台，其中当年新增近1.5万台。同时，工行ATM的服务能力和使用效率进一步提升，2013年客户通过工行ATM完成的金融交易超过75亿笔，比2012年增加10亿笔，增幅达15.5%；总交易金额8.63万亿元，比2012年增加1.95万亿元，增幅近三成。

从新投放ATM的地域分布上看，工行一方面加大了在居民小区、繁华商业区、专业商品市场、旅游景点等自助需求旺盛区域的机具投放；另一方面着力加大了在县域地区的投放力度，目前在县域地区布放的自动柜员机数量已达到2.8万台，进一步延伸了金融服务的覆盖范围。

从经营业态上看，工行依托庞大的ATM服务网络积极推动自助银行建设，不断地提升自助服务品质。目前，除传统的自动取款机、自动存取款机外，工行自助银行还提供查询缴费机、补登折机、转账汇款机、快捷发卡机等多种类型的自助终端，为客户提供查询、账户管理、转账汇款、缴费、存取款、理财、预填单申请等多种金融服务以及养老金、社保、银联在线支付、银医服务等民生相关服务，覆盖百姓生活的方方面面。

资料来源：经济日报，2014-1-10.

4. 将工作内容进行标准化

首先，金融机构要建立系统的服务制度，将员工的服务职责和奖惩机制进行明确的规定；其次，要对服务的方式、范围、时间、地点和步骤等多个方面的具体内容进行细化，并要求员工在服务过程中严格遵守。例如，银行统一了文明用语，并且规定员工在迎送客户、接听电话时需要使用该银行的规定用语。

(四) 金融机构生产线法的运用

以银行为例，运用生产线法可以大大地减少服务过程中的偏差，也可以使得服务流程更加精细和准确。信息技术的广泛运用，使一些银行服务可以更好地借助设备完成，从而为客户提供高度一致的服务。但另一方面，由于ATM提供的服务就像生产线上被生产出来的一样具备高度一致性，多数银行都对ATM的具体运作流程作出了严格的规范，具体的包括每日取款不得超过几次，每笔不得超过多少元，密码输入错误几次该日会将该账户进行冻结，出钞后客户需在几秒内取走钱等。

实例9-8　工行荣膺环球金融2013年中国之星"最佳供应链金融"奖

2013年11月19日，美国环球金融杂志在北京金融街威斯汀酒店举行了2013年中国之星颁奖典礼，工行荣膺2013年中国之星"最佳供应链金融"奖项，以表彰工行近年来在供应链金融领域作出的卓越贡献。

近年来，工行加快了向供应链金融转型发展的步伐，供应链金融服务从单一的产品销售向为客户提供专业化的综合解决方案转变，从单一环节的贸易融资向内外贸一体化的多环节、全过程的链融资模式转变，业务规模不断扩大、服务领域不断拓展、专业化程度逐渐提升。工行内外供应链融资业务覆盖了线上、线下，水平型、垂直型等多类供应链，已初步形成了多产品、多渠道的供应链金融服务模式。

资料来源：人民网，2013-12-6.

知识链接9-2　　　　　　苏格兰皇家银行

苏格兰皇家银行集团股份有限公司(The Royal Bank of Scotland Group Public Limited Company)，简称为RBS，建于1727年，总部设在英国的爱丁堡，是欧洲领先的金融服务集团，也是英国最大的银行，其业务遍及英国和世界各地。该银行在英国的法人、个人及海外银行业中排名第一，在零售银行业及私人汽车保险业中排名第二。

苏格兰皇家银行是英国最古老的商业银行之一。经过自身不断的发展和收购，到1969年，苏格兰皇家银行成为拥有700家分行、40%当地市场份额的英国苏格兰地区的最大银行。在2000年以前，苏格兰皇家银行还是一个总部设在英国北部城市爱丁堡的地区性银行，在世界银行排名中处于200名以后。但到2004年6月30日时，苏格兰皇家银行的资本市值已达到了490亿英镑，总资产增加到5190亿英镑，使该行成为拥有2200万客户和12.5万名员工、AA信用评级、英国和欧洲的第二大商业银行，世界上排名第五的大商业银行。从一个名不见经传的地区性商业银行，短短4年多就跻身世界著名商业银行之列，苏格兰皇家银行的确有些独特的发展思路。

2000年2月，苏格兰皇家银行一举成功收购了比自己资本规模大3倍的国民西敏寺银行，使苏格兰皇家银行完成了跨入世界著名商业银行的关键一步。由于该项收购涉及金额达210亿英镑，创下了英国历史上银行业收购的最高金额记录。苏格兰皇家银行通过自上而下的收购总体益处分析、自下而上的分业务线盈利测试及管理人员能力分析，提出了一套发展战略清晰、操作细节可行的收购方案。由于收购方案准备得充分、详细、可行，苏格兰皇家银行在收购国民西敏寺银行的竞标中一举获胜。而且在收购成功后，收购方案中的各项措施(如领导人员配备、职责分工、内部风险控制、报告制度、绩效评估等)迅速到位，并且得到了很好的贯彻执行。完成收购后的苏格兰皇家银行，实际成本降低额和收入增加额均远远超过了收购前的预期。

苏格兰皇家银行在收购国民西敏寺银行后，在公司和金融市场等服务公司、机构客户的业务方面，均实行了统一品牌战略，即将原来国民西敏寺银行的公司与机构业务统一用苏格兰皇家银行的品牌。另外，在零售业务方面，在实现了零售业务产品统一、财务统一、风险管理统一的前提下，实行了多品牌战略，保留了原国民西敏寺银行零售业务的品牌，减小了对国民西敏寺银行原有个人客户的震动，形成了独特的多品牌零售业务架构。

本章小结

服务过程，即服务提供的运作系统。广义来看，金融机构所有的服务活动都可以看做是服务过程。具体来说，服务过程包括服务交付给客户的日程、任务、程序以及其他日常工作。

三因素分类法指的是分别按照服务流程差异度、服务作用客体及客户参与度来划分服务。

二维坐标分类法指的是以服务的定制化程度为横坐标，服务的复杂程度为纵坐标形成的坐标图。

服务过程失误的影响具体有以下三类：不作为、采取某种形式的公开行为、客户向金融机构或第三方投诉采取法律措施寻求赔偿等。而导致失误的原因包括服务战略及组织管理失误，银行人员服务与影响技能薄弱，运行不良的系统和技术，有效沟通不足，银行不能够满足客户的真实需求。

金融机构服务过程的改进方式有四种，分别为增加复杂性、减少复杂性、增加歧异性和减少歧异性。

服务蓝图指的是用来表示服务流程的图表，即由一系列有序活动组成的描述服务传递过程的"地图"。服务蓝图的制作步骤通常有6步，分别是确认服务内容和服务流程，认识目标市场顾客对服务的需求，从顾客的角度绘制服务过程，描述前台与后台员工的行为，把顾客行为和服务人员行为与支持功能联系起来以及在每个行为步骤上加上有形展示。

生产线指的是把硬件技术和软件技术同时应用于服务操作的前台和后台，它主要适用于差异程度低、操作简单的服务过程。生产线的制作步骤通常有4步，分别是简化工作任务、明确人员的分工、充分利用机器设备以及将工作内容标准化。

思考题

1. 简述金融分销过程的内涵以及特点。
2. 员工在金融服务过程中有哪些作用？
3. 简述服务过程的分类方法，并且对比分析三因素分类法与二维坐标分类法的内容。
4. 金融机构在服务过程中出现的失误有哪几种表现？服务过程中出现的失误是如何形

成的？补救措施有哪些？

　　5. 金融服务过程的改进方法是什么？应该如何进行选择？

　　6. 简述金融服务流程设计的方法以及各自的特点。

　　7. 简述服务蓝图法的制作步骤。

　　8. 简述生产线法的制作步骤。

▤ 案例讨论

招商银行服务"10大升级" 优质体验成就"客户之悦"

　　多年来，招行领先于国内同业开展了诸多关键性的服务改进，并在不断地变革和发展中，构建了包括服务方式、服务团队、金融产品、渠道体系和服务管理等多方面体系化的竞争优势。

　　日前，招行在"快捷系""新潮系""专属系"和"贴心系"四大板块开展了一系列服务升级。这轮升级让招行的老客户感到业务办理更加便捷，让新客户感觉到招行服务确实贴心，让高净值客户感受到定制服务带来的专属的体验，让"80后""90后"感觉到招行"潮到爆灯"的时尚范儿。服务10大升级是招行近期提升服务水平的一揽子措施，追求高品质的服务是招行与生俱来的"基因"，也是招行与同业最根本的差异化竞争力之一。

　　1. "快捷系"3大升级

　　"快捷系"升级就是招行希望通过流程优化，让客户能更轻松、高效地完成业务办理。目前，"快捷系"服务已经完成了"网点预约服务""网上银行自助填单"和"3G项目"等3大升级。招行的"3G项目"开发工作已完成，目前开始在招行各地分行逐步上线运行。"3G项目"是招行对第三代业务系统进行的一次全面升级，主要针对柜面流程进行优化，将在很大程度上提升服务效率和客户服务体验。"3G项目"开发完成后，业务的操作流程将得到优化。

　　2. "新潮系"3大升级

　　为客户最好的服务体验也是招行服务升级的终极目标。近年来，招行陆续推出了4大"新潮系"体验升级。招行在全国大部分网点都实现了免费wifi覆盖，客户只要在招行网点都能享受到免费、高速的无线网络。

　　招行的客户服务仍在不断升级。目前，招行近期推出了"可视柜台"，该自助设备集成了二代身份证联网核查、高清摄像头、触摸屏、加密数字键盘、读卡器等模块，借助先进的网络视频技术，客户可通过VTM与后台运营中心的远程柜员进行"面对面"沟通，替代传统网点高柜办理原来只能在网点柜台"面签"的复杂业务。并于2013年推出全国首家"微信银行"，不用下载app，只需要在微信上关注"招商银行"微信账户，就可以办理很多银行业务。

　　3. "专属系"2大升级

　　"专属系"是最能体现招行"因您而变"理念的服务之一。招行一直为高端客户提供着国内最为专业的财富管理服务，面对客户对财富管理的复杂需求和不同的风险偏好，一方面推出了一系列专属的理财产品满足客户需要，另一方面还在"全球资产配置模型"的基础上，特别为高端客户开发了以WMS系统为依托、按照国际先进的资产配置方法和理念集合而成的"新一代财富管理系统"。该系统在国内实属首创，它根据客户生命周期、风险偏好与投资目标，对客户的持仓进行及时的盈亏提醒，并对资产配置进行定期深入地检视，从而为客户提出针对性的调整建议，以实现客户的财富目标。

除了为高端客户提供专业的服务外，招行还为年轻客户提供了更为酷炫的"一卡通M+卡"。2013年6月，招行"M+卡"个性化定制卡片问世，"M+卡"抓住了"80后""90后"独立个性、厌恶烦琐、紧跟潮流的特征，特别研发了集"4大功能+3大免费+3剑客"于一体的"+"功能，为"80后""90后"的金融生活开启了最新鲜的玩法。"4+3+3"的功能组合在卡面和功能上都由"80后""90后"专属：潮人卡面玩个性、储蓄理财玩智能、玩闪付快人一步、玩转二维码惊喜不断。更值得一提的真金白银的实惠是，M+持卡人使用电子银行转账、ATM取款免费，并且M+卡能支持网银专业版、手机银行与pad银行，有u-key没u-key的日子都可以轻松支付。

4. "贴心系" 2大升级

招行一直以来持续关注并推动零售客户贴心关怀服务创新。2013年，招行"贴心系"服务再次大步向前迈进，网点"错峰提示"和"晨迎夕送"、"随心享"贵宾礼遇等贴心关怀服务举措应运而生。招行在国内率先推出的站立服务，微笑服务，给客户送牛奶、咖啡、鲜花这种类型的服务已经使招行"贴心"的形象深入人心。

近年来，客户渐渐发现招行的服务已经远不止微笑、牛奶、鲜花那么简单，这些服务在不断地给客户带来惊喜。"错峰提示"是非常便民的一项服务升级，目前全国各营业网点都对本网点客流"峰谷时刻"进行提示、引导客户"错峰"办理业务。这些提示是根据每个网点客流情况个性化定制并依据实际情况随时调整的。同时也引导客户有效运用"网点预约"新功能提升服务体验和帮助网点有效平滑网点各时段客流量。

除此以外，为了给客户提供金融服务以外的更多尊贵权益和生活便利，招行还推出了"随心享"贵宾礼遇，达标客户可以轻松享受商旅出行、贵宾登机、汽车租赁、健康体检、高球畅打、法律咨询、财商教育、海外游学、艺术培养、公益参与、收藏品鉴等方面的"十大贵宾礼遇"，尊贵礼遇再度升级。

资料来源：陈剑. 招商银行服务"10大升级"优质体验成就"客户之悦"[N]. 天津日报. 2013-11-12.

案例讨论题：

1. 金融机构服务过程中哪些环节最容易出现服务差错？
2. 招商银行的服务过程中有哪些特别的安排可以提高客户满意度？

⠿ 推荐读物

(美)克里斯托佛·洛夫洛克(Christopher Lovelock)，约亨·沃茨(Jochen Wirtz)，帕特里夏·周(Patricia Chew)著. 服务营销精要[M]. 李中等译. 北京：中国人民大学出版社，2011.

⁞⁞⁞ 本章参考资料

1. 安贺新，张宏彦. 商业银行营销实务[M]. 北京：清华大学出版社，2013.

2. 李克芳，聂元昆. 服务营销学[M]. 北京：机械工业出版社，2012.

3. 安贺新. 服务营销管理[M]. 北京：化学工业出版社，2011.

4. (美)克里斯托佛·洛夫洛克(Christopher Lovelock)，约亨·沃茨(Jochen Wirtz)，帕特里夏·周(Patricia Chew)著. 服务营销精要[M]. 李中等译. 北京：中国人民大学出版社，2011.

5. 张雪兰，黄彬. 金融营销学[M]. 北京：中国财政经济出版社，2009.

6. 阳林，汤发良，李荣喜. 服务营销[M]. 北京：电子工业出版社，2008.

7. 杨米莎. 服务营销[M]. 广州：广东经济出版社，2005.

8. 李小丽，段晓华. 金融营销实务[M]. 天津：天津大学出版社，2012.

9. 吕一林. 市场营销学[M]. 北京：中国人民大学出版社，2011.

10. 郭国庆. 服务营销管理[M]. 北京：中国人民大学出版社，2013.

第十章
金融企业的
有形展示与
形象设计

本章学习目标

- 了解金融服务有形的特点和概念
- 掌握金融领域CIS战略的意义

本章主要概念

金融服务有形展示、CIS战略、企业形象设计

导入案例　沃德财富博览会成功展示交通银行财富管理银行形象

10月16日至17日，本年度金融业内规格最高、最具吸引力的金融博览会之一——2010沃德财富博览会在北京国贸三期圆满落幕。此次，由交通银行独家主办的盛会得到了来自国家相关部委领导、金融界人士、经济学者和企业家的广泛关注，也吸引了许多交通银行沃德财富客户和关注经济发展、财富增长的北京市民。各界专家学者与客户、观众济济一堂，共同讨论后危机时代财富增长的话题，分享各自的财富管理理念与心得，感知科技、创新为金融生活带来的改变。

在此次博览会上，交通银行副行长叶迪奇先生指出：未来一段时期，"结构调整"将成为中国经济金融发展的"关键词"。原先的高资本消耗、高信贷投放、高风险承担的银行业增长方式将不再持续，银行将由管理信贷资产为主向管理客户金融资产为主转变。财富管理是交通银行新时期"两化一行"发展战略的落脚点，其核心内涵为：采取全新的服务模式，形成最佳冲击力的形象与品牌，通过打造专业化组织与精英团队，构建开放式产品平台，为客户提供专享优质服务。

叶迪奇先生认为：现阶段，中国经济金融结构正在发生深刻变化，经济发展方式加快转变，由信贷业务为主向财富管理业务为主的转变将成为我国银行业经营模式转变的必由之路。交行面对的是既广阔又细分的客户群体，需要用实力和创新去维系和发展，为客户创造价值是交通银行个人财富管理的最终诉求，也是中国金融业财富管理的新方向。

沃德财富是交通银行传承百年底蕴，精心倾力打造的品牌，它秉承"丰沃共享、厚德载富"的理念，提供专享的一对一、个性化、定制化的服务，能让客户真切地体会到"把您的财富放在更佳位置"。为了帮助更多客户树立现代化的财富管理观念，掌握创造财富的机会和管理财富技巧，交通银行行在本次博览会上全方位地展示了各种金融产品及服务，包括在业界享有盛誉的"沃德财富""交银理财"等客户品牌服务内容。

沃德财富博览会举办之际，交通银行还正式启动了"沃德财富私人银行跨境综合财富管理服务"，首次对外发布了交通银行财富指数首期报告，就后危机时代如何应对经济萎缩等敏感话题举办了"沃德财富高峰论坛"，著名经济学家、企业家纷纷针对"中国经济转型""新经济的驱动力"等主旨发表专题演讲，为财富管理再次指引了方向、提供了策略。

本次博览会的成功举办，不仅标志着有百年历史的交行正在不断锐意创新，稳健地向国际化、综合化大银行迈进。同时也意味着我国银行业的服务观念正在加速转型。随着银行服务的日臻完善，金融服务水平得不断提升，财富管理将成为人们生活中必不可少的组成部分。

案例资料来源：凤凰网，2010-10-16.

第一节 金融企业的有形展示

一、有形展示的内容与功能

(一) 有形展示的内容

有形展示指的就是在商业营销的过程当中，一切实际存在且能够传达企业文化形象，服务特色优势及产品定位的有形组成部分。主要包括实体环境、品牌标记、员工形象、信息资料等。

根据环境心理学的理论，顾客能够通过自身的感官对周遭的环境作出一个基本的判断，如具体有形的产品设计，服务宗旨，甚至是营业厅的装修布局，都会给顾客留下一些具化的印象，在客户内心形成一个基本的判断。例如，客户走进一家证券公司的营业室，可以从前台的摆设，服务人员的态度，周围其他客户的定位得出该营业室所处的一个等级结构，也可以让客户自行决定以后是否还来这个营业厅办理业务。而企业也可以借助这样一个过程来向外界介绍自己的定位，推销自己的产品。例如，招商银行就有一个以客户的需求为最重要出发点的理念，在其营业厅的服务流程中都可以感受到员工的微笑服务和友好的服务态度。

具体来看，有形展示可以从两个方面来理解。狭义的角度上讲，有形展示就是公司的一个营销设计，是对公司服务产品的物证表现手段，属于服务产品组合开发的有机组成。但从广义上说，有形展示渗透于整体公司运行当中，包括对产品形象的设定，对客户和市场的把控等各个方面，是服务营销决策组合当中不可或缺的组成部分。通过广告设计、资料宣传，或者企业管理等有形的设计和操作方法，向市场上传递自己的定位和价值，在顾客心目中树立鲜明的企业形象，作为之后一切营销战略的基础。

知识链接10-1 　　　　　　　　**五大国有银行的标识设计**

中国工商银行 (Industrial and Commercial Bank of China，ICBC)成立于1984年1月1日，总部设在北京，是中国内地规模最大的银行。徽标释义：白底红字，镂空"工"字，表示服务工商行业，行徽图案整体为中国古代圆形方孔钱币，图案中心的"工"字和外圆寓意的是商品流通，表明工行作为国家办理工商信贷专业银行的特征；"工"字图案四周形成四个面和八个直角象征工商银行业务发展和在经济建设中联系的广泛性；图案中两个对应的几何图形象征工行和客户间相互依存紧密联合作的融洽关系。

中国银行(Bank Of China)是1912年1月24日由孙中山总统下令批准成立的。近百年的发展，中国银行已经成为中国国际化程度最高的商业银行。徽标释义：白底红字，行标从总体上看是古钱形状代表银行；不贯通的"中"字代表中国；外圆表明中国银行是面向全球的国际性大银行。

中国建设银行(China Construction Bank)成立于1954年10月1日。当时行名为中国人民建设银行。徽标释义：以古铜钱为基础的内方外圆图形，有着明确的银行属性，着重体现建设银行的"方圆"特性，方，代表着严格、规范、认真；圆，象征着饱满、亲和、融通。图形右上角的变化，形成重叠立体的效果，代表着"中国"与"建筑"英文缩写，即两个C字母的重叠，寓意积累，象征建设银行在资金的积累过程中发展壮大，为中国经济建设提供服务。图形突破了封闭的圆形，象征古老文化与现代经营观念的融会贯通，寓意中国建设银行在全新的现代经济建设中，植根中国，面向世界。标准色为海蓝色，象征理性、包容、祥和、稳定，寓意中国建设银行像大海一样吸收容纳各方人才和资金。

中国农业银行(Agricultural Bank of China)于1955年3月成立，1957年4月，国务院决定将中国农业银行与中国人民银行合并。徽标释义：白底绿图，麦穗标示，表示服务农业为主，象征绿色丰收。

交通银行(Bank of Communications)始建于1908年(光绪三十四年)，是中国早期四大银行之一，也是中国早期的发钞行之一。徽标释义：交通银行的行徽是将交通银行英文译名字首"B"和"C"综合起来，构成一个立体面，表示出企业雄厚的实力和业务的综合性。整个图案具有延伸感，体现了交通银行不断发展、壮大、日益繁荣的趋势。

(二) 有形展示的功能

有形展示是整体公司运作和营销策划的基础，所以它的最重要功能就是支持企业的整体营销战略。在建立市场营销的战略时，应特别注意有形操作所能带来的影响，针对不同的目标市场使用营销手段时，要充分利用好有形展示。具体来看则是落实到客户的具体需求，例如某些产品的市场推广需要为员工制造怎样的氛围，为客户提供什么样的感受，让他们能够产生什么样的反应。有形展示在营销的过程中占有重要的地位，整体战略功能不可小觑，不同方向的有形展示往往伴随着不同的战略影响，具体分为以下几种功能。

1. 确立独特形象

有形展示是客户接触企业的第一道门。企业通过有形展示向客户所传达的信息，就是企业能否在客户心中建立深刻独特印象的重要依据。因此，运用有形展示来迎接客户不仅可以塑造一个企业的鲜明形象，还可以因此与同市场内的其他竞争群体区分开来，吸引客户的注意力，引导客户的选择。

实例10-1　　　　尧都农商银行服务礼仪形象大展示

为进一步开展文明规范服务创建工作，提升整体优质文明规范服务水平，展示尧都农商银行员工风采以及团队合作精神，总行优质服务办公室根据2013年工作计划，于6月7日晚19时，在财政收付大厅五楼会议室举办了"优质服务礼仪形象展示竞赛活动决赛"。

参赛选手们在优质服务礼仪展示中，主要包括服务礼仪形象展示、即兴演讲、现场模拟演练三个方面来展示主题，表演形式丰富多彩，礼仪姿态形象生动。

通过此项活动培养了员工和团队的展现意识及自信心，加强了核心竞争力；提高了优质服务综合素养以及规范服务行为标准；促进了团队和谐精神，共创优秀业绩；树立品牌形象，提高了知名度，推动了尧都农商银行科学发展，使全行将优质服务工作作为业务发展的主要推手，大力推进优质服务工作和优质服务水平再上一个新台阶。

资料来源：临汾银行业协会网站，2013-6-9.

2. 引导客户消费

有形展示可以通过所展现出来的服务信息对客户产生一定的感官刺激，使他们更加容易进入到一个大环境当中去，继而影响他们的消费决策。在这一过程中注入许多新鲜、时尚的创意或者加入一些与众不同的调和方式，以此来作为一个与众不同的营销元素，消除客户的厌倦情绪，激起消费者的购物欲望，使顾客可以通过感官刺激和服务体验来抉择。加深对企业的信任，尤其是新客户，在这一方面会比较敏感，对于企业的第一选择显得尤为重要。这样不仅可以建立自己的一个更具特色的企业形象，还能够为给客户带来不同的消费体验，以此博得更多的客户群体。

3. 约束管理行为

有形展示的过程中必然包括运作人员的管理行为、优秀的员工管理和有序的工作流程，可以全面反映企业的有形状态。只有高效严谨的工作作风才能彰显出于金融企业中的优越性，同时也可以影响客户的行为。例如，服务行业一贯遵守的微笑服务就是典型的例子，不仅可以营造和谐融洽的气氛，还能够传递给人一些温暖的能量，拉近与顾客之间的距离。

实例10-2　　　　　　**汇丰银行的核心展示**

"汇丰的管理架构遵循两方面原则，一是按地区来组织，二是按业务系统来推动。前者是一种横向管理模式，以分行为运作中心，后者则是一种纵向管理模式，以总行部门为指挥中心。"汇丰中国相关负责人表示，遵循这种原则，汇丰银行组织架构曾几经调整。

"基本趋势是业务线越来越综合、简单，众多业务部门都在向两类业务线靠拢，一是零售金融业务，二是批发金融业务。概括而言，就是管理架构向业务单元制模式演变的趋势越来越明显。"曾前往汇丰英国总部进行考察的天津市银监局副局长王俊寿总结认为。

一位资深业内专家指出，今天的汇丰与花旗两家国际先进银行都采取"大总行、大部门、小分行"纵向管理模式，其特点在于，分行很多，但并不一定很大，职能也相对单一，很多业务集中在总行部门完成。"大总行"机构设置通过"大部门"来体现，部门内汇聚主要业务专业人才，分工细、专业性强。

"按照矩阵式和事业部制结构，汇丰通过四大条线和五大区域进行纵横式复合管理，风险、内审等突出条线报告独立性；合规、营销等明确条线报告双向性，减少博弈成本，提升控制水平。"前述汇丰中国有关负责人透露。

前述业内资深专家认为，汇丰经历了从企业家型组织向部门协作型组织过渡的演变。事实上，协作型组织是对两个概念上几乎完全对立的组织类型进行融合，一是支持型组织，自上而下管理，强调合作气氛和综合职能；另一个则是企业家型组织，自下而上管理，强调竞争氛围和独立利润中心。

"协作型组织正是将两者进行优化组合，同时强调职能作用和利润中心作用，使部门间利益达到均衡，管理效能达到最大化"。

资料来源：新浪财经，汇丰成就国际一流银行梦想秘密何在，2012-3-5.

二、金融企业有形展示的类型

有形展示可以根据不同的角度做不同的分类，不同类型的有形展示的侧重点是有差异的，因此其所营造的环境以及对客户造成的影响是不同的。从不同的角度看，可以有如下几种分类。

(一) 按照有形展示对客户造成的影响进行分类

1. 边缘展示

边缘展示指的是客户在实际消费的过程中能够实际拥有或者体验到的展示。这种展示自身往往是没有价值，或者价值并不高的一些服务。例如银行的宣传手册、贴心提示，甚至一些初期免费试用的服务项目都是属于边缘展示的范围。

2. 核心展示

核心展示不同于边缘展示，在客户的消费过程中无法被客户占有，但在有形展示的过程中地位更加重要。大多数情况之下，只有核心展示是符合客户需求的时候客户才会最终决定去购买。客户判断自己是否购买的时候往往是根据产品于自身的合适程度、经济价值、承受能力以及企业对自身的吸引程度。而这些则统统是由核心展示所表现出来的，例如企业的核心文化、企业宗旨等可以实际呈现出来表现自我定位的展示。

(二) 根据有形展示的构成要素分类

按照有形展示的构成要素，可以分为三类：实体环境，信息沟通和价格。

1. 实体环境

企业的实体环境是由背景因素、设计因素和社交因素所决定的。

(1) 背景因素是指客观存在却并不易被客户察觉到的因素，例如整洁度、温度、气味、声音或者整体室内装修的布局背景等。一般来说，只有在良好的实体背景之下人们才会更愿意去接受其提供的服务。

(2) 设计因素具体所指的是顾客在了解产品过程当中所触及的有形表达。例如产品宣传的印刷图样、包装的质感、艺术设计的颜色材质风格等。通过对这些的接触，可以满足客户对于整体产品和公司形象的了解，因此引起客户对产品的积极性，适当地引起他们的消费兴趣。

(3) 社交因素主要针对在服务过程中营销人员和客户之间的关系处理问题。因此，服务人员的态度、衣着和谈吐对整个服务过程都显得尤其重要。服务人员就是客户与企业接触的第二道门，因此多方、全面地培养服务营销人员是非常重要的一个工作环节。

实例10-3　银行摆出"菜单"　企业自主"点菜"

1月28日—31日，区金融办、永川银监分局、人民银行永川中心支行在人民广场联合举办全区银行业特色产品展示会。

为搭建沟通桥梁，畅通金融血脉，让社会各界充分了解各银行特色产品，区金融办联合永川银监分局、人民银行永川中心支行在人民广场联合举办此次银行业特色产品展示会，组织区内16家银行机构展示品牌形象、宣传特色产品，把各色"菜单"摆上桌，让企业根据各自需求"点菜"，搭建各方交流、信息互通平台，提升金融业服务实体经济、服务普通大众的能力。同时，人民银行永川中心支行也开展征信宣传，为群众提供有关咨询服务，提升社会金融消费维权意识。

资料来源：永川网，2013-1-29.

2. 信息沟通

信息沟通是指来自企业本身或者外界赋予企业的一些交流信息或者评价。具体可以分为服务有形化和信息有形化。

服务有形化指的就是具象化的服务形式，让一些潜在服务表现得更明显，让客户的感官受到更明显、更强烈的刺激。在服务的过程当中加入一些元素来表达作为服务者想要传达给顾客的了解和热情。例如，在麦当劳或者肯德基等快餐店内就永远会有一个为小孩子提供的娱乐场所，虽然不是很大但是的确能够使他们最大的客户群体——小朋友们，感受到快乐并且愿意一次次地光临。

信息有形化指的是宣传广告或者产品交流过程中所带来的有效信息的可信程度或者精确度。信息的传播主要涉及两个方面，一是对大众广而告之的宣传，这种信息所表达的是一个产品特点和定位，所起到的作用主要是让大众客户对其了解，有一个大致的印象。第二种则主要出现在服务人员的交流上，其中包括电话、文字以及面对面的直接交流。其中，直接交流所产生的效用是最直接有效的，也只有更真诚的态度和敬业严谨的语气可以赢得客户的信任，引导他们购买产品甚至忠于品牌。

3. 价格

价格的决定实质上是一个技术问题，它需要综合考虑各方面的因素，如竞争对手的定价、自身的成本控制、市场的空白程度等。一个好的定价不仅能够吸引更多的客户，还可以表达出自身产品的定位水平，因此对于服务行业的金融企业来说，制定合理的价格尤为重要。

第二节　CIS 战略

■ 一、CIS概述

在当今的市场竞争中，企业间的竞争已经由传统的商品竞争、价格竞争和市场占有竞争发展到了企业整体的形象品牌竞争。旨在通过公司的文化和形象来吸引更多的客户，并将自己独特的形象印刻在客户的心里。因此，制定企业的形象战略在当今的市场竞争中就显得尤为重要。

(一) CIS的含义

CIS是企业形象识别系统(Corporate Identity System)的简称，是一种新型的现代企业经管战略。主要针对企业的形象作出的一系列设置和规划，在整体市场当中通过整体形象竞争脱颖而出。

CIS的形成并非一蹴而就，它经历了一个从CI到CIS的演进过程。CI(Corporate Identity)即企业识别，所指的是一种统一的企业视觉，将统一的企业识别形象标示渗透于企业的方方面面，通过设置企业的标志来引起大众对企业的注意力，以提高企业的知名度。CI出现于工业时代的大量企业相互竞争之中。早在20世纪初，意大利在伊布里亚开设工厂生产打字机的企业家密罗·奥利威蒂，为了提高自己产品的竞争力，便开始重视企业标识的设计并不断完善其企业商标，同时还通过开设托儿所来增强自己的企业形象。

CIS在各个不同的国家拥有的战略意义有所不同，欧洲的CIS战略主要表现为对公众的形象展示，通过独特的设计和视觉效果来达到识别的过程。美国CIS的特点则在于其主要是以标识来展示企业的宗旨和精神，美国也是世界上首次将CIS作为企业识别策略的国家。日本CIS则汲取了前两种的优势，将这种战略发展向公司的治理方面，侧重于改革企业的理念和经营方针。以企业理念为发展核心，注重视觉美感的同时通过灌输企业的文化来促进企业的生产，创造更大的利润。而在我国，最先引入CIS战略的则是美术教育界。通过设计美学上的文化传达标志来完善企业的形象，直到1988年中国"太阳神"的企业设计成功引起社会的广大关注，才将中国计划经济下"企业无形象"的印象逐步消除，使得中国进入一个新的CIS时代。

各个企业所设置的CIS战略侧重点也不一样，但此战略已经成为了世界各国企业都认可的卓有成效的企业形象识别战略。就金融企业来看，运用CIS战略谋求更好发展也是当前的主流形式之一。金融企业的CIS战略是指企业运用多种手段把银行的经营思想、形象、服务宗旨等具象地表达出来。通过标识显示、活动策划、促销方案等方式将企业的理念与实际表达紧密地结合起来，具体通过广告宣传、创意策划、公共关系等手段来塑造企业形象，以此战略打造出与众不同的金融企业形象，增强竞争力。

例如诸暨农商银行自2013年至今制定的CIS战略，通过更换本银行的门面设计等方式来向外界展示企业的形象，将言简意赅的"金融新生态，城乡新生活"确定为银行使命，将"诚信，融聚你我"作为银行精神，确定"更亲、更近、更知心"为核心价值观，"差异化、专业化、便捷化"为经营理念。诸暨农商银行作为区域性地方银行，其存在与发展的意义在于服务"三农"，服务中小企业，助力地方经济发展，为员工和股东创造价值，实现共赢。

实例10-4　工行济南市中支行着力建设支行特色文化体系

工行济南市中支行着力建设支行特色文化体系，围绕重点，突出特色，最终将文化建设落脚于服务文化、内控文化、营销文化、管理文化和家园文化五大文化板块，充分体现出"市中人"的正能量，彰显了该行作风实、处事稳、行为正的行风。

一、做到至臻服务，践行至诚责任。该行抓住所属营业室创建"百佳"这一契机，高度重视客户体验，真正急客户所急，想客户所想，不断完善各项服务软硬条件，提升了各网点服务的功能和品位。各网点结合工作实际制定出一套符合本网点的服务方案，为实现"创系统最佳品牌，办客户首选银行"这一目标不断努力，为客户提供细心、暖心、周到的服务，留住现有优质客户又起到深挖外拓潜力客户的作用；完善设施，优化服务环境。该行通过统一服务设备、指示标识、便民设施、宣传物品等设置营造功能齐全、规范便捷的服务环境，让客户满意而归。保持自身底蕴的同时注入新鲜服务观念，最终形成"服务暨责任，服务无止境"的特色服务文化。

二、保质增量促营销，抢抓发展机遇。如今同业竞争日趋激烈，随着网络金融理财产品的兴起，如何外挖内拓留住存款成为商业银行面临的严峻问题。该行认真贯彻"真抓实干，创新发展"的工作部署，全员立足实际，努力攻坚克难，统筹推进各项工作，做到以良好的服务文化促进营销文化的长远发展，将两种文化相结合共同助力支行发展。

企业文化是贯穿企业长远发展之魂。纵观全局，企业文化带来的力量足以牵动工行济南市中支行每一位员工的心，该行散发的巨大正能量让大家拧成一股绳，劲往一处使，共同努力将市中支行建设成工行的标杆。

资料来源：中国金融网，2014-4-8.

(二) CIS战略的作用

CIS是一种崭新的管理理念，通过对于企业文化和宣传的管理建立企业形象，确定最合适的客户群体。同时还要对企业的价值、个性、理念以及经营目标通过特殊的方式综合运用，更加系统、美观、个性地表现出来。

1. 增强自身影响力

金融机构之间由于业务和规章的限制导致同业之间的经营经常会出现易模仿的特征，同业之间在产品设计、服务手段等各个方面的差距是日益缩小的，因此要增强自身的独特性就必须要使用CIS战略来保证企业形象的维持和扩展，这样同时也有助于建立金融企业的信誉和品牌管理，以保障公司在本行业中的地位。

2. 增强企业文化内涵

CIS战略的核心在于确立企业文化并宣传，因此，设计企业的核心思想文化是确立公司市场地位的重要依据。通过企业的文化确立不仅能够激发员工的工作热情，让他们更多自愿奉献企业，还能因此感染客户带动企业更多的盈利。同时加强企业的形象宣传，企业就能够拥有更多因公司文化而选择该公司的客户群体。因此通过CIS战略来传播企业文化就能够塑造鲜明的企业形象，也有助于企业在后续的市场竞争中通过客户的反馈和市场信息对自己的文化内涵加以完善。

实例10-5　东亚银行(中国)：高效发挥公益能量

当前，金融服务已渗透到社会的各个层面，而银行作为金融行业的主要成员，承担着对股东、员工、客户、社区、社会的责任，承担着建设和谐社会的责任。

"为我们所服务的社群贡献一份力量"，是东亚银行自创始以来就对社会许下的承诺。多年来，东亚中国积极响应这种号召，积极履行企业社会责任(CSR)，在慈善捐助、扶贫赈灾、教育扶助、环境保护等方面投入了大量人力和物力。

2014年，东亚中国在慈善公益、扶贫赈灾、绿色环保、员工关爱等方面均有建树，充分发挥银行的枢纽作用，团结社会各方的爱心力量，继续推广慈善公益事业。

作为东亚银行重点打造的品牌公益项目，东亚中国携手上海宋庆龄基金会于2009年成立的专项基金"上海宋庆龄基金会—东亚银行公益基金"，是中国内地首个由外资银行发起设立的公益基金，旨在关爱和帮助贫困地区青少年的教育成长，共同搭建慈善公益平台，建立长效机制。

截至2014年9月底，该公益基金募集善款超过人民币4388万元。捐款主要来源除了东亚银行以及员工的捐款，还有银行的企业客户及个人客户。目前，通过公益基金的3大项目"萤火虫计划""东亚银行大学生助学金计划""民间公益组织资助计划"，切实用于儿童和青少年的教育扶助等方面。

作为公益基金的主要项目之一，"萤火虫计划"自基金创立伊始便开始建立，致力于从硬件和软件等各方面帮助硬件匮乏、师资薄弱的贫困乡村学校改善教学条件。全国"萤火虫乐园"数量达到39所，捐赠近2.5万个"萤火虫包裹"，培训乡村教师328名，组织志愿者支教活动8次。

而在2013年5月，东亚银行启动了"民间公益组织(NGO)资助计划"，并成为接下来东亚银行公益基金的重点工作之一，该计划的重点关注人群仍为青少年和儿童。该资助计划分批执行，计划每年投入人民币100万元，至今已资助了14个项目，帮助自闭症儿童和脑瘫儿童康复、孤儿技能培训、外来务工人员子女教育等。

"NGO资助计划"的目的是为了拓宽公益基金覆盖领域，同时扶持国内NGO的健康发展。东亚中国表示公益基金将基于这两个目的而继续大力推进此项目的开展，下一步同时也希望为NGO搭建一个互相学习沟通的平台，促进彼此互助、协同发展。

此外，于2010年10月启动的"东亚银行大学生助学金计划"是东亚银行公益基金在高校设立的助学金项目，用于资助优秀贫困大学生完成学业。至今共计捐助人民币180万元，资助来自复旦大学、中山大学等百名优秀贫困大学生。

资料来源：第一财经日报，2014-12-29.

3. 增强企业内部的凝聚力

由于CIS战略的要求是将企业的内在文化和外在宣传手段紧密结合起来，所以在极大程度上，企业对外能够宣传自己的统一形象，对内可以让员工对所在企业产生依赖感，更加明晰自我价值，鼓励员工士气。尤其是在竞争激烈的金融市场当中，一个公司的员工凝聚力可以为公司带来很大的价值。

实例10-6 　　宁波银行企业文化

诚信敬业

信誉是银行的生命，信誉直接关系到银行的价值，诚信是我行的品格准线，也是员工最为基本的品格和职业操守，有三层要求，一是对银行的整体要求；二是对管理者、对每位员工个体的品格和人格的要求；三是对我们经营每项业务的道德要求。而敬业是各级员工的基本职业素养，要求我们以明确的目标选择、正确的价值观、积极的工作志趣、认真负责的态度，做好每一项工作。

合规高效

这是我们必须一以贯之、积极实践、矢志追求的经营作风和理念。我们经营管理的环节和过程、各项业务的开展首先必须确保依法合规、严谨精细、风险可控，在此基础上，确保各项业务高效运行、高效决策，同时追求最好的效果、取得最好的效益，为股东创造更好的回报。

融合创新

这是我行经营管理氛围和精神风貌的总体要求。有两层意思，对银行整体、对经营团队来说，作为一家中外合资银行，我们要保持良好的开放性，营造宽容的、和谐的、奋发进取的环境，善于调动各级员工的积极性和创造性，善于融合吸收各类优秀人才、先进文化和经营理念、管理技术，不断地进行变革和创新，努力提升自身的竞争力；对员工来说，相互间相融信任，善于协作，善于与不同的人一起和谐相处，友好共事，同时要善于学习、积极进取、不断创新。

诚信敬业是信誉，是确保我行合规高效经营的基础，合规高效是对各项经营活动的要求，融合创新是寻求更快更好发展的动力。

资料来源：宁波银行官网．

(三) CIS战略的特点

1. 战略性

CIS是一个长期性的工作，贯穿于金融企业的整体运营布局之中，无论是品牌标志的构想还是经营理念和企业文化的建立，都并非是在短时间之内即可完成的，所以设计好了的企业形象战略也是需要企业坚持遵循和长期完成而不轻易改变的战略目标。由于企业形象识别系统并不仅仅是对于企业内部的一种要求，更多的是向外界的展示，因此CIS也有全局性的特点，联系了整个金融企业经营的方方面面。所以CIS是一个有全局性战略特点的系统。

2. 系统性

CIS实质上是由三个子系统所组成的，即MI理念识别系统、BI行为识别、VI视觉识别。三者相辅相成，缺一不可，只有三者的统一、和谐运用才能够收到预期的效果。在金融企业的日常经营当中，所有的经营活动都应当以基本理念和经营哲学为基础，而经营理念则又与内部文化紧密结合，通过规范化的行为等视觉信息传递出来。所以CIS是一个具有系统性，渗透于企业各个方面的一种设计。

3. 独特性

金融企业之间在市场上的竞争是相当激烈的，由于金融产品的创新是受制于监管的，且在同行业当中也极其容易被复制，所以产品的独特性上会有所干扰，然而服务的独特性确是难以取代的，CIS就是在金融企业的服务方面加强了个性的设计，区别于整个市场上的其他金融机构来塑造金融企业的独特识别功能，向外界传达出企业的文化和价值。

4. 传播高效性

CIS的设置上偏重于企业的文化传播的有效性，需要在较短的时间内打入市场，为更多的受众客户所接纳并信赖。所以设计的过程当中往往也伴随着这种意识，例如用精炼的语言来描绘某一个产品的营销策略，或者用对偶、顶针的语言技巧来传播企业的文化内涵。这种易于记忆的文字表达在很大程度上成就了企业文化或者产品推广传播的高效性。

■ 二、CIS战略的主要内容

(一) MI理念识别

理念识别即为MI(Mind Identity)，是确定企业经营的基本理念，根据企业自身确立特色形象，增强影响性。这是在银行发展、经营、管理过程当中的总体界定和规划，也可以看做为金融企业对当前以及未来一段时间内所有的经营思路和营销战略的主要方向。MI

系统具体包括基本要素系统和应用要素系统。

中国银行企业文化——理念识别 (MI)

在近百年岁月里,中国银行以其稳健的经营、雄厚的实力、成熟的产品和丰富的经验,深得广大客户信赖,并与客户建立了长期稳固的合作关系。中国银行将秉承"以客户为中心,以市场为导向,强化公司治理,追求卓越效益,创建国际一流大银行"的宗旨,依托其雄厚的实力、遍布全球的分支机构、成熟的产品和丰富的经验,为客户提供全方位、高品质的银行服务,与广大客户携手共创美好未来。

追求卓越 历久弥新——发展是第一要务,以人为本,全面、协调、可持续的科学发展观,在弘扬中华民族和中国银行优秀传统文化的基础上,借鉴国内外优秀企业文化成果,以诚信经营为基础,以提升绩效为宗旨,以增强责任为核心,以学习创新为动力,以促进和谐为目标,追求卓越,努力建设理念先进、内涵丰富、特色鲜明的中国银行企业文化。

愿景——系统内争创一流 区域内领航同业。

使命——促进财富增值 繁荣地方经济。

精神——只争朝夕 追求卓越。

核心价值观——责任 合规 创新 协作。

经营理念——稳健经营 客户至上 统筹优化 注重绩效。

管理理念——发展观:坚持发展是第一要务;人才观:人才是立行之本;执行观:执行力决定竞争力;团队观:凝聚产生力量 团结铸就辉煌;服务观:卓越服务成就一流品牌。

资料来源:中国银行官网.

1. 基本要素系统

基本要素系统是企业在建立或者发展过程当中所逐渐界定出的精髓理念,也是企业从上至下一切员工所奉行的基础理念,共同拥有的价值观和共同信仰。具体包括企业经营的基本价值观以及经营哲学、企业文化、行销风格、社会责任等。

2. 应用要素系统

应用要素相对于基本要素则显得更加具体,是企业执行基本要素的具体手段,也就是企业员工所奉行企业文化基本思想所运用的具体方式,如企业的宣传口号、公司示训、广告标语等。

(二) BI行为识别

行为识别即为BI(Behavior Identity),是指企业在经营理念指导下所表现出来的具体活动,也是对企业的理念识别的具体表达。作为一种动态识别形态,行为识别是企业的经营管理理念在其具体业务中的表达和反映。通过统一银行的具体运作方式使员工达成共识,统一行为规范，获得社会公众对银行的识别认同。BI的主要内容则包括对内行为识别系统和对外行为识别系统。

1. 对内行为识别系统

金融企业对内的行为识别系统所指的就是建立企业的内部行为规范，通过BI的建设和执行对内部人员实行管理，培养内部员工共同遵守的行动指南和行为准则，包括规范员工的体态语言、仪容仪表、职业道德等内容。主要应该注意如下几个方面。

(1) 制度严格化。企业必须要有一个严格的制度才能够有力地规范制度作为保证，才能规范自身的言行，统一自己的整体形象。只有这样企业才能够维护自身的信誉、赢得客户的信任。企业每一项规章制度的建立也应该基于人性化的原则，根据自身的定位和实力制定合适且新颖的规章制度以保持自身的活力和个性。在对待内部员工管理的问题上也应该提出相应奖惩制度，以鼓励士气，优化企业的整体效率。

(2) 服务规范化。企业的服务质量集中表现于员工服务态度和服务流程当中，服务的好坏直接决定了金融机构在竞争当中的成败。因此，在实际的操作过程当中，员工们应当以熟练的操作技术和诚恳的态度来面对客户，将客户需求的服务真正地落在实处。而这种效果的来源则只有服务规范化能够提供帮助。

(3) 操作标准化。由于金融企业的业务范围比较广，各个业务之间会存在很小的差异，因此标准的操作则成为避免操作风险，成就银行标准化业务的最佳方式。操作标准化包括两个方面，一是对行业的操作进行规范，将业务之间的操作流程细分出来；二是对员工进行内部培训，熟练地掌握所有的业务流程。

2. 对外行为识别系统

金融企业的对外行为识别系统即为企业向外部所传达的企业形象，旨在将企业的经营观念和企业精神传达出去，让外界更为清晰地了解公司的经营文化以维持自身的公众形象。具体的传播方式包括各种公司的对外活动，如公共关系、公益活动、文化活动等。

(三) VI视觉识别

视觉识别VI(Visual Identity)是指通过具体化、视觉化的表现形式来显示公司的独特形象，使公众能够明确地识别出该公司的企业文化，接受企业所传达出的理念。由于金融企业的理念较为抽象，因此公司需要通过标识、广告等具象的表达来传播。所以视觉识别是传播力量与感染力量最为直接的一种形式。一般来说包括两个部分：基本要素系统和应用要素系统。

知识链接10-2 汇丰银行的建筑

在外滩建筑群中，有一座最为有名、在学者的著作甚至教科书中出现最多的建筑，它就是位于外滩中山东一路12号的汇丰银行大楼。

说到汇丰银行，大家应该都不陌生。在旧中国的银行中，没有一家可以与之相匹敌，直到今天，它依然是全球最大的跨国银行集团汇丰集团的核心成员。汇丰银行的全称叫"香港上海汇丰银行有限公司"(HongKong & Shanghai Banking CO.)。英文简称"HSBC"，其中的"S"代表上海，足见上海在汇丰的分量。在汇丰银行发行的货币中，还能找到外滩的历史痕迹。汇丰1993年版1000元港币上的铜狮"施迪"，就是当年汇丰银行大楼门前的标志物。当年的老上海人，一度还把汇丰银行称为"狮子银行"。

1. 基本要素识别系统

基本要素识别是指能够直接表现企业名称、任务、理念等的专用符号或者标语标识。通过利用这些具象化的文字、颜色、字符等的组合，加上广告传播等手段来对企业自身进行宣传以达到扩大市场占有率、提高知名度等目的。基本要素识别系统主要包括企业名称、企业标识、宣传标语等。

2. 应用要素系统

应用要素系统主要是用来传播银行基本要素系统的媒介，是指通过具象的环境设计来传达企业精神的方式。具体包括外部标志，如建筑风格、旗帜、招牌等；办公室内设，如部门标志、办公室装修环境及用品等；广告媒介，如公司网页、报纸、电视广告等。

第三节　金融企业的形象设计

一、企业形象策划的基础作业

CI策划委员会是由企业内部的CI策划办公室成员和企业外部的策划部门共同组成的。就企业内部的CI策划而言，是指在企业高层管理领导下由广告部、公关部以及其他相关部门共同组成的非常设组织机构。其主要的职能是为外部的策划部门提供企业内部的有关资料，分析和策划适合于企业自身条件的形象设计，同时也担任了对内部员工的培训工作。企业形象策划的基础作业一般是由CI策划委员会完成的。

企业的外部策划部门则是公司通过招标等方式，面向公众所选择的专业的策划公司，如广告公司或者大型的策划中心、市场研究所等。外部的策划部门职责主要是根据企业的形象调查和现阶段企业的实际情况来制定适合当前的具有差异性的企业理念精神。再基于这种理念精神之下确定该企业的社会定位和产品定位并制定出公司的营销风格。外部策划公司还应该为企业设计出能够适应企业精神思想的一系列形象设计，展示企业的形象、突出企业的风格，并通过大众媒体和非大众媒体进行宣传获取市场上的认可度。最后，外部策划部门还应当与企业的内部策划部门共同进行人员的培训和教育，共同为塑造企业的良好形象而努力。

CI策划委员会的作用不仅仅是提高市场认可度，包括同业的竞争机构，市场的认可程度以及客户的接受程度等。更重要的是需要企业内部的员工自我对企业文化和形象产生认同和赞赏，也只有在内部员工充分信任自己的企业以后，才能为企业创造出更多的利润，执行和传播更真实可信的企业文化。

实例10-8　　　　　我国首次对金融企业家公众形象调查

这项调查由天下英才传媒主办，中欧国际工商学院学术支持，本土权威调查机构联信在成功实施中国演艺名人公众形象满意度调查之后推出。首届华德奖中国金融企业家公众形象满意度调查历时半年的时间，通过网络在线、员工访问、街头拦截、经理人问卷四种形式，采集样本覆盖国内25个代表性地区。入围的100位金融企业家从道德修养、业绩表现、企业信誉、社会责任、竞争力5个指标以千分制接受考评。其中道德修养权重占13.75%、业绩表现权重占26.5%、企业信誉权重占15.45%、社会责任权重占32.80%、竞争力权重占11.5%。

从27 495份问卷样本统计结果上看到，第一次入选的100名金融家分别是来自银行、证券、基金、保险、投资5个金融行业各20名的金融企业家精英。此次公布的经理人问卷调查结果，除100名企业家综合指标排名之外，5个金融行业还列出各个行业的排名。银行方面：招商银行马蔚华以922.7分获得金融总榜及银行行业的第一名；证券方面：申银万国董事长丁国荣以918.9分获得行业第一名；基金方面：华夏基金董事长范勇宏以921.8分夺魁；保险方面：泰康人寿董事长刘经纶以916.2分斩获第一名；投资方面：红杉资本中国董事长沈南鹏以918.1分高居榜首。

对金融企业家进行公众形象满意度调查在我国尚属首次，通过权威的调查数据确定金融企业家在榜单中的排名，反映的是企业家在2008年8月份以来的综合表现。公众对金融企业家的评价，不仅仅考虑其在经济指标方面的贡献，更重要的评估他们对整个社会发展的整体贡献。华德奖评审会秘书长王堃表示：“企业家公众形象调查打破了国外调查机构对中国市场“话语权”的长期垄断，满意度调查结果不仅可以激发企业家的成就感，同时鞭策他们在经济建设上不断进取，更多的履行社会责任。满意度调查是金融界的风向标，势必引导金融企业健康和谐发展。”

资料来源：新浪财经，2009-12-14.

■ 二、金融企业形象的调查与分析

金融企业CIS的最终目的是为了让公众对整个企业有一个正面积极的印象，且愿意信任这个企业。所以企业的管理者需要时刻关注公众对于企业形象的看法，需要一个长时间的调查分析来确定CIS的实施。这项工作由公司外部的专业策划部门来承担，对企业的实习形象进行调查、分析、评价和诊断。

(一) 金融企业的形象调查

1. 调查方式

企业的形象调查可以运用多种形式，包括现场观察、访问调查、座谈交流、问卷调查等。

现场观察主要分为自我体验观察和现场侧面观察两种。前者是调查者亲自前往金融机构与客户有直接关系的部门办理业务体验当时的客户服务情况。后者则是亲临现场，然后看着金融机构的服务人员为客户办理业务，从而了解具体的客户服务情况的一种方式。

访问调查是针对特定的调查对象，通过采访他们对于某家金融机构的看法或者建议来判断企业在公众眼中形象的方式。在访问调查的客户群体中应当注意选择的样本的广泛性，不能让被调查的样本受到局限，这样会容易导致调查结果有偏颇和失真等情况。

座谈交流一般是通过企业自己举办交流活动的过程中获取信息的方式。企业可以邀请一些客户来公司定期举办一些活动，以获取顾客对自己的意见和想法。

2. 调查对象

不同的调查方式所对应的调查对象是不同的。

(1) 企业的公共关系对象。涉及整个企业所面对的全部公共关系对象，包括经销商、供应商、面对的政府有关部门(如税务部门和港商部门)以及新闻媒体等。这些公众关系的部门大多可以很明确地反映出该金融企业在外界的真实形象。

(2) 各个类型的企业员工。通过调查不同层次的企业员工对公司形象和文化的看法可以获得真实的企业形象内部信息。员工是企业文化形象的奉行者，他们所表达的意见应当被看做是非常真实的企业文化内部效果。不同层次的员工所站的立场也是不相同的，因此企业对他们的调查可以获得更多真实全面的信息，为企业之后修改CIS设计也有很大帮助。

(3) 其他社会公众。所谓对其他社会公众的调查，更重要的就是要获取企业的文化在社会当中传播的效果，检验企业形象在市场上建立的成果。社会公众所反映的信息大多可以更真实地还原该企业在社会当中的认可程度。

3. 调查内容

银行内部情况的调查主要包括企业的理念调查，企业的使命感、执行方针与战略、经营组织结构状况等内部环境的调查。最直接有效的调查内容就是企业内部人员对于企业文化形象的建议和感受。通过对员工的了解和调查可以更有效地摸清企业各部门之间的联系，对各部门之间作出有效的沟通协调。

下面以招商银行企业形象问卷调查为例进行分析。

第1题：您的性别 [单选题]

选项	小计	比例
男	77	52.38%
女	70	47.62%

第2题：您的年龄 [单选题]

选项	小计	比例
A. 19～25岁	139	94.56%
B. 26～30岁	5	3.4%
C. 31～35岁	2	1.36%
D. 36～40岁	0	0%
E. 40岁以上	1	0.68%

第3题：您所生活的城市 [单选题]

选项	小计	比例
A. 沿海地区	28	19.18%
B. 中部地区	112	76.71%
C. 西部地区	6	4.11%

第4题：您的职业 [单选题]

选项	小计	比例
A. 政府官员、公务员	1	0.68%
B. 公司白领	2	1.36%
C. 大学生	128	87.07%
D. 教师	3	2.04%
E. 医生、医务人员	0	0%
F. 军人	0	0%
G. 警察	0	0%
H. 个体老板、私营业主	1	0.68%
I. 记者	1	0.68%
J. 作家	0	0%
K. 运动员	0	0%
L. 工人	1	0.68%
M. 律师	0	0%
N. 自由职业、待业	0	0%
O. 退休	0	0%
P. 家庭主妇	0	0%
Q. 其他	10	6.8%

第5题：您的月平均收入　[单选题]

选项	小计	比例
A. 1500以下	123	83.67%
B. 1500～3000	9	6.12%
C. 3000～5000	8	5.44%
D. 5000～8000	5	3.4%
E. 8000以上	2	1.36%

第6题：在您印象下列哪个是招商银行的口号　[单选题]

选项	小计	比例
A. 大行德广，伴您成长	41	27.89%
B. 您身边的银行	17	11.56%
C. 善建者行	6	4.08%
D. 全球服务	6	4.08%
E. 百年之交，心心相通	10	6.8%
F. 因您而变	30	20.41%
G. 不知道	37	25.17%

第7题：在个人理财时，您会更注意银行的哪些方面　[多选题]

选项	小计	比例
A. 服务优	93	63.27%
B. 效率快	100	68.03%
C. 网点多	52	35.37%
D. 安全	97	65.99%
E. 创新业务多	21	14.29%
F. 就近原则	43	29.25%

第8题：您现在或者曾经是否是招商银行的客户　[单选题]

选项	小计	比例
A. 是	27	18.37%
B. 否	120	81.63%

第9题：吸引您成为其客户的原因有哪些　[多选题]

选项	小计	比例
A. 单位代发	43	29.25%
B. 购买理财产品	39	26.53%
C. 办理存款	57	38.78%
D. 办理贷款	29	19.73%
E. 办理信用卡	45	30.61%
F. 代扣代缴	20	13.61%
G. 其他	24	16.33%

第10题： 您通常通过哪些方式了解到招商银行的信息 [多选题]

选项	小计	比例
A. 网络	78	53.06%
B. 电视	58	39.46%
C. 报纸杂志	27	18.37%
D. 促销活动	21	14.29%
E. 户外广告	66	44.9%
F. 亲朋好友介绍	34	23.13%
G. 手机短信	18	12.24%
H. 其他	5	3.4%

第11题： 招商银行的产品业务中您知道的有哪些 [多选题]

选项	小计	比例
A. 一卡通	90	61.22%
B. 一网通	49	33.33%
C. 信用卡	79	53.74%
D. 金葵花理财	36	24.49%
E. 点金公司金融	11	7.48%
F. 生意贷	16	10.88%
G. 周转易	6	4.08%
H. 出国金融自由行	6	4.08%
I. 财富立方	4	2.72%
J. C+	4	2.72%

第12题： 您如果使用招商银行的服务，会通过 [多选题]

选项	小计	比例
A. 网上银行	101	68.71%
B. 柜台服务	95	64.63%
C. 厅堂服务人员	22	14.97%
D. 电话银行	14	9.52%
E. 自助银行	61	41.5%
F. 其他	1	0.68%

第13题： 您选择该种服务的原因是 [单选题]

选项	小计	比例
A. 方便	80	54.42%
B. 快捷	16	10.88%
C. 省时	18	12.24%
D. 舒心	27	18.37%
E. 其他	6	4.08%

第14题： 总体来说您对招商银行的产品和服务的满意程度　[单选题]

选项	小计	比例
A. 非常满意	17	11.56%
B. 一般满意	33	22.45%
C. 满意	36	24.49%
D. 不满意	2	1.36%
E. 非常不满意	0	0%
F. 没接触过招商银行的业务与服务	59	40.14%

第15题： 与其他银行相比，您认为招商银行形象营销情况　[多选题]

选项	小计	比例
A. 非常满意	17	11.56%
B. 一般满意	33	22.45%
C. 满意	36	24.49%
D. 不满意	2	1.36%
E. 非常不满意	0	0%
F. 没接触过招商银行的业务与服务	59	40.14%

第16题： 与其他银行相比，您觉得招商银行的形象如何　[单选题]

选项	小计	比例
A. 比大多数银行好	41	27.89%
B. 与大多数银行差不多	100	68.03%
C. 比大多数银行差	6	4.08%

第17题： 在企业形象这方面，您认为招商银行在哪些地方需要提高　[多选题]

选项	小计	比例
A. 加强企业内部的文化建设、制度建设	53	36.05%
B. 提高产品与服务的创新能力	76	51.7%
C. 加强广告宣传，做到与时俱进，扩大品牌覆盖率	67	45.58%
D. 提高企业外部负面信息的承受与处理能力	38	25.85%
E. 增加企业的公益活动	67	45.58%

(二) 金融企业的形象状况分析

1. 形象分析

在对金融企业的形象调查中获得一些信息之后，就应当对企业形象的调查做一个分析，通常会从该企业的人员形象、市场形象、社会形象、综合形象等方面来进行考察。

(1) 人员形象。金融企业对外业务的人工服务即为该企业对外宣扬自我服务态度和服务价值的窗口。所以根据工作人员的服务态度来考虑公司的人员形象是最真实的。通过考察服务人员的亲和力、耐心、微笑、服务效率和质量等方面来分析企业的人员形象、精神面貌是否得到了顾客的认可。

(2) 市场形象。作为市场上的竞争者，市场形象是从整个金融市场当中获取和判别出来的，具体表现为该金融企业的产品质量是否过关、定价是否合理、市场推广程度是否到位、服务质量是否优秀、网点是否全面、同业竞争能力是否突出等在市场范围内判定的指标。也只有当金融企业完善了其大部分的市场指标后才能在整个金融市场上占据一席之地。

(3) 社会形象。金融企业不单是一个独立运营的公司，它还是服务社会公众的重要单位。由于业务的特殊性，金融企业在社会中的认可度和信赖程度显得尤为重要。只有当金融企业获取了社会公众的良好印象，其自身的业务才能得到有效展开。所以金融企业应当注重自身的合法合规性，维护好自我范围内的金融秩序，积极投入到公益事业中才能从社会公众中获取更好的认可程度。

实例10-9　　"老鼠仓"频出引发行业信任危机

2009年以来，内地基金公司相继查出四例"老鼠仓"，证券公司的分析师也被曝出违规代客理财丑闻，一时间，整个证券业被信任危机所困扰。被查出"老鼠仓"的四名基金经理分别是融通基金的张野、长城基金的刘海和韩刚以及景顺长城基金的涂强。张野被拉下马是缘于媒体报道，而后三名基金经理则是被深圳证监局在"严打"中揪出来的。寻遍本次金融企业家公众形象满意度调查榜单，却不见景顺长城基金董事长徐英和长城基金董事长杨光裕的身影和踪迹。显然，直至今日，刘海、韩刚和涂强涉嫌"老鼠仓"事件以及叶志刚违规代客理财事件仍无定论，基金负责人无法令投资者满意是他们这次落榜的主要原因。更令人担忧的是，这些个案背后可能还隐藏着许多没有揪出来的"老鼠"，证券业面临信任危机。

一位业内人士表示，从根本上来说，"老鼠仓"问题是制度缺陷和缺乏完善监管体系大背景下催生的必然利益输送方式。由于基金经理们靠利益太近，如果缺乏足够的监管，则极容易利用手中权力来谋取个人私利，而"老鼠仓"则是谋取利益的主要方式。基金经理利用手中权力为相关利益者服务的同时，必然会损害大部分基金投资者的利益。

资料来源：新浪财经，2010-11-16.

2. 形象评价和诊断

在分析完企业的形象状况之后可以根据分析出的结论再作进一步的评价和诊断以得出企业现阶段形象问题的最终情况。具体的评价标准可以从如下几个方面来考虑。

(1) 金融企业的公信力。公信力是从金融企业置身于整个社会公众当中所获得的信赖度和知名度，只有合理合规的管理模式所成就的企业正面形象才能获得客户的信任。当企业建立了良好的企业公众形象之后，其形象传播才能更快、更有效。所以通过金融企业公信力的判断可以得出该企业在市场上形象和文化被认可的有效程度。而对于公信力并不优越的金融企业而言，则应该根据自身的情况进行调整，拓宽自身在市场中的占有力度，树立永恒的优质形象。

(2) 金融企业的差异性。差异性是针对金融企业对于同业的竞争情况而言所具有的特性。当市场当中的金融企业都纷纷趋于同一种模式或者销售几乎相近的金融产品的时候，差异化的金融企业就会很快占有市场获取更多客户的青睐。正是这种独特的市场形象和品质能够让金融企业立足于整个市场当中占有份额。如果在形象分析的结论中发现该企业与同业的其他公司在产品、文化、形象上都处于同等地位，没有独特的个性化文化的时候，该企业就应当着重于创新，根据自身的优势创造出适合自己的独特品质，开拓更适合自己的细分市场，树立差异化的企业形象。

(3) 金融企业的竞争性。竞争性是对于金融企业在市场上的最高要求，只有存在强势的竞争能力的时候，企业才能够获取最大化的利润。竞争性对于企业的要求主要表现在企业的业务能力、业务范围、经营效率和服务能力等方面，是企业对细节和管理模式把控的最高体现。在公信力和差异性的改造基本完成后，企业应当更注重利润的获取，如何采用营销战略来获取更多客户，如何利用规模经济和自身的优势来锁定目标群体都是企业自身在完成竞争性时应当考虑的内容。如果竞争性不强的公司，则应该仔细审视内部的战略设定，得出最适合自己的市场和营销战略，在整个金融市场中抢占份额。

三、CIS设计

(一) CIS导入

市场上成功的金融企业形象设计都需要导入CIS，该系统的导入是在结合了企业的自身情况并根据长期调查以及市场环境等因素综合考虑后推行或再次推行的过程。根据每个金融企业的不同设定，对CIS的整体设置和推进情况也有不同的要求，但在实施详细计划的时候必须保证公司的所有员工都参与其中。在建立好了CIS委员会之后，具体的导入分为如下几个部分。

1. CIS战略的确定

在经过前期对金融企业文化和形象的调研分析之后，根据不同的结果，委员会往往会给出不同的解决方式。在现有的金融企业文化下，CIS战略目标一般分为三种情况：企业形象的巩固推广目标、企业形象的改善推广目标、企业形象的重塑推广目标。

对于在调查分析当中获得优异成绩的金融企业而言，其拥有的内部文化和外部形象都优于同业的现有水平，说明该企业的CIS战略方向正确，前景也很光明。在这种情况下，委员会需要的工作就是在原有的基础上进一步加深这种形象的印象，向社会公众传播更多的企业能量，保持现有的发展势头。而那些在调查分析当中获得的评价一般，没有太强的公信力、差异性或者竞争力，但运营机制良好、营运能力没有问题的企业，则应该保留自有优势，并开始发展新的领域来为自身创造更多的利润，这时候的CIS战略目标则是在原有基础上进行修改获取更大的市场份额。大多数情况下，企业都是依照这种战略目标努力改善的。还有一些金融企业在前期的分析评判中成绩并不理想，这种情况下CIS就应该是重塑企业文化，在企业资源合理分析的基础上为企业设计一个全新的核心文化，打造特色的企业形象。

实例10-10　四大国有银行公众形象满意度堪忧

工农中建四大银行老总的公众满意度形象排名垫底。去年9月全球金融危机爆发以来，美国、欧洲大陆以及加拿大、澳大利亚等国家金融机构特别是银行都遭受了重创，许多银行都陷入了危机、困境之中。然而，中国的金融机构却一枝独秀屹立于世界的东方。特别是在全球银行市值缩水、利润大滑甚至亏损情况下，中国商业银行盈利仍然大幅上升，位居世界第一，工商银行(5.44，0.02，0.37%)盈利位居世界单一银行第一名。同时，金融系统特别是商业银行的稳定、流动性充足给中国应对金融危机冲击奠定了坚实基础。但是本次调查却显示，除中国银行股份有限公司董事长肖钢(890.2分)和中国建设银行(7.11，0.04，0.57%)股份有限公司郭树清(881.7分)位列于第16、19名之外，中国工商银行股份有限公司董事长姜建清(863.8分)，中国农业银行股份有限公司董事长项俊波(510.3分)的排名均在二十之外。这比起夺魁招商银行董事长马蔚华、位列第三名的中国光大银行董事长唐双宁(920.2分)、位列第七的国家开发银行董事长陈元(915.2分)、位列第十二名中国民生银行(10.99，0.06，0.55%)股份有限公司董事长董文标(902.1分)，四大银行企业当家人确实有失色彩。

究其原因，报告指出，银行的服务水平很不能令百姓、居民满意是四大银行垫底的主要原因。王堃秘书长指出："面对企业家公众形象满意度排名垫底，四大行应该深刻反思，如果以背靠国家这棵大树就可以长久乘凉，就大错特错了；国家有关监管部门应该密切关注，督促四大行尽快改善服务、提高服务质量，提升百姓和客户满意度。"

资料来源：新浪财经，2009-12-24.

2. CIS的导入计划

(1) CIS纲领的确立。在CIS计划实施之前要首先确立实施的纲领，具体纲领的确立则是由CIS委员会共同完成的，设置好CIS的进程安排、时间和步骤以便在日后实施过程当中更为流畅无阻。

(2) CIS具体内容的确立。根据CIS的具体内容即MI、BI、VI的不同领域来确立具体的形象改进措施，具体涉及经营理念、营销手段和宣传方式等。要求在宣传的过程当中最好运用容易记忆，更易于让客户接受的宣传标语或者图像，来传达企业的精神文化。例如，汇丰银行的宣传标语及其经营理念被概括为"The World Local Bank"。汇丰银行致力于打造世界性范围内的当地银行，在通过不断的并购之后，汇丰银行在全球近80个国家设置了分支银行，为了扩张其企业的全面覆盖能力，加强银行的同业竞争能力，所以将这句标语深深地印在客户的脑海中。

3. CIS计划导入的落实阶段

(1) CIS实施之前的检验。在CIS的实施阶段之前应当对整个战略进行检验，确立其可实施性。如果制订的CIS计划没有得到内外部门的一致认同则会很容易给计划的实施带来困难。因此应该征询外界部门的建议和内部人员的建议，然后对整体的计划进行分析和改进。如果在检验过程当中并没有得到一致的认同则需要重新订立。

(2) CIS的引进介绍。在CIS的导入过程中，委员会应当给予CIS一个详细科学、具象化、规范化的导入步骤，让所有的相关人员能够获取一个整体有效的文化思想，明确理解该计划的全部制订意义和实施的步骤措施，这样对于日后的推进进程带来了很大的便利。

(二) CIS的全面实施、控制阶段

当企业成功导入CIS，获取所有相关人员和部门的认可之后则开始了对CIS的具体实施，其主要目标依然是通过企业各个部门的配合协作来完成企业形象设计，向公众传播企业的新形象，在市场当中获得更多的客户群体。具体的实施步骤如下。

1. 对金融企业理念的持续传播

通过媒体访问、广告公关、网络宣传等直观有效的宣传方法来打开市场，向公众宣传企业的精神面貌和文化理念。但是仅仅让社会大众认知是远远不够的，重要的是要让大众对其产生深刻的印象，让他们做到当自己的金融业务有需求时第一想法就是这个印象深刻的金融企业的程度。因此不断重复的企业精神文化推广是实现CIS整体布局成功的第一要素。

2. 沟通和培训

作为一个系统性的形象设计战略，在把控好外部的认知程度之外还应当做好内部的建设，培养内部员工对企业文化形象的信赖程度和积极程度。在这个过程当中，企业应当随时与员工进行沟通以获取他们的建议和思想，以此作为长期内CIS不断修改的重要依据。企业更应该从指导员公开实践性CIS开始，逐步构建一个内部的CIS体系。尤其是对于新晋员工，更应当注重这方面的培养，从他们开始构建CIS体，让员工都真心实意地遵守企业文化内涵并发扬光大。

3. 运用多种手段提升金融企业的对外形象

在企业的经营运作当中，应当及时策划好企业对内对外的关系，对内体现更多的人文关怀，对外体现更有效的办事能力，在客户心中留下一个干练认真的工作形象。同时应当更积极地投身公益事业或者多多举办一些大型的活动来打响自己的知名度，利用赞助的活动或者自己策划的活动来向广大的社会群众推广自己的品牌和精神面貌。利用这些方式让客户领会金融企业的内在文化形象。

实例10-11　　　　　　　　　**招商银行马蔚华勇立潮头**

在100名金融企业家公众形象满意度调查中，招商银行股份有限公司董事长马蔚华成为最大的赢家，以综合922.7分荣登榜首。自担任招商银行行长以来，马蔚华始终把"创新"二字贯穿于招商银行的发展之中，他导演了招商银行近年来"网络化、资本市场化、

国际化"的三出大戏，使得招商银行拥有全行统一的电子化平台。他率先开发了一系列高技术含量的金融产品与金融服务，吸引了大批高端用户，同时树立了技术领先型银行的社会形象。当政十年，马蔚华领导招商银行，成为中国最新锐的具有国际网点业务的商业银行之一。2008，当华尔街陷入金融危机最冷的寒冬之际，马蔚华却在当地庆祝招商银行纽约分行成功进驻，让美国银行业很惊喜也很惊讶。"越是金融危机，中国银行(5.10，0.09，1.80%)越应该走出去，走国际化之路。不去大海，永远也学不会游泳"。马蔚华以超强的魄力，使招商银行接连上新台阶。他敢打敢拼，迎难而上的企业精神值得业界拍手叫好。在企业社会责任方面，招商银行业走在了金融行业的前沿，在四川汶川县发生7.8级地震后20个小时，招商银行通过中国红十字会向地震受灾地区紧急捐款800万元，用于受灾严重地区群众的救助和安置工作。据中国红十字会表示，该笔捐款是地震发生后该会收到的最大一笔捐款。招商银行全行2万多名员工捐款还在积极募集中，员工捐款已经超过710万元。招商银行先后为灾区人民总捐款额已达到2110万之多。

资料来源：新浪财经，2009-12-14.

▓ 本章小结

金融机构的有形展示就是指企业将其自身的核心理念、经营文化等无形的东西有形化，通过建立外在直观的条件来展示企业的独特性以此吸引特定的顾客。有形展示的作用很强大，集中表现在确立独特形象、吸引固定客户、约束管理行为这三个方面。

金融企业的有形展示主要体现在实体展示、信息沟通和价格这三个方面，通过这样的方式来表现企业的内在价值，获取更多的利润。

企业的形象战略(CIS战略)就是通过自身形象的建立，向顾客传达出自身的形象特点，以此来吸引更多的顾客。主要的作用具体表现在增强企业的影响力、文化内涵以及内部的凝聚力，让客户到员工都对企业有充分的信赖感和热情。

企业形象战略具体分为理念识别(MI)、行为识别(BI)、视觉识别(VI)三个方面。

▓ 思考题

1. 有形展示的具体分类是什么？
2. 试用CIS战略来解释某个商业银行的形象塑造。

▓ 案例讨论

浦发："从新到心，再到行"的对接

"针对公司起步阶段的实际情况，浦发银行采用合同能源管理合同应收账款作为抵押的无担保贷款，提供了首笔600万元的授信额度。随着公司业务的发展，浦发银行根据设

备投运数量的增加，加大了对我们的授信额度，到2013年年底，已增加至2650万元。"江苏辰午节能科技有限公司(以下简称"辰午节能")总经理张文景重点对浦发银行合同能源管理创新式资金扶持进行了描述。

这是12月11日辰午节能总经理张文景在南京举办的"节能服务公司绿色金融综合服务对接会(江苏、安徽专场)"中的发言。本次对接会是由EMCA联手战略合作伙伴浦发银行打造，继12月5日"山东专场"后第二场对接会，旨在充分发挥EMCA打造的"中国节能服务产业投融资平台"的资源对接作用，协助节能服务公司缓解"贷款难"，为节能服务公司与银行创造直接面对面交流探讨的机会。江苏省经信委节能处调研员张海颖、浦发银行总行投行部结构性融资处主管李睿、南瑞集团(国网电科院)副总工程师林文孝、浦发银行南京分行投行业务部张小强、南瑞集团节能环保分公司项目管理部总经理夏卫华及江苏、安徽省内各地节能服务公司代表，浦发银行南京分行及多家支行代表百余人参加了对接会。会议由EMCA副秘书长、融资服务部部长朱霖主持。

张海颖在致辞中，对江苏省节能减排工作的完成情况，节能服务公司从无到有的发展历程及近年来国家和江苏省政府对于节能减排工作和节能服务公司的各方面的支持进行了简要介绍，并分析了节能服务公司对资金需求和融资难的根本原因。她还对本次对接会中浦发银行推出的创新融资产品表示赞许，并表示银企"对接"将带来双赢的局面，而节能服务公司的发展将在社会中带来多赢局面。

李睿则首先对山东济南对接会取得的成果进行了简述，并对能与EMCA再次联手举办本次对接会以及业内部分节能服务公司一直以来的支持和信任表示感谢。她表示浦发银行将更加深入创新，服务节能服务产业，为节能服务公司提供综合的、立体的金融服务方案，更希望在本次对接会中结识更多的新朋友，并达成合作。

在致辞中，林文孝首先对南瑞集团以及南瑞集团节能环保分公司的基本情况及主要从事的相关业务进行了简要的介绍，并表示节能减排是利国利民的事业，各行各业都应参与其中，并给予支持。希望通过本次对接会能达成更多合作，在为国家节能减排做贡献的同时，自身也能达到更好的发展。

值得重点关注的是，张小强在发言中，就浦发银行绿色金融产品和南京分行绿色信贷案例进行了介绍。重点就浦发银行最全的覆盖绿色产业链上下游的"五大板块十大创新产品"和《绿创未来绿色金融综合服务方案2.0》以及合同能源管理融资面临的主要问题和合同能源管理下未来收益权质押融资进行了详细讲解和分析。他还对法国开发署(AFD)中间信贷和亚开行(ADB)建筑节能贷款的定义、优势、适用项目、融资额度以及注意事项分进行了阐述，并结合其中的典型案例与参与代表进行了分享，得到了代表们的高度关注。

南瑞集团节能环保分公司项目管理部总经理夏卫华在发言中，对南瑞集团旗下的南瑞集团节能环保分公司所涉及领域的解决方案及相关技术进行了介绍。如楼宇市政节能、绿色智慧园区、余热余压利用、工业领域、能源综合利用等方面。

朱霖在发言中对2014节能服务产业年度峰会、普查工作、评优活动、节能服务公司评级试点工作等的通知和内容进行了简要的介绍，并希望各节能服务公司积极参与。

会后，与会节能服务公司代表就相关的融资问题，与浦发银行负责人进行了深入交流。据悉，参加本次对接会的"浦发人"近20余位，不难看出他们对节能服务产业的重视和用实际行动证明"新思维，心服务"的服务理念。

资料来源：中国节能服务网，2014-12-15.

案例讨论题：

1. 金融机构应树立什么样的对外形象？

2. 浦发银行的"新思维，心服务"的核心思想是什么？

▦ 推荐读物

安贺新，张宏彦. 商业银行营销实务[M]. 北京：清华大学出版社，2013.

▦ 本章参考资料

1. 安贺新，张宏彦. 商业银行营销实务[M]. 北京：清华大学出版社，2013.

2. 万后芬. 金融营销学[M]. 北京：中国金融出版社，2003.

3. 袁长军. 银行营销学[M]. 北京：清华大学出版社，2014.

4. 安贺新. 服务营销管理[M]. 北京：化学工业出版社，2013.

5. 赵占波. 金融营销学[M]. 北京：北京大学出版社，2014.

6. 罗军. 银行营销管理[M]. 成都：西南财经大学出版社，2010.

7. 王花毅，鲁爽. 我国商业银行服务音效的策略研究[J]. 经济研究导刊，2013(26).

8. 王宏伟. 商业银行个人理财业务的市场细分实践[J]. 洛阳师范学院学报，2012.

9. 周建波，刘志梅. 金融服务营销学[M]. 北京：中国金融出版社，2005.

10. 邹亚生. 银行营销导论[M]. 北京：对外经济贸易大学出版社，2006.

第十一章
金融企业客户关系管理

本章学习目标

● 了解金融企业客户关系管理的内容
● 掌握金融企业客户关系管理的实施过程
● 了解金融服务中的"一对一"营销

本章主要概念

金融企业客户关系管理、客户忠诚管理、"一对一"营销

摩根士丹利客户关系管理应用

摩根士丹利实施分析型CRM的背景

在客户关系管理方面，摩根士丹利(Morgan Stanley)的实践与应用经验值得借鉴。摩根士丹利为近260万的客户和家庭管理着5170亿美元资产，在过去以产品为导向的市场营销战略下，由于缺乏对客户需求的深入了解，摩根士丹利采取按交易收费，按个人账户来计价和营销产品。但随着IRA、互助基金、托管账户等新服务的不断推出，公司必须考虑如何找到最具盈利性的客户，并根据每一个客户的特殊需求制定有针对性的营销策略。然而"在缺乏事实的情况下，公司只能凭感觉来制定决策，对于企业运营业务来说，这是很危险的。"CRM项目高级主管Tony LoFrumento这样说。

为此，摩根士丹利需要能够将深藏在各式各样平台和数据库中的数据进行抽取、清洗加工、分析和挖掘，并将其转换成易于与行政主管和财务顾问共享和访问的信息，而且这个过程需要尽可能的自动化。"市场上有大量的数据挖掘、行为分析和绩效管理应用软件。"LoFrumento说，"我们需要可以无缝集成，以节省我们的时间、降低成本和减少问题的应用系统"。在进行了一系列的评估和选型之后，摩根士丹利选择了SAS的数据仓库和数据挖掘产品以及营销自动化和战略绩效管理解决方案，因为只有SAS能够提供最为全面的、可以满足每项需要的解决方案。此外，公司还选用了SAS子公司DataFlux提供的数据清理软件。

关注最重要的客户

基于SAS公司的产品、技术和应用解决方案，摩根士丹利部署了一个CRM数据集成，整合了所有客户信息，从而提供了对每位客户的全面描述，这在精确度和详细程度方面都是前所未有的。在此之上，LoFrumento领导的CRM小组可以为摩根士丹利业务的各个方面提供更精确的分析。

以拥有多个账户(IRA、定期经纪人账户等)的客户为例，在使用SAS之前，摩根士丹利无法将客户各式各样的账户关联到一个集成的客户视图中，从而造成公司对其最具盈利性的客户进行多重收费——客户并没有享受到真正的VIP待遇。

使用SAS，LoFrumento的小组建立了一种"家庭"模型，来观察每个客户的全部账户中的业务活动。利用该模型，可以从分析角度来全面支持计价、分级福利产品、客户分群、营销活动和客户盈利性等各种计划。

"我的财务顾问真正了解我的需要"

在LoFrumento的CRM小组进入摩根士丹利之前，财务顾问通过推荐、电话访问和批量邮件来寻找客户。最近两年来情况发生了显著变化，现在摩根士丹利可以得到单个客户的级别并预测其行为，如为财务顾问提供有可能对某些产品或服务感兴趣的客户清单。从而真正做到了了解客户，他们的客户现在会说，"我的财务顾问真正了解我的需要。"

最近IRA的营销活动就是一个例子，与过去向整个客户群发送邮件不同的是，摩根士丹利使用预测性模型来选择适当的客户。结果是与2010年同期相比，开立账户的数量增加了40%。

"借助SAS，我们获得了前所未有的有力武器。"LoFrumento说，"现在每当获得新的营销活动请求时，我们可以迅速描述和建立最有可能响应的客户的模型开展该项活动，然后评测结果以帮助我们了解已经完成的工作、没有完成的工作和下一次如何开展更智能的活动。"

摩根士丹利认为，自动化和信息管理也是SAS的重要优势。以前手工跟踪一个涉及10份以上客户清单的营销活动将是一件令人头痛的事。但将它们全部装载到SAS营销活动管理工具中，就可以随时查找所需要的任何结果。

面向未来

目前，摩根士丹利已经实现了数据挖掘、客户分群、预测性建模和商业智能分析等关键功能。LoFrumento正在实施SAS的战略绩效管理来跟踪、评测和执行公司战略。

"我们开始关注企业的绩效管理，"LoFrumento说。"通过分析得到的数据和信息使我们可以向管理层展现是否实现了公司目标和策略上的关键指标。我们可以全面彻底地观察这些指标，上至最高管理层，下至分支机构甚至个人财务顾问。尤其令人兴奋的是由于结果是基于Web的，公司中的每个人都将能访问这些信息、了解被评测的领域及他们扮演的角色。如果没有SAS的分析功能，我们根本不可能做到这一点。"

在这个竞争激烈的经纪人行业，SAS为摩根士丹利提供了独特的优势。"这种价值是无法比拟的。"LoFrumento说，"没有SAS提供的分析智能，企业的发展根本上是盲目的。"

资料来源：http://www.ciotimes.com/bi/sas/44035.html，2011-1-14.

第一节　金融企业客户关系管理概述

在当今的金融服务业竞争中，仅靠产品竞争已难以留住客户，金融企业必须积极地为客户创造价值，提高客户满意度，才能够真正留住顾客并保证盈利。同时，在经济全球化的发展、消费者角色和行为的转变、企业内部管理的需求和现代经济技术发展的综合作用下，金融企业的客户关系管理(Customer Relationship Management，CRM)越来越受到重视。有了客户关系管理的理论和技术，金融企业就可以识别客户并记录他们的信息，包括客户的个人基本信息、产品购买记录和支付信息以及一系列相关的能够概括客户与金融企业关系的信息。随着当代信息及通信技术的进步与发展，建立金融企业与客户的一对一关系以及进行客户价值分析已经成为可能。

一、客户关系管理的内涵

客户关系管理是一种旨在改善企业与客户之间关系的新型管理机制，它主要应用于企业的市场营销、销售、服务与技术支持等与客户相关的领域。其目标一方面是通过更加快速和周到的优质服务吸引更多的客户，另一方面是通过对业务流程的全面管理减少企业的成本。客户关系管理既是一种基于数据库的管理系统，也是一种服务理念的提升。自1997

年以来，全球的CRM市场一直处于爆炸式的快速发展中，应用领域也拓展到服务业。目前CRM的实践和应用主要集中在电子商务、金融、电信等行业，许多电商企业如亚马逊，已率先成为CRM的使用者和受益者。

客户关系管理作为一个管理概念，学术界和业界对其如何定义均提出了各自的观点。综合来看，客户关系管理的含义可以从以下三个层次理解。

(1) 客户关系管理是指导企业管理实践的一种思想和理念，要求企业以客户为中心，把客户看做重要资源，充分了解客户的真实需求，通过与客户建立长期和有效的业务关系，实现客户获得、客户保留、客户忠诚和客户创利的目标。

(2) 客户关系管理是一种技术手段，运用先进的信息技术，形成一整套与客户有关的全部业务流程的优化解决方案。

(3) 客户关系管理是一种创新的企业管理模式和运营机制，贯彻CRM管理理念和思想，运用相关的技术手段，通过对客户信息资料的收集和处理，根据分析结果采取目标性营销，为客户设计符合其需求的产品，做好周到优质的服务工作，从而吸引和保持更多的优质客户。

二、金融企业实施客户关系管理的优势

随着我国金融体制改革的深化和金融业竞争的日趋激烈，金融企业主体意识和危机意识不断增强，金融市场供求格局已发生根本转变。金融企业客户有了更多的选择机会，同时客户的鉴别能力也在不断地提升。有影响力的客户会从不同的金融企业中进行选择，从而获得更好的交易条件。也有客户将自己的需求分配到几家金融机构中来保留自己的市场选择权，当新的或是更好的交易机会出现时，客户可以低成本实现品牌转换，从而享受更优惠的交易费用。

当下民众的生活方式发生着巨大变化，金融企业作为服务行业，应当在新的知识信息经济时代中寻找适合自己的生存方式。当前的消费者希望能够得到更快捷、更便利的金融服务，同时也希望获得更加优质以及个性化的服务。客户关系管理作为改善金融企业与客户之间的关系的新型管理模式，能够通过将金融企业内部资源进行有效整合，针对涉及的各类客户、各个领域进行全面的管理，让金融企业能够以更低的成本以及更高的效率来满足客户的需求，同时最大限度地提升金融企业的整体经济效益。因此金融业客户关系管理是具有非常重要的意义。

(一) 实施客户关系管理是对金融形势变化的客观需求

随着经济全球化和加入WTO，我国金融业直接面临外资金融机构的竞争。在面对外资金融机构的强劲挑战时，我国金融企业必须加快改革步伐，整合内部人力、财力、物力资源以及外部市场资源，增强收益和成本并重的观念，从而巩固市场地位。我国金融买方市场的形成标志着客户已成为金融机构重要的商业资源，随着客户消费行为日趋成熟，消费期望越来越高，强化和提升客户满意度变得非常重要。这就要求金融机构时时掌握客户

动态，对市场进行细分，为客户"一对一"地提供个性化服务。

金融业实施客户关系管理是新经济发展的必然要求。随着网络信息技术的发展与普及，金融客户的消费模式与金融企业的运作模式都产生了改变。例如，人们在支付结算中越来越多地采用了电子货币与网上支付的手段，而随着网上银行的兴起，传统银行的营业网点优势在逐渐减弱。曾经带来丰厚利润的一些基本业务，如借贷业务的利润优势也开始下降。另一方面随着计算机在通信技术上的应用，不仅极大地降低了银行在数据收集、整理、分析上的成本，并且使银行可以借助先进的信息技术，进行金融创新，创造出各种金融投资工具。因此，金融机构也不得不向高附加值的金融信息增值服务方面发展。这些发展趋势使得银行可以借助先进的信息技术，进行金融创新，创造出各种金融投资工具。

(二) 客户关系管理有助于金融业发现并维护重要客户

著名的二八法则认为，往往是20%的高回报客户给企业带来80%的利润，而其他80%客户只给企业带来20%的利润。企业如果能够知道哪些是最可能带来大量利润的优质客户，这家企业就可以合理地规划自己的资源，明智地把资源分配给这些客户，提高他们的满意度，并放弃没有价值的客户，从而使自己的资源得到最佳的利用。

目前我国金融机构采取的一些区分客户价值的方法过于简单。例如，证券公司根据交易金额区分大、中、小和散户，对"大户"提供优质的服务。而有时大户往往是做长线投资的，交易并不频繁。对于目前依靠抽取佣金来盈利的证券公司来说，那些资金量小但交易频繁的客户才是它们真正的利润所在。这样区分的结果使得企业花大代价留住的客户往往并不是对企业有真正价值的客户。因此，金融机构迫切需要解决的问题是建立统一的客户数据平台、更加准确的客户价值细分以及更细致到位的客户差别化服务。金融业客户关系管理的功能就是建立客户数据库，帮助企业通过对客户的交易行为进行投入产出分析，以得出客户对企业的综合贡献来进行价值判断。通过客户对企业贡献度的不同来区分重点客户、潜力客户和普通客户，然后对客户进行差异化营销，设计适合的理财产品，进行其他金融产品的营销和交叉销售等，不断提高客户的满意度和忠诚度等。

实例11-1 **GreenPoint金融公司的CRM建设**

美国GreenPoint金融公司用9个月的时间建立了有40万家用户信息的数据库，包括那些可用来判断每家用户潜在收益的数据模型。现在，它已可以依靠这套系统对销售、市场及客户服务作出决定。例如，对于有较大盈利的客户，贷款员们有额外10到15点定期存款优惠的掌控权，以保持稳定的客户关系。同时，对于那些盈利不佳的客户，还可让银行知道何时应减少存款利率折扣。通过这种系统应用，银行掌握了准确的客户信息，从而会更加有的放矢地处理各类客户关系，强化那些值得信赖的客户关系，而无须毫无目的地为每一位随意走人的客户大打折扣。

资料来源：付晓蓉.金融业客户关系管理[M].北京：机械工业出版社，2010.

(三) 客户关系管理有助于金融机构拓展新市场

随着我国经济的发展，人们的金融需求已不再满足于价格低廉、性能单一的金融产品和服务，而开始向多样化和个性化发展。当前我国的金融产品和服务往往具有很强的同质性，如何提升竞争层次，培养具备高价值及高忠诚度的客户，依赖于流程管理和客户关系管理。个人客户金融产品需求的多样化和个性化特点，也使得金融机构把握客户的难度增大。而通过客户关系管理系统，使得金融机构可以根据客户以往的消费习惯预测其未来的消费习惯，并结合外部经济和相关统计数据预测未来市场的发展趋势。通过这种预测使得企业可以更好地把握市场动态，开发新产品占领市场。如果不具备以上两种能力，即使具备很高的客户服务意识，要想竞争到关键客户并为其提供优质的金融服务，几乎是不可能的。而应用CRM对金融企业最大的挑战在于，如何把客户资源结合到自身的核心竞争力之中，使其难以被模仿，更无法被竞争对手复制。

<table>
<tr><td>**实例11-2**</td><td>**民生银行客服中心与产品设计部门的合作**</td></tr>
</table>

民生银行推出第一期外汇理财产品时，客服中心从客户反馈中了解到，许多人对当时市场上的外汇理财产品普遍由银行掌握"提前中止权"存在异议，希望能由自己掌握期限。客服中心及时将信息和建议反馈给产品设计部门，在二期产品推出时率先将"提前中止权"还给了客户，打出了"我的收益我做主"的营销口号，取得了良好的销售业绩。通过不断向客户提供个性化的服务，为业务开发部门提供产品创新的建议，不仅客服中心的品牌得到客户的普遍认可，同时也为银行开创了一条电子化营销的新路。

资料来源：高冬双. CRM在银行中的应用[J]. 合作经济与科技，2007(319)：72-73.

(四) 客户关系管理有助于防范金融行业内部风险

金融企业实施CRM后，可以通过观察和分析客户行为，及时了解客户信息并进行动态监测，从而缓解金融企业的劣势地位，降低信贷风险；同时通过与客户建立长期合作关系，修改相关条件，建立新的合作机制，提高博弈过程中的银行收益，并减少经营的风险。金融企业来自客户的风险主要是由于客户经理的离职而导致客户终止业务或跟随客户经理转移到竞争对手那里。因此，在一定程度上员工的流失将导致相应的顾客流失。而重要且庞大的客户资产每年的流失，会造成企业无法成长。为了规避这些风险，金融机构就需要建立一整套的客户资料分析系统，并通过对客户行为与信息进行综合分析来规避这些风险。同时，在结合社会外部环境相关经济数据的基础上，还可以帮助金融机构掌握同业经营状况和国际经济发展趋势，减少外部经营风险。

(五) 整合金融企业资源，提升核心竞争力

完整的客户关系管理系统在金融企业资源配置体系中将发挥承前启后的作用。向前可以向金融机构与客户全面联系的渠道伸展，向后能渗透到企业管理、产品设计、计划任

务、人力资源等部门，使企业的信息流和资源流高效顺畅地运行，从而实现金融企业运营效率的全面提高。CRM的实施为金融企业带来先进的以客户为中心的发展战略和经营理念，优化金融企业的组织体系和职能结构，将形成金融企业高效的管理系统和交流通畅的信息系统，将加强金融企业开发、创新和营销金融产品的能力，将提升金融企业的信息化水平和全员的知识、技术和工作能力，从而为培育和打造企业核心竞争力提供有力的保障。

■ 三、金融企业客户关系管理的内容

金融企业客户关系管理是以客户为中心为理念，最终目标是要实现客户资产的最大化。有效的客户关系管理是建立在客户的有效细分基础上，通过扩大潜在的客户基础和充分利用已有的客户基础，针对每个客户的终身价值来进行系统的资产管理，最终达到顾客资产的最大化。金融企业客户关系管理的内容从具体实施的角度看，最重要的是建立一套完整的客户信息系统，侧重于对过程、客户状态、客户满意度和客户成本的管理。

(一) 过程管理

所有的客户关系管理都需要有相应的组织制度予以支撑。在CRM中，过程管理是非常重要的部分，过程决定结果。一般来讲，与客户接触实施CRM的过程可以分成四个阶段：兴趣需求收集阶段、方案设计阶段、营销阶段和跟踪阶段。各个阶段中可将跟踪计划与业务计划结合起来进行，把计划分为日程表、周计划和月计划，日程表主要报告当天的事情进展。日、周、月三个阶段的工作都是可以量化的，根据这些量化的数据可预测下个阶段的工作。

金融企业实施CRM的过程管理可以整合内部资源，建立适应客户战略、职能完整、交通流畅、运行高效的组织机构。同时，以客户需求为中心，形成完整的业务流程，加强了基于客户互动关系的营销和产品及服务的销售工作。

(二) 客户状态管理

金融企业实施CRM需要建立综合的、一体化的、动态的客户数据仓库。CRM最重要的是建立一套完整的客户信息系统，通过对过程的管理，随时了解客户的状态。借助于CRM能够分析和了解处于动态过程中的客户状态，识别新的有价值的客户以扩大客户基础，优化客户组合结构，使优质客户所占份额逐步提高，最大化客户资产。具体内容包括获取新顾客、赢回流失客户以及识别新的细分市场。

(三) 客户满意度管理

客户满意度有两种含义，即行为意义上的客户满意度和经济意义上的客户满意度。从行为角度来讲，满意度是客户经过长期沉淀而形成的情感需求，它是客户在历次交易活动中状态的积累。金融企业通过实施客户关系管理可以清楚掌握客户的状态和特征，避开传统管理带来的经营误区。首先是通过CRM提供的数据分析，找到目标客户，跟踪客户

状态，整理出最忠诚的客户行为标准，以便更好地提供金融服务。有关客户忠诚的研究结果表明，行业竞争的状况对客户满意与客户忠诚之间存在很强的正相关关系。因此在金融机构实施CRM的过程中，需要对客户满意度时时监控和管理，及时发现满意度下降的情况，并分析原因。

(四) 客户成本管理

客户关系管理系统能够帮助金融企业准确地计算和预测客户服务的成本，估算出收益。金融企业可以通过数据库了解每一客户的业务需求，可能购买何种产品，以及在交易发生前后的各项成本是多少。这使得金融业可以根据每一客户创造赢利的潜能提供相应水平的服务。统计数据表明，有相当比例的客户会让金融业产生亏损，例如，服务费用过高的客户，形成呆账、死账的客户，带来诉讼的客户等。亚特兰大咨询公司的调查估计，一家商业银行最高层的20%客户带来的收入是其所花费用的6倍以上，而最底层的20%客户所花费的成本却是他们带来收入的3~4倍。

第二节　金融企业客户关系管理系统的实施

一、建立客户数据库

金融企业在应用客户关系管理系统时首先需要建设综合的、一体化的、动态的客户数据仓库，建立数据仓库是金融业实施客户关系管理的基础。客户关系管理的媒介是积极运用顾客关系技术，收集、掌握、积累、分析、理解、利用顾客信息，并把其转化为知识(可行动的信息)和行动，向员工传授，以提供针对顾客需要的产品和服务。因此，建立客户数据库以及以信息网络为基础的顾客驱动的信息结构，保障信息流到真正需要它的地方，就成为现代客户关系管理的核心。在数据仓库的支持下，金融企业可以不断地挖掘、发现现有客户的潜力，而且随着客户的成长和变化，可以不断调整对客户的理解。充分利用数据挖掘技术，将零散的、大量冗杂的数据转化为对企业决策有帮助的客户知识，并且在全企业内部实施有效的客户知识管理，以保证金融企业的各个互动接触点有完整统一的客户信息，为每次互动提升客户关系质量、最大化客户资产提供保障。

实例11-3　　　　　　一举三得，共同受益

澳大利亚的国民银行是一家全球性的大银行，它们每天都会将所收集的客户数据放到数据仓库中，并且设定了一系列智能分析机制，对客户交易状态进行管理，即对一些非正常的交易金额，即大额的提款和存款进行专门的处理。一旦有客户状态异常的情况发生，

数据仓库会自动作出相关的统计，并将统计的结果提交给营销部门的人员，由营销人员及时与客户进行接触，找出客户状态异常的原因。有一次这家银行发现，一位77岁的老妇提款很多，了解原因后得知她提款是要为女儿买房子，银行就立即与老妇的女儿取得联系，表示愿意为其提供买房贷款。结果，老妇本要从银行取出的存款全部留在了银行，银行又为其女儿贷出了一笔贷款，而且她的女儿将自己其他银行的存款也转存到了这家银行里。一举三得，共同受益。

资料来源：韩宗英，王玮薇. 金融服务营销[M]. 北京：化学工业出版社，2012.

(一) 创建客户信息库

1. 客户信息来源

创建客户信息库的中心工作在于信息收集。信息的来源主要包括：通过客户经理与顾客之间的相互交谈获得的谈话性信息；通过观察顾客接受金融企业产品或服务的全面活动，或者直接考察客户实际情况而获得的观察性信息；通过分析、预测获得的预测性信息。

2. 创建客户信息库的步骤

(1) 将顾客分类，例如分为现有顾客、预期顾客和流失顾客。

(2) 将各类顾客的最近购买情况与购买服务的频率等数据分别输入数据库。

(3) 将每位顾客在一年左右的时间内与金融企业发生的各种联系的细节输入数据库。

(4) 输入顾客的其他信息。

通过建立信息数据库，就可以研究分析顾客的现实、未来变化等。

(二) 建立健全客户信息档案

建立健全的客户信息档案(Customer Information Facility，CIF)，是奠定客户关系管理的基础。客户信息档案是以顾客为中心的大型顾客资料数据库，将顾客个人基本信息、客户单位基本信息和他们的业务资料(各类账户)归为一库。内容包括：

(1) 账号，包括客户编号、货币代号、业务产品代号等。

(2) 个人资料。包含个人资料信息，如姓名、性别、出生年月、出生地、工作单位、职务、收入情况、身份证号、通信地址、联系电话、家庭情况、开户时间、签字、指纹、照片等；账户资料信息，一是开户时间、账面余额、可使用余额、应付利息、应收利息、信用等级、信用额度、贷款、透支利息关联账户、对账单邮寄周期等；二是账户目录及余额，如本外币存款账户、本外币贷款账户、信用卡账户、消费贷款账户等；三是各账户细单，如交易发生日期、交易内容、交易编码、交易发生金额、交易余额、历史交易等；四是每笔交易细单，如交易编码、借方账户、本金、利率、起存及到期日等。

(3) 客户单位资料。包含客户基本资料，如单位名称、行业领域、经营方向、生产规模、市场规模、固定资产余额、技术水平与结构、人力资源结构、首席执行官情况、管理体制与制度等；客户运营资料，如历史信用记录、管理水平、资金周转情况、科技开发与创新、市场前景、盈利水平及增长率等。

(4) 客户资料分析。包含根据客户需求筛选客户群，如年龄、职业、存款余额、存款时间等；根据产品需求筛选客户群，如各类存款、信用卡、消费信贷等；根据信用需求筛选客户群，如信用较好、风险较大等；分析各个客户的贡献，如利差、收费等。

■ 二、客户评价与分级管理

随着竞争加剧、客户的增加，有效地对不同客户进行个性化营销是金融机构在经营活动中的重要工作。金融企业客户量庞大，但各个客户的价值贡献率是不一样的，因此，金融企业要利用建立客户的数据仓库根据客户的价值贡献对客户进行评价和分级管理。金融企业应在客户价值分析的基础上，建立本企业的客户金字塔，了解客户构成，以便更有针对性地实施客户关系管理过程。

(一) 客户金字塔

1. 关键客户(A类客户)

关键客户是金字塔中最顶层的金牌客户，是在过去特定时间内消费额最多的前5%客户。这类客户是企业的优质核心客户群，由于他们经营稳健、做事规矩、信誉度好，对企业的贡献最大，能给企业带来长期稳定的收入，值得企业花费大量时间和精力来提高该类客户的满意度。对这类客户的管理应做到以下几点。

(1) 指派专门的营销人员(或客户代表)经常联络，定期走访，为他们提供最快捷、周到的服务，享受最大的实惠，企业领导也应定期去拜访他们。

(2) 密切注意该类客户的所处行业趋势、企业人事变动等其他异常动向。

(3) 应优先处理该类客户的抱怨和投诉。

2. 主要客户(B类客户)

主要客户是指客户金字塔中，在特定时间内消费额最多的前20%客户中，扣除关键客户后的客户。这类客户一般来说是企业的大客户，但不属于优质客户。由于他们对企业经济指标完成的好坏构成直接影响，不容忽视，企业应倾注相当多的时间和精力关注这类客户的生产经营状况，并有针对性地提供服务。对这类客户的管理应注意以下几点。

(1) 指派专门的营销人员(或客户代表)经常联络，定期走访，为他们提供服务的同时要给予更多的关注，营销主管也应定期去拜访他们。

(2) 密切注意该类客户的产品销售、资金支付能力、人事变动、重组等异常动向。

3.普通客户(C类客户)

普通客户是指除了上述两种客户外，剩下的80%客户。此类客户对企业完成经济指标贡献甚微，消费额占企业总消费额的20%左右。由于他们数量众多，具有"点滴汇集成大海"的增长潜力，企业应控制在这方面的服务投入，按照"方便、及时"的原则，为他们提供大众化的基础性服务，或将精力重点放在发掘有潜力的"明日之星"上，使其早日升为B类客户甚至A类客户。企业营销人员应保持与这些客户的联系，并让他们知道当他们需要帮助的时候，企业总会伸出援手。

(二) 标准客户金字塔

依据客户行为对公司成功的影响大小将活跃客户进行细分(如图11-1所示)。

(1) 顶端客户：销售收入排在前1%的活跃客户。

(2) 高端客户：销售收入排在下一个4%的活跃客户。

(3) 中端客户：销售收入排在下一个15%的活跃客户。

(4) 低端客户：销售收入排在剩下的80%的活跃客户。

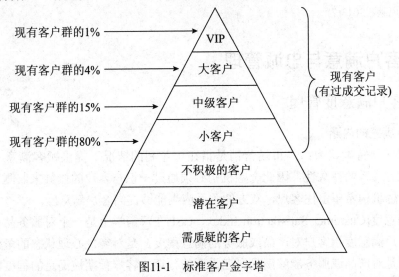

图11-1 标准客户金字塔

实例11-4 大数据时代下邮储银行的数据整合、数据管控和数据应用

邮政金融在2005年开始进行数据整合、数据管控和数据应用方面的工作。2005年12月12日，邮政金融客户管理系统正式启动；2006年12月12日完成了1期项目的建设并顺利上线投入使用。该系统采用数据仓库技术，通过配置在业务系统的通信服务器，获取多个源业务系统的客户信息和交易数据，将收集上来的各类数据在归并和整合后集中存储、集中处理和集中管理。客户管理系统的使用使邮储银行能够全面、深入地分析客户，实现客户的分级管理，有助于业务部门对客户进行有针对性的营销和发展目标客户，同时还可以为管理者在制定发展决策和经营目标时提供数据支持。客户管理系统到现在已经进行了4期项目的建设。目前，系统用户超过7万个，年累计访问量近2000万次，对邮政金融业务的发展起到了积极的推进作用。

邮政金融客户管理系统的建设和使用只是邮储银行在数据整合、管理方面的开始，后面还有很长的路要走。数据整合的最终目的是要让数据发挥最大价值，数据应用是使数据发挥价值的重要手段。邮储银行在建设数据仓库进行数据整合的同时，也在积极推进建立企业级(包括人员、技术、流程、制度等多个层面)的数据管控机制。接下来，邮储银行将从两个方面做好数据整合和治理工作。一是研究建立企业级的元数据管理体系，保障全行数据结构的一致性，建立全行基础数据和业务数据标准体系，规范银行数据从产生到应用的各个环节，从而使数据发挥价值的过程更加顺畅。二是继续推动和完善数据仓库的建设，通过整合上游的业务系统数据，实现数据大集中，形成跨系统的数据整合能力，在提升全行数据质量的基础上建立起面向主题的金融逻辑数据模型，形成全行统一的、准确的业务视图，提高数据分析的质量和时效性。我们希望通过以上举措，能够有效支持企业提升决策能力、客户管理能力和风险控制能力，充分实现数据资产价值，进而提升银行的核心竞争力。

资料来源：高曙东. 大数据时代的数据管理战略——专访中国邮政储蓄银行信息科技部总经理汪航 [J]. 中国金融电脑，2013(7).

三、客户满意与忠诚管理

(一) 客户满意度管理

1. 客户满意的内涵

菲利普·科特勒认为："市场营销是指在可盈利的情况下提供顾客满意。"客户满意影响着双方关系的持久性，因此金融机构必须通过一切与客户的接触来监测客户满意程度。如果金融机构希望留住客户，双方的关系应当能够提高客户满意度。

客户满意度(Customer Satisfaction Index，CSI)在营销学上是一个对服务品质系统量化的概念。客户满意度指客户对产品或服务的满意程度，是对客户心理状态的量化与测量。其衡量标准是对产品或服务能够满足自己需要的预期。客户预期被满足的程度的高低，即是客户满意度的高低，决定其是否会形成忠诚。

一般来说，客户满意度的研究要达到的五大目的是了解顾客的要求和期望、制定服务标准、衡量满意度、识别发展趋势、与竞争者比较，同时使组织上下信息沟通的畅通，改进解决客户抱怨的方案及改变企业对客户的承诺方式等。将客户满意度管理应用于金融客户关系管理中应该是一个循序渐进的过程，必须从企业规划与战略管理的角度予以高度重视。

金融机构对于客户满意度的管理流程如图11-2所示。

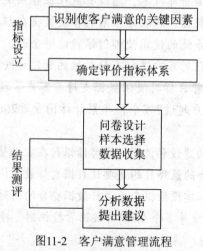

图11-2　客户满意管理流程

实例11-5　　我国零售银行客户满意度上升、忠诚度下降

7月16日，J.D. Power 在北京发布2015年中国零售银行客户满意度研究，报告显示，中国零售银行客户满意度在2015年大幅上升，但忠诚度更低。

J.D. Power服务行业总监邹欣将这一结果归因于银行客户具有比以往更多的投资理财类型选择，如P2P、网络银行和第三方理财机构等都对银行获得并留住客户产生了额外压力。

研究显示，2015年零售银行客户满意度的平均得分为787分(1000分制)。与2014年相比，本年度银行客户对于"费用""问题解决"和"产品供应"三项内容的满意度有大幅提升。

在高满意度的零售银行客户中，有46%的人表示他们"肯定会"在未来12个月里继续使用他们目前使用的银行；有53%的人表示他们"肯定会"在未来12个月里向朋友和家人推荐他们目前使用的银行。但这两个数据分别比2014年的54%和57%有所下降。不尽如人意的地方依然存在，例如，"仍有53%的客户需要排队等候10分钟以上，和2009年的情况相当。"

邹欣认为，之前银行更多是想把客户从网点分流到ATM机、网银或手机银行上去，现在许多银行也在关注于客户向网点的回流。"银行还是希望把客户吸引到网点，做一些相应的产品推介，让他们体验相应的服务。"他表示，与银行网点消亡论相比，自己更倾向于认为网点有必要存在，而且应该精细化深耕。但对于银行业正在推动的数字化网点、直销银行，邹欣认为依然存在同质化，创新应该从客户需求的角度出发，而不是为提供产品而提供产品。

J.D. Power对中国零售银行客户满意度研究是通过"交易/业务办理""产品供应""账户信息""设施""费用"和"问题解决"6项内容来衡量客户满意度，旨在促进客户忠诚度和推荐度的绩效提升行动。

本次研究基于30个城市、超过10 000名零售银行客户的反馈，涵盖国内的15家银行。从客户满意度指数排名来看，交通银行(6.22，-0.01，-0.16%)、民生银行(8.55，0.02，0.23%)、平安银行(11.13，-0.01，-0.09%)位列前三。

资料来源：http://finance.sina.com.cn/money/bank/20150722/234522764210.shtml，2015-7-22.

2. 金融企业提高客户满意的途径

随着金融企业的竞争日益激烈，客户作为金融企业的重要资源，金融企业提高客户满意度不仅仅是经营战略，而且是金融企业运行全过程的导向。这就需要金融企业不仅产品、服务的质量要使客户满意，更要求服务的全过程都能使客户满意，从而提高客户对金融企业的忠诚度，有利于实现企业利润，增加效益。因此，企业不仅要不断提高产品质量以满足客户，而且还要通过满足客户的需求，把客户满意度放在重要位置，将客户满意看作金融企业的一项长期投资。

客户满意度由两个层面决定：一是客户的期望值，二是产品或者服务的实际绩效。这

两个层面在理想中应是统一的，而实际却并不统一，缘于后者由前者所决定，特别是在买方市场中前者更具主导地位。因此，金融企业欲提高客户的满意度，则须以客户期望值为实际绩效的导向，从了解客户期望和提高产品服务品质两大主要方面入手，提高金融行业客户满意度，对客户满意进行管理。

(1) 加强员工的客户满意教育

对客户满意度予以重要关注，这是改善客户满意度的前提条件和营销的出发点。这就需要全员参与，将提高客户满意度作为企业全员的共同责任和目标，各岗位的全面重视和参与以及规范管理是提高客户满意度的基本保证。同时，还应建立满意度内部监控机制，把客户满意度作为企业经营活动的一项重要事项，确立相应的目标、考核体系等有效监控机制和持续改进机制。尤其是在面临客户投诉时，应该教育、培训员工本着以客户为中心的服务理念，适机地引导客户需求，有效解决投诉问题，提升客户满意度。

(2) 动态管理客户数据库

客户需要对期望形成具有重要影响。对以提升客户满意度为目标的企业来说，深入研究客户需求对于了解期望是极其必要的。因而，构建客户数据资料库，掌握客户的潜在需求和偏好是一个重要的举措。客户数据资料既可通过市场调查来获得，也可通过跟踪购买记录、服务跟进记录、投诉记录以及销售人员与客户的接触等渠道获得。企业需要及时收集、清理、更新与修改客户相关信息，从而管理好客户数据资料库。了解客户的需求，首先是细分客户市场，明确营销重点。对于过多地占用企业资源却不能给企业带来利润的客户，企业必须学会放弃。企业要集中资源和能力去挖掘能给自己带来回报的有价值客户。市场细分就是在为客户提供金融服务和金融产品的过程中，按照客户的职业、经济收入状况以及和企业关系的密切度，把整个客户市场进行分类。对于不同的群体，可以采用相应的营销策略和营销技巧。同时，根据及时了解的客户需求，不断创新产品和服务，适时满足客户合理的需求。

(3) 做好客户价值管理

客户感知价值是客户满意的基础。对于客户来说，感知价值是通过比较感知利得和感知利失来衡量。因此，提升客户满意度可以从提高感知利得与降低感知利失入手来优化客户感知。优化客户感知是一项综合的系统工程，需要从多方面努力：①建立面向客户的敏捷性组织，快速了解客户要求，并迅速作出反应；②提升产品与服务品质，开展增值服务。一方面，根据客户需求推出适销对路的金融产品；另一方面，改变被动服务观念，寻求主动，开拓新的客户群。还要从服务方式上进行创新，增加附加服务，致力于"引导和创造客户需求"的服务艺术，立足于未来的需求或长远利益的前瞻服务的创新；③关注客户反馈意见，建立抱怨管理；④注重服务理念的教育和培训。把以"市场为导向，以客户为中心"的服务理念根植员工心中，努力培养具有客户意识的员工队伍；⑤合理的组织结构、通畅的业务流程来确保客户导向的目标得以实现。

(二) 客户忠诚管理

1. 客户忠诚的内涵

奥立佛(Oliver)将客户忠诚定义为"高度承诺在未来一贯重复购买偏好的产品或服务

并因此产生对同一品牌或同一品牌系列产品或服务的重复购买行为,而且不会因为市场态势的变化和竞争性产品营销的吸引而产生转移行为"。奥立佛还研究了客户满意的哪个方面暗示着客户忠诚以及忠诚的哪个部分可以归咎于这种满意成分。这个分析得出的结论是:在忠诚的形成阶段,满意是必要的步骤;而当忠诚开始通过其他机制建立的时候,满意变得不那么重要了。

客户忠诚是指客户对某企业的认可,在情感上对其服务有一种发自内心的高度满意和信任。传统观念认为顾客基本满意就能成为忠诚的顾客。但是,近年来许多研究发现,传统想法在现实中并不总是成立的。一项研究证实90%的背离顾客对他们以前获得的服务表示满意。经过深入地研究,学者们注意到在测定顾客满意度时,通常所得到的结果"满意或不满意"是一维的,是只在强度范围内连续变化的情感或认知状态。然而,给出相同满意分的顾客,会因本身对服务提供者的感情不同,或性格、外部环境等不同而表现出不同的忠诚度。

来自哈佛大学商学院的另一项调研表明:完全顾客满意是确保顾客忠诚和产生长期利润的关键。美国Opinion Research Corporation的副总裁John Larson就发现,完全满意的零售银行储户比基本满意的顾客忠诚度高42%。此外,Anderson等人经过利润长期增长客户忠诚度多年的研究,从理论和实证上分别证明了客户满意与忠诚存在显著的相关关系,由此可见,客户忠诚度主要由客户满意度决定。所以,提高客户满意度对客户满意加强管理尤为重要。

2. 金融企业提高客户忠诚的途径

(1) 提高产品与服务质量

当感知的产品与服务绩效低于"适当产品与服务"水平时,客户会不满意,进而导致忠诚度下降;当绩效高于"期望"水平时,客户会感到愉悦并增强忠诚度,客户是通过一次次的产品购买与服务接触产生关联并感知质量的。对于金融业来说,服务与金融产品均具有高度的同质性、出色的服务质量、附加服务的程度以及个性化等都是优异的市场绩效的基本决定因素,可以为客户创造更多的价值。

(2) 树立"以客户为中心"的理念

随着现代科学技术的发展和金融业竞争的进一步加剧,客户对金融产品的期望越来越高,客户已不再是金融产品和服务的被动接受者,而是现代金融市场最活跃的参与者。因此,在金融业竞争日趋激烈的市场环境中,始终坚持"以客户为中心"显得越来越重要。在金融产品的设计和提供服务的种类等方面应从客户角度来考虑问题,为客户提供度身定做的产品和服务,使整体服务过程充分体现真诚、友善、及时、周到、满足,进而提升客户忠诚度。

(3) 分级实施客户忠诚计划

数据库是一种大规模的数据存储技术,其中的信息具有面向主题、集成的、及时、稳定且可组装的特性。数据库在金融行业中有着巨大的作用。它能够帮助企业深度地分析客户的复杂购买行为,帮助企业确定谁是他们真正的客户,并同时记录客户的喜好和行为的具体细节。金融企业要想提高客户的忠诚,不断地经营下去,就要充分利用数据库以及客户信息管理系统,及时了解包括客户基本情况、个人爱好、对金融产品的认知程度和需求状况、收入情况及享受金融服务情况等方面内容的客户信息，并进行分类、组合及系统分析，同时针对不同层次客户的特点，提供分类管理与个性化服务，以留住客户，增加利润。

(4) 提高员工的忠诚度

金融服务的生产和消费是同时进行的，员工与客户在服务过程中互动性很强，员工的工作态度、工作质量直接影响着客户感知服务质量，很大程度上决定了客户对企业的满意度和忠诚度。研究表明，高忠诚度的员工在处理单位内成员之间的问题时通常坚持单位内的规范和信条，且工作中表现出较强的积极性和主动性。因此，金融行业必须提高员工的忠诚度，使员工齐心为企业创造价值。

实例11-6　　　　　　　　　　　奖励计划

不列颠建屋互助协会是唯一一家直接与客户分享利润的建屋互助协会。协会独特的会员奖励制度体现了它致力于达成"建立更公平的社团"的协会使命。每年协会用一部分利润额度奖励会员的忠诚。作为一个建屋互助协会，他们没有股东，客户就是协会的会员。在过去12年里，协会与全体会员分享了5亿多英镑的利润，每位会员每年最多享受高达500英镑的奖励。当客户从协会抵押贷款或在协会开设一个储蓄账户，与任何建屋互助协会的制度一样，客户即可成为协会会员，并因此有资格获得协会独有的会员奖励。会龄满两年，会员就可以开始在其拥有的每项合格的不列颠协会产品上赚取积分。奖励计划不仅奖励加入协会两年的成员，也根据会员在协会购买产品数量进行奖励。不列颠建屋互助协会十多年前就已经意识到信息将成为获取竞争优势的重要部分，一直大量投资于信息系统建设。

资料来源：吉里恩·道兹·法夸尔，亚瑟·梅丹. 金融服务营销[M]. 北京：中国金融出版社，2014.

第三节　金融服务"一对一"营销

■ 一、"一对一"营销的内涵

"一对一"营销的概念是美国学者唐·派珀斯(Don Peppers)和马莎·罗杰斯(Martha Rogers)于1993年在《一对一的未来：与客户逐一建立关系》书中提出的。他们指出：一对一营销发生在你与你的客户直接互动的时候，当客户告诉你他或她需要什么时，在互动的基础上你对这位单一客户改变的行为称之为"一对一营销"。从本质来看，一对一营销旨在通过影响盈利行为、建立顾客忠诚度，来实现顾客终生价值的最大化。两位学者将传统的大众化营销与一对一营销进行了对比(见表11-1)。

表11-1　大众化营销与一对一营销的对比

大众化营销	"一对一"营销
顾客平均化	顾客差别化
顾客匿名	顾客概貌
标准化产品	定制产品
大众化生产	定制生产
大众化分销	差别化分销
大众化广告	差别化信息
大众化促销	差别化激励
单向信息	双向信息
规模经济	范围经济
市场份额	顾客份额
全部顾客	有盈利顾客
顾客吸引力	顾客保持

"一对一"营销是以客户为核心的运作。主要内容有：①客户占有率。"一对一"营销提出了将焦点从市场占有率转换到客户占有率的新的营销思维模式，指出企业除了要创造机会提升营业额以外，也应思考如何增加每一位客户的营业额，当致力于提升现有客户的销售金额时，也正式与客户建立一个更长远、更忠诚的关系。②客户的保留与开发。研究表明，开发一个新客户所花费的成本要比保有一个现有客户的成本高出5倍之多，而大部分的企业每年平均有高达25%的客户会流失。如果企业能将客户流失率减少5%，利润将会有100%的增长。③与特定客户实现互动。"一对一"营销的观点认为，企业并非服务所有客户，而是为其核心客户建立不可破灭的关系，从而实现利润。为了让每一个客户能有最大的贡献，企业必须与每个客户进行交互式的沟通对话和意见交流，通过双向沟通媒介以及信息回馈机制，清楚地了解客户的需求，从而改进产品和服务，为客户提供最贴切服务。

■ 二、"一对一"营销的过程

根据"一对一"营销以客户为核心的思想，金融企业"一对一"营销具体分为四个阶段来运作。

(一) 识别客户

实施"一对一"营销时，占有客户的详细资料相当关键。挖掘出一定数量的客户，并且是具有较高服务价值的企业客户，与其中的每一位建立良好关系，最大限度地提高每位客户的服务价值。

此阶段需要做的工作包括：将更多的客户名输入到数据库中，采集客户的有关信息以及验证并更新客户信息。

(二) 客户差异分析

不同的客户代表不同的价值水平,不同的客户有不同的需求。因此,在充分掌握客户的重要信息资料并考虑了客户价值的前提下,合理区分客户之间的差异是重要的工作。

在这一阶段,金融企业需要识别自身的"金牌"客户及哪些客户导致了企业成本的发生,按照上一阶段的客户数据进行筛查,根据客户给自身带来的价值,把客户分成不同的类别。

(三) 双向沟通

要了解客户的信息和需求,就必须经常与客户保持互动。和客户之间建立一种互动的学习型关系,并使其发挥最大的价值。"一对一"营销善于创造机会让客户告诉企业他需要什么,并将其反馈给客户,保住该客户的业务。

(四) 调整产品及服务

以各种各样的产品满足客户的需求,为单个客户定制一件实体产品或者围绕这件产品提供定制服务。

实例11-7　　　招商银行私人银行的"全权委托"业务

招商银行私人银行在成立七周年之际,捕捉高端客户的实际需求,推出了"全权委托"业务。

"我们可以根据高净值客户的风险偏好和收益目标量身定制一对一的全权委托方案,满足委托人的个性化需求。通过全权委托业务,银行和客户的利益是绑定的,只有帮客户实现了超额收益,银行才能有业绩提成。"招商银行私人银行总经理表示。

"全权委托"两大特点

招行全权委托投资经理介绍,"全权委托模式有两大特点,第一是全权打理,也就是在授权范围内私人银行不再需要逐笔向客户核实交易细节,我们可以直接为其配置金融资产和投资产品。"

其次就是"一对一"定制。全权委托将客户从交易细节中解放出来,"全权委托客户对授权交易的大方向是有把握的,银行提供的则是专业和定制化的金融服务。"

据了解,目前境外市场超过一半以上的私人银行客户都选择全权委托服务模式。客户与银行之间完全不再是产品销售和顾问服务的关系,而是更稳健长期的互信关系。

招行率先升级服务

近年来国内各大银行和理财机构纷纷转型受托资产管理,推出类似全权委托的资产管理业务。而深谙财富管理之道的招商银行私人银行于2014年5月份正式推出全权委托业务,是国内首家实质意义上开展全权资产委托业务的私人银行。

获悉,下一步招行还会将全权委托业务嵌入到家族信托业务中,全面满足客户对委托财产的风险隔离、财富传承及资产稳健增值的综合诉求。而和总行一脉相承的招商银行私人银行(东莞)中心也会陆续推出系列服务，相信这又将引领新一波的金融服务风潮。

资料来源：http://www.qh.xinhuanet.com/2015-07/01/c_1115775781.htm，2015-7-1.

■ 三、金融企业"一对一"营销的意义

我们可以看出，"一对一"营销所主张的营销观念正是金融企业营销的精要所在。首先，金融的产品同质性非常高，仅是依靠价格或者产品的特点来吸引顾客显然是不够的，必须依靠独特的服务。在服务中，金融产品和强烈的专业性又使得服务人员必须受过严格的专业训练和有充分的沟通能力，还有更为重要的因素就是因消费者而变，适应消费者的个人风格，了解消费者的详细情况，这就是"一对一"营销提供的基本营销思路。这种营销方式实际上是倡导一种新的思维模式，力图建立一种客户关系，通过与每一个客户的互动，了解他们的需求，为他们找到适合的产品，与客户建立持续的双赢关系。其次，"一对一"营销实际上也是最大限度维持老客户的做法，而在金融业务中偶然服务发生的概率明显是比较大的，然而开发一个新客户的费用比保有一个老客户要多出5倍。信息科技的发展尤其互联网的普及，对于金融服务而言，无论是在服务方式、服务手段还是在服务管理上都带来了巨大的变化；对于服务提供者而言，必须把握住这些变化所带来的新的机遇和挑战，还要肩负教育和培养消费者适应并充分享受这种变化的责任。

⋮⋮ 本章小结

金融企业的客户关系管理要求金融企业以客户为中心，把客户看做重要资源，充分了解客户的真实需求，运用先进的信息技术，通过对客户信息资料的收集和处理，为客户设计符合其需求的产品，做好周到优质的服务工作，与客户建立长期、有效的业务关系，实现客户获得、客户保留、客户忠诚和客户创利的目标。

金融企业在实施客户关系管理系统时需要建设综合的、一体化的、动态的客户数据仓库。建立数据仓库是金融业实施客户关系管理的基础，利用建立的客户数据仓库，根据客户的价值贡献对客户进行评价和分级管理。通过一系列的营销活动来实现客户满意，达到客户忠诚。

金融企业提高客户忠诚的途径包括：提高产品与服务质量、树立"以客户为中心"的理念、分级实施客户忠诚计划、提高员工的忠诚度。

⋮⋮ 思考题

1. 金融企业实施客户关系管理的意义是什么？
2. 目前我国金融企业的客户关系管理存在哪些问题？有哪些值得学习和借鉴的榜样？

::: 案例讨论

中国平安保险公司北京分公司一体化CRM

随着我国加入WTO，更多的外资保险公司将直接与本土的保险公司竞争。面对挑战，我国保险业对信息管理提出了更高的要求，不能仅满足于单纯的业务流程自动化，而要将战略重点放在客户关系管理上，如何获得客户的认知，如何巩固客户关系并随时更新客户信息，至关重要的是把这些信息用于提高自身竞争力上。

中国平安保险股份有限公司北京分公司引进CRM系统后，在不同的角度都能够得到客户的全部信息：如有的客户只提供车牌号，有的客户只提供保单号，还有的客户只提供身份证号，而不论是客户提供何种的唯一标识都能够检索到与其相关的全部信息，都能够及时了解到当天或某段时间需要续保的客户名单，并根据与客户的联系情况来获得续保、不再续保和正在考虑中的客户名单，从而保证能够及时跟进客户、减少客户资源的流失。

随着业务的发展，面对顾客需求多样性、激烈的行业竞争，信息的快捷传递、员工工作有效的管理、业务拓展的有效支持等问题日益突出，采用CRM系统后及时地解决了以上的问题。

在充分调研了保险行业面临的挑战和特性之后，CRM公司采用三大套件，并提供与原有保险业务系统相整合的软件包，为保险行业提供了"三位一体"的解决方案。它包含了三个层面(如下图所示)：客户应用层(TurboLink)、业务管理层(TurboCRM)和决策支持层(TurboDSS)，为企业提供一体化的管理。

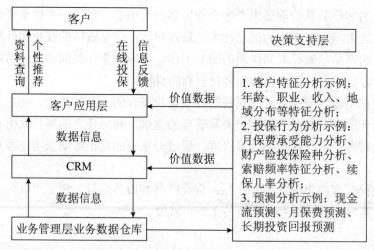

1. 客户应用层

客户应用层为客户提供了一个个性化的互动界面，包含了客户主页、交易平台、个性产品推荐、银行转账等功能模块。客户可以利用互联网连接到保险企业为客户提供的互动界面上，根据自己的需求情况查询到相关的信息。客户还可以使用TurboLink直接进行投保，如果不清楚投保的流程还可以在系统中直接得到有效的帮助信息，由此可以帮助客户熟悉投保流程。同时TurboLink会记录下客户访问的信息内容，以便为其提供个性信息。而保险公司的业务人员将通过业务管理层TurboCRM系统对在线保单进行实时高效的跟踪、确认，既可以让客户感受到投保简单方便，也可以提高业务人员的销售效率。TurboLink也为客户提供了互动的条件，客户可以利用TurboLink直接查询到信息的反馈处理情况，而不用天天打电话去询问处理情况。同时TurboLink还为客户提供银行转账、自身投保情况的跟踪、个性产品的推荐等。TurboLink系统的应用不但拓宽了销售的渠道，同时也拉近了与顾客的距离，简化了业务人员销售流程。

2. 业务管理层

业务管理层是一个以客户为中心的客户关系管理系统，TurboCRM包含了客户管理、竞争对手、合作伙伴、员工管理、市场管理、销售管理、订单管理、服务管理等功能模块。TurboCRM为公司内部实现了工作的协同，它不但衔接了部门间的工作内容，同时也规范了部门内的工作流程。如客户利用TurboLink进行投保，销售人员利用TurboCRM接到投保单后与客户进行联系，得到客户的正式确认后，销售人员就可以把在线保单直接转入正式的保单管理中，并把联系的情况和处理的结果录入系统中；如果需要服务部门进行支持，则可以反馈服务请求到服务部门；服务人员接到服务请求后填写处理意见，并生成服务任务执行。这样一来，不但客户能够及时了解投保的进度，销售人员也能够及时跟踪到服务的进展情况，并准备好下一步的工作。TurboCRM还为公司实现了信息资源的共享，管理人员也能够及时获取下属员工的工作内容和工作状况等。

3. 决策支持层

决策支持层为公司的发展战略提供了科学、量化的数据支持。TurboDSS为公司提供的系列软件都采用统一的数据仓库，使得数据资源得到有效的整合和利用。TurboDSS系统包含了销售分析、市场分析、服务分析、费用分析、顾客特征分析、伙伴特征分析、险种特征分析、竞争分析、丢单分析、员工分析等。TurboDSS系统可以从客户—产品—客户特征—产品特征等多种条件下进行多维度分析。以车险为例，保险公司可以利用TurboDSS系统从不同的角度对出险率进行分析：

(1) 从客户本身出发，TurboDSS系统可以分析出何种性别、哪个年龄段的客户出险率高。

(2) 从险种出发，TurboDSS系统可以分析出哪种险种或不同险种的出险率高。

(3) 从车辆本身出发，TurboDSS系统可以分析出哪种类型的车、是否有防盗系统等车辆的特征来分析出险率的情况。

同时TurboDSS系统也可以对以上的信息进行综合性分析。利用TurboDSS系统可以找出持续投保不高的客户，以便对这些客户加强关怀来留住；还可以发现哪种类型的客户从潜在客户向现实客户转化过程中，花费的成本是最高的，而哪类是最低的，是何种原因产生的，这样就能为开发新客户成本进行有效的控制。该系统还可以为保险公司提供多种分析模型和多种分析角度，使数据资料利用的价值最大化。

案例讨论题：

1. 一体化CRM从哪些方面提高了平安保险的服务效率？
2. 金融企业实施CRM的步骤有哪些？

⸬ 推荐读物

付晓蓉. 金融业客户关系管理[M]. 北京：机械工业出版社，2010.

⸬ 本章参考资料

1. 安贺新. 服务营销管理[M]. 北京：化学工业出版社，2011.

2. 安贺新，张宏彦. 商业银行营销实务[M]. 北京：清华大学出版社，2013.

3. 郭国庆. 服务营销管理[M]. 北京：中国人民大学出版社，2013.

4. 吉里恩·道兹·法夸尔，亚瑟·梅丹. 金融服务营销[M]. 北京：中国金融出版社，2014.

5. 韩宗英，王玮薇. 金融服务营销[M]. 北京：化学工业出版社，2012.

6. 周晓明，唐小飞. 金融服务营销[M]. 北京：机械工业出版社，2011.

第十二章
金融营销的
发展趋势

本章学习目标

● 了解互联网营销的类型与策略
● 掌握全球化金融营销
● 掌握体验营销的特点和方式

本章主要概念

互联网营销、全球化营销、金融体验营销

导入案例 微众银行试营业 "刷脸"即可贷款

2015年，1月18日，首批民营银行中的深圳前海微众银行试营业，作为首家号称没有网点、仅依靠互联网的新型银行，尽管只是内部系统测试却也吸引了市场关注的目光，引发外界对于互联网银行在监管、技术、产品等方面的好奇。

明显的"互联网"标签

"我们是银行？我们是互联网公司？我们是互联网银行！"昨日，北京晨报记者登录微众银行的PC网页发现，PC网页上依旧是之前的模样，用户进入微众银行需要通过扫描在"WeBank"标示下方的二维码，用手机登录。不过，截至记者发稿时，手机终端也仅是一些介绍内容，并未有具体的业务出现。

拥有30亿元的注册资本金、背靠着腾讯这个互联网大企业，微众银行带着明显的"互联网"标签：没有物理网点和柜台，开户、风控、服务或将于线上完成。在中国还从没有出现过这样经营模式的银行，带给人们太多期待。此次微众银行试营业或将是互联网银行的首次落地，因此备受瞩目。

此前微众银行曾透露一些构想，如"刷脸"开户、无抵押信用贷款、一元钱起存起贷等。现在看来，一些支撑这些新奇构想的重要问题仍没有得出明确结论。例如，"刷脸"是否意味着"面签"的监管要求已经突破？

来势汹汹发起挑战

对传统银行而言，以微众银行为代表的民营银行无疑是现有金融体系的搅局者。它们凭借互联网金融的新技术和新方式，来势汹汹地向传统银行发起严峻的挑战。客户吸收方面，凭借大股东腾讯在QQ和微信积累的近10亿客户，微众银行先天就具备了庞大的潜在客户群；就业务便捷及服务个性化而言，网络银行更易吸引未来中国消费的主力军——"80后""90后"客户的垂青。运营成本方面，微众银行摒弃了铺设网点的扩张模式，暂时不设立物理网点和柜台，所有获客、风控、服务都在线上完成，成本投入远低于传统银行。

运营效率方面，运用人脸识别系统，微众银行加快了贷款的审批速度，7×24小时不中断的线上营业，为客户节省了排队等待的时间。对于相关的产品开发，继承互联网精神的微众银行将采用产品经理负责制，其推出产品的速度将比传统银行更具优势。

大数据应用方面，微众银行借助腾讯旗下的平台资源，能够获得比传统银行更多的海量信息，不需要调查信用、上门担保，就可为用户建立基于线上行为的征信报告。

资料来源：微众银行试营业 "刷脸"即可贷款.石家庄新闻网，2015-1-24.

进入21世纪，金融营销发展出现了新的趋势，互联网金融营销异军突起，全球化营销成绩瞩目，体验营销方兴未艾，这些新的现象源于经济全球化、技术进步及营销理论创新等。新的渠道、新的思路及新的战略被不断提出，金融市场上的竞争越来越激烈，对于金融企业来讲，机遇与挑战并存。

第一节 互联网金融营销

新世纪是信息与网络的世界，无论是在工作、学习还是生活中，互联网的影响正深入人类活动的方方面面。网民的数量在迅速增加，各类互联网企业已经不满足于传统的互联网服务，而且逐渐向金融领域渗透。

一、互联网对金融营销的改变

金融服务营销最新的改变来自互联网，互联网使企业和客户迅速地建立联系，而且在很短时间内就能进行信息发布和调整。以下数据表明互联网的影响速度：

——获得1000万的用户，收音机用了40年时间；

——获得1000万的用户，电视机用了15年时间；

——获得1000万的用户，网络用了3年时间；

——获得1000万的用户，电子邮箱用了不到1年时间。[①]

互联网以惊人的速度捕捉客户，也彻底改变了金融服务营销的方式，把新的沟通方式带进了金融业，也给传统金融业带来了挑战和压力。互联网企业在金融产品信息的传递和金融产品的推广方面有着极高的效率。而且互联网公司还采用了新的沟通方式，使金融服务和营销在全新的平台上展开。

从中国的情况我们也可以看出，互联网金融对传统金融业的冲击既迅速又巨大，百度教你炒股、腾讯开了银行、阿里巴巴在做支付结算，互联网金融日新月异的变化使人应接不暇。

实例12-1 "余额宝"们如何改变金融业

"如果银行不改变，我们改变银行。"马云在2008年"第七届中国企业领袖年会"演讲时说的这句话，如今正在成为现实。

9402亿元！这是中国人民银行公布的2014年1月份人民币存款减少的额度。可供参考的两个数字是：腾讯公司截至2014年2月27日的市值为11 492亿港元(约合人民币9065亿元)，通信运营业2013年全年实现电信业务收入11 689亿元。如此巨大的降幅，让金融从业者和监管者颇感意外。存款"搬家"最主要的原因，是以"余额宝"为代表的互联网理财产品迅速崛起，互联网金融产品的威力已经显现。

"传统产业要拥抱互联网！"李彦宏在2013年中国版权年会上说过的一句话，听起来温和，实则绵里藏针，似乎是互联网产业向所有传统产业发出的"请战书"。纸质媒体、

---

① (美)杰•纳格德曼 (Jay Nagdeman). 金融服务营销实务[M]. 张韬，刘琰珲，张轩峰，陶冶，杨巧南译. 北京：对外经济贸易大学出版社，2013.

百货零售、图书出版、通信运营等行业已经感受到了互联网的强烈冲击，不得不改变经营模式。如今，金融业这个国民经济的核心领域也感受到了来自互联网行业的攻势。

6%～7%的高收益率，加上灵活性、流动性较强，成为余额宝吸引大量用户将活期储蓄转移至支付宝的主要原因。余额宝对活期储蓄的巨大吸引力，让银行业的日子没那么好过了。对于余额宝的"鲶鱼效应"带来的巨大影响，支付宝方面表示"完全没有想到"。

资料来源：叶曜坤."余额宝"们如何改变金融业[N].人民邮电，2014-2-28.

■ 二、互联网金融产品

互联网金融与金融互联网是两个不同的概念，金融互联网是指金融企业主导的互联网营销渠道，而互联网金融是指以互联网公司为主导推出的金融业务。

(一) 理财产品

互联网理财产品中比较常见的有以下几类：互联网公司与金融机构合作的货币市场基金、互联网公司理财类产品及互联网公司融资类产品。

规模最大、影响最广泛的当属互联网公司推出的货币市场基金，在美国有Paypal货币市场基金，在中国有阿里巴巴的余额宝、百度公司的百度百发等。

美国Paypal公司在1999年就设立了利用账户余额的货币市场基金，由Paypal的资产管理公司通过连接基金的方式交给巴克莱(之后是贝莱德)的母账户管理。原先用户存在Paypal支付账户的资金原本不计利息，但是转到Paypal的基金专户就不一样了。用户只需简单地操作，存放在Paypal的余额就将自动转入货币市场基金，而且申购起点金额只有0.01美元，从而获得收益。如果用户使用PayPal账户进行购买、支付时，用户账户中相应的基金份额会立刻自动赎回，然后完成支付。

2013年，阿里巴巴旗下的淘宝网推出了与"支付宝"联系的理财产品"余额宝"，用户可以把支付宝的闲置资金转入余额宝投资理财获取收益，该产品购买方便、起点低、收益率较好，迅速赢得了大量的用户，不到1年时间，"余额宝"就成长为全球四大货币基金之一，客户数超过股民，而与之合作的天弘基金也成为中国最大基金。

(二) 理财服务

互联网公司提供的理财服务是建立在拥有的金融信息和分析技术上，为客户提供不涉及资金转移的纯金融服务。一般这类服务有两种：理财计算器和理财规划定制。

1. 理财计算器

很多经营金融理财服务的互联网公司都会提供理财计算器服务，这种计算器服务常常是免费的。常见的有存款利息计算器和贷款计算器，贷款计算器最常见的是房贷计算器，在输入首付、期限、本金之后，网上计算器可以为用户很快算出月供多少。

2. 理财方案定制

在传统银行理财方案定制是需要与客户经理见面并长时间协商沟通的，但在互联网公司，会利用在线理财专家和理财软件为客户进行自动理财和智能理财。在这方面，美国著名的个人理财网站mint就是成功的典范，2007年正式上线后，mint把个人所有的财务信息都纳入用户所设立的账户中，其中包括用户的银行账户、个人养老账户、信用卡、基金、房贷等内容，通过理财分析使用户更全面了解自己的财务状况。mint还为客户提供每月收支、预算及现金流统计等财务管理功能，并且还帮助用户分析每个月在各方面的开支比重，帮助客户理性消费。

(三) 金融分析工具

互联网公司的优势之一就是拥有网络技术专长，以网络大数据为基础，利用信息技术，对过去和现在的金融数据进行高效地数据处理，可以得出更为全面、客观的分析，推测出金融市场未来的可能走势。

从2012年开始，谷歌在欧洲推出了互联网金融产品比价服务，作用是帮助用户购买保险等金融产品。

■ 三、互联网金融机构与平台

(一) 互联网银行

互联网银行又被银行业者称为纯网络银行，世界上第一家互联网银行诞生在美国，1994年，美国三家银行联合在互联网上创建了美国安全第一网络银行，这是历史上第一家纯粹的网络银行，完全没有线下网点，只依靠互联网提供大范围、多种银行业务。1995年10月，美国安全第一网络银行在网上开业，短短几个月，近千万人次上网浏览，客户达到4000个，每个账户平均交易额达到25 000美元。该行可以安全、快速地处理业务，在美国引起了不小地轰动。起初，该行只提供互联网对账服务，后来发展到存储、货币市场账户、信用卡等业务。该行运营三年后，因出现亏损被收购。

但即便首家网络银行失败了，互联网银行并没有因此而消失，美国、西班牙、日本等国家又出现了互联网银行的新成员。

2015年1月，中国的首家互联网银行——深圳前海微众银行开始试营业，一些经济界人士对该银行风险管理、客户管理方面有很多疑虑，如怎么解决开户的问题。但金融业内人士认为互联网银行是发展趋势，是未来的银行模式。

(二) 互联网保险机构及平台

美国的金融体系和互联网技术都领先全球，自然地，互联网保险也最早出现在美国，美国国民第一证券银行首开通过互联网销售保险单的先河。美国加州的网络保险服务公司INSWEB在1997年用户数是66万，两年后就猛增到了300万之多。到1999年，全美约有70万户家庭网上购买了汽车保险，其价值高达5亿美元。

继美国之后不久，欧洲、亚洲也出现了互联网保险营销，1997年，意大利KAS保险公司用微软技术建立了一套网络保险服务系统，造价高达110万美元，并在网络上不断提供最新的报价，之后该公司的保单快速上升到原先的10倍。1999年英国建立"屏幕交易"网站，提供7家保险公司的汽车及旅游保险，用户数量月增速达到70%。1999年，日本American Family保险公司开始提供网上汽车保险，到次年6月通过因特网签订的合同数就累计突破了1万件。2000年日本朝日生命保险公司、第一劝业银行、伊藤忠商事等共同出资设立网络公司专门从事保险销售活动，该公司于次年开始正式营业。

在英国，2010年车辆保险和家庭财产保险的网络销售保费已经占到47%和32%，2014年，美国部分保险险种的网上交易占比已经高达30%～50%。韩国网上车险销售额占总销售额的20%以上，日本车辆险业务电子商务渠道的业务份额也达到41%，保险网络销售在多个国家都增速惊人。①

中国的首家互联网保险公司——众安保险正式开业于2013年11月开业，由中国平安、阿里巴巴、腾讯等9家公司发起筹建众安在线财产保险股份有限公司，注册资本为10亿元。第三方保险电子商务平台——慧择保险网、"放心保"等也陆续出现。

实例12-2 你方唱罢我登场——2013互联网保险大戏回顾

2013年，被称为中国互联网金融元年，也是国内互联网保险热点不断，精彩纷呈，甚至可以说是井喷的一年。

2月28日，保监会批准中国平安、阿里巴巴、腾讯等9家公司发起筹建众安在线财产保险股份有限公司，注册资本为10亿元。

6月19日，财经门户网站和讯网正式上线保险电子商务平台"放心保"。致力于为消费者提供需求发掘、产品寻优、保险营销员沟通、形成购买、记录保存、售后等一站式服务。

7月29日，京东宣布进军互联网金融，互联网保险平台建设加速，引入人保、泰康、阳光等多家公司入驻。

8月26日，安联保险在淘宝保险平台推出"中秋赏月险"。此后，熊孩子险等各类噱头十足的"奇葩"互联网保险产品不断出现。

11月6日，由马云、马化腾、马明哲联手打造的众安保险正式开业，成为我国首家网络保险公司。

11月11日，淘宝"双十一"当天，淘宝保险成交超1.5亿笔，寿险产品的总销售额超过了6亿元，其中国华人寿一款产品10分钟就卖出1亿元。

12月6日，中国人寿电子商务有限公司正式开业，注册资本10亿元。

2013年12月，车险无忧获得国内顶级VC机构A轮数千万级人民币投资，成为中国第一个获得顶级VC千万级投资的汽车保险网站。

资料来源：刁乃波.你方唱罢我登场——2013互联网保险大戏回顾.新浪财经，2014-4-4.

---

① 国外互联网保险也很火 最早出现在美国.人民网，2014-12-15.

(三) 互联网投融资机构与平台

1. P2P网贷

P2P网贷，意即"个人对个人"。典型的模式为：由网络信贷公司提供交易平台，借贷双方在网上自由竞价，撮合成交。资金借出者获取利息收益，承担风险；资金借入人得到资金使用权，到期偿还本金和利息，网络信贷公司通过平台收取中介服务费。

P2P网贷比之于传统的借贷方式有很大的优越性，过去在银行无法取得融资的借款人在互联网上能充分享受贷款的高效与便捷。

2. 互联网贷款公司

从全世界范围看，LendingClub是全球知名的互联网贷款公司，已经在美国上市，2013年，著名搜索引擎公司——谷歌曾经对该公司投资1.25亿美元。此外，谷歌旗下的风险投资业务"谷歌风投"，曾经和美国互联网投资大腕皮特·泰尔和其他风投合作，向一家互联网小额贷款平台OnDeck投资了1700万美元。媒体分析指出，谷歌在网络搜索领域经营多年，拥有海量的消费者数据以及优秀的大数据分析能力，这将是其进入互联网金融的最大筹码。[①]在中国，较为知名的网贷公司有阿里巴巴打造的"阿里小微金融服务集团"。

3. 互联网证券公司及投资平台

互联网证券公司中较为知名的有日本SBI证券，它是SBI集团的一员。SBI集团前身为软银集团的金融投资部，成立于1999年，集团旗下拥有的网络证券、网络银行、网络保险、私设证券交易平台、外汇保证金交易平台等网络金融公司，均处于行业领先地位，形成了世界上独特的网络金融生态圈。SBI证券以方便快捷的业务著称，已经发展为日本最大的网络证券企业。

阿里巴巴旗下的淘宝也在2012年开通了理财平台，以平台的形式涉足基金、保险理财、贵金属等多个投资领域。在支付宝下面也设立了理财频道，可以开通支付宝理财专户和基金专户，同样涉及基金、贵金属、保险理财产品等领域。

■ 四、互联网金融营销策略

(一) 目标市场选择

1. 寻找市场缝隙

有的互联网金融企业无法完全取代实体机构，就可以采取市场缝隙战略，找到目前实体金融企业无法满足需求的市场，在这个市场上提供专业化、专门化服务。

互联网金融企业是依托互联网办理金融业务的，而互联网被称为虚拟世界，网络渠道快捷、方便，但有时也会使一些客户感觉缺乏真实可靠的感觉，而且有些业务也确实无法

---

① http://tech.qq.com/a/20150109/011957.htm.

在网上完成，例如互联网银行无法为小客户提供现金服务，也没有保管箱业务，注定了没有办法与线下银行比业务种类，似乎天生就有缺陷，所以办成大而全是比较难的。对于这些企业，走特色化道路，填补市场空白，是可以重点考虑的战略。2015年1月开业的深圳前海微众银行目前的目标客户就是小微企业和个人客户。

再如，2013年阿里巴巴电子商务有限公司宣布以自己为主体建立小微金融服务集团，将服务人群锁定为小微企业和个人消费者。2014年10月，阿里小微金融服务集团以蚂蚁金融服务集团的名义正式成立，业务包括支付宝、支付宝钱包、余额宝等。

2. 市场扩张战略

有些互联网金融企业是先在某些市场站稳脚跟，之后再考虑进一步扩大市场。例如，日本最大的网络证券企业SBI证券虽然拥有很多客户，但SBI的客户以中老年居多，该公司为了赢得更多的青年客户群，于2014年开始提供通过免费通讯应用程序"LINE(连我)"进行股票交易的服务，希望将平时经常使用LINE的年轻用户变成该公司的投资客户。

吸引新的客户群体前，要做好市场调查，了解原先对本企业不感兴趣的客户群的金融需求、消费习惯以及行为偏好，通过创新的技术、产品或渠道赢得新客户青睐。

(二) 渠道策略

互联网公司依赖的互联网本身就已经是高效的营销渠道，但只有网络渠道还不够，要想获得更多的客户群，还需要找到适合的中间商与之合作，还需要借助更多的其他渠道。

1. 与实体金融企业合作

互联网公司有时缺乏金融产品开发的资格或资金管理的经验，就需要与实体金融企业进行合作，推出组合式金融产品。美国的Paypal层与巴克莱银行合作推出货币基金，中国的阿里巴巴与百度公司也都是与知名的国内基金公司合作推出货币基金。互联网公司利用自身的用户资源，把互联网用户变为金融产品营销对象。在这个过程中，金融产品开发与资金的投资运作交给金融企业，而金融产品营销和资金吸收过程由互联网公司完成。

2. 互联网金融与电子商务合作

互联网金融企业还有一个更为接近的合作伙伴——电子商务企业。它们拥有的很强的共性，都是借助网络进行营销和运作，只不过一个营销的是有形产品，另一个营销的是无形的服务。二者合作有着很好的基础，对于喜欢网上购物的客户，只要提供一个链接，就很容易接受与购物平台有联系的金融产品和服务。

其中，日本乐天银行的经营就有值得学习的独到之处。日本的网络银行eBANK被日本最大的网络购物平台——乐天收购，之后更名为乐大银行。网络金融和电商建立起紧密联系，乐天电子商务平台以及平台上积累的大量交易数据为eBANK提供了得天独厚的优势。电商业务创造了庞大购物信贷需求，再加上通过积分打通银行业务与在线购物，另外还有针对个体户和消费者推出的"超级贷款"，乐天银行与乐天电商平台的合作效应，使该行业绩超常增长。

3. 借助新媒体渠道

互联网公司为了进一步扩宽营销渠道，还会运用其他新媒体渠道，例如借助手机软件、社交平台等扩大金融服务的覆盖范围。例如，阿里巴巴的支付宝已经成为重要的网上支付金融工具，为了进一步扩大营销成果，阿里巴巴旗下的淘宝网还在鼓励客户用手机使用支付宝，用现金返利方式指导客户下载手机软件。

(三) 价格策略

1. 免费策略

某些互联网金融公司为了吸引客户拜访网站，会打出免费宣传，如提供免费的信息、免费的线上咨询服务等。当客户被这些免费服务吸引后，如果对业务产生了兴趣，就有可能进一步购买付费的金融产品。

2. 高收益率宣传策略

理财产品吸引客户的很大的因素是较高的收益率，有人甚至喊出"收益率为王"。很多互联网金融公司在营销理财产品时都会把较高的预期收益率数字用很显眼、色彩鲜艳的字体表现出来，以此吸引网页浏览者。很多投资理财客户在购买理财产品时，对产品的其他方面并不感兴趣，也没有耐心看产品介绍，只一味追逐收益率，导致理财网站常常以高收益率为首要的宣传策略。

(四) 大数据营销策略

互联网金融比之于传统金融的优势之一就是拥有复杂的信息处理技术，而很多互联网金融业务背后都有大数据平台支持。例如，中国首家互联网银行营业的开业的底气很大程度上源于大股东腾讯，该公司在QQ和微信积累了近10亿客户，因此微众银行先天就具备了庞大的潜在客户群，用适当的方式接入这个客户群体，就可以很快地让这个庞大的客户群了解微众银行，并开展营销宣传。

再如，百度公司近期推出了"百度股市通"APP，这是国内首款应用大数据引擎技术智能分析股市行情热点的股票APP，也意味着百度正式进军互联网证券市场。百度的营销理念是大数据金融服务，口号是："百度股市通"独家提供"智能选股"服务。

实例12-3　百度携大数据"圈地"证券业 "BAT"开启互联网金融新战场

今日，百度将开放"百度股市通"APP公测。这是国内首款应用大数据引擎技术智能分析股市行情热点的股票APP，同时意味着百度正式进军互联网证券市场。

据悉，"百度股市通"提供的"智能选股"服务，基于百度每日实时抓取的数百万条新闻资讯和数亿次的股票、政经相关搜索大数据，通过技术建模、人工智能，帮助用户快速获知全网关注的投资热点，并掌握这些热点背后的驱动事件及相关个股。

百度战略副总裁金宇表示，百度的大数据和技术优势给我们进军互联网证券行业提供了有力的支持，相比较传统的股票软件，"百度股市通"第一次有效解决了股民最基础、最迫切的"信息不对称"问题，使普通股民可以跨越信息搜集难题，享受机构大户VIP式的高端信息服务。

中登公司的数据显示，截止到2014年12月份，沪深股票账户合计1.4亿户，A股新增开户数自2014年10月中旬以来，已经连续十周突破20万户。在移动互联网、互联网金融快速发展的背景下，网民变股民的需求更加迫切。

百度股市通产品负责人金灵表示，"我们希望可以借助百度领先的技术和产品能力，为股民提供最顶尖的股票投资决策服务，让散户可以享受到目前只有顶级机构投资者才能享用的信息技术优势，让股票投资变得更加简单、便捷、智能。"

资料来源：张歆. 百度携大数据"圈地"证券业 "BAT"开启互联网金融新战场[N]. 证券日报，2015-2-10.

第二节　全球化金融营销

经济全球化促进了金融业务的全球化，很多大型金融企业都不只限于为本国客户提供服务，有的企业为他国客户提供离岸金融业务，有的直接把分支机构开到海外。金融企业以往只盯住国内客户和国内竞争者的本国营销格局已转变为全球化营销格局。

■ 一、全球化金融营销背景及原因

(一) 金融服务全球化

金融服务的全球化是经济全球化的一个结果，金融服务于经济，产业全球化导致金融服务业向外延伸，例如一个金融企业的客户成为跨国企业，如果该金融企业无法提供海外服务的话，就可能失去这个客户。金融服务的特点之一是生产和消费要同时进行，无法分离，所以要向境外提供金融服务，不能像出口产品一样产销分离，金融企业就要想办法解决服务向外延伸的问题，例如有的银行为进出口业务较多的企业推出包含押汇、打包放款、保理业务等一体的金融组合产品。还有些时候因为政策原因，企业和居民无法在其他国家资本市场上投资，就需要金融企业作为跨国投资的媒介，例如在美国，外国企业要在纳斯达克上市就需要求助于美国的知名投行；在中国，有的金融企业争取到QDII(合格境内投资者)，使客户能分享国际金融市场利益。

(二) 金融市场全球化

经济的全球化促进了金融市场的全球化，各国的政治、经济、法律环境的差异在缩小，而且越来越多的国家的经济政策开始纳入国际金融规则的内容。例如"巴塞尔协议"对金融市场约束的核心内容已经被很多国家写入了法规，并进行贯彻，这使得来自不同国家的银行在某一个金融市场上可以尽量公平地竞争。在某些金融业务领域，时差和金融操作电子化也成为市场全球化的重要原因，例如伦敦外汇市场闭市的时间里，处在其他时区

的金融中心有的还正在营业，外汇买卖客户可以通过电讯系统在纽约、悉尼等外汇市场进行交易。一些重要的金融市场，如黄金市场、外汇市场、期货市场每天都会处理大量来自世界各地的客户发出的买卖指令。

知识链接12-1　　　　　　　**全球主要外汇市场有哪些**

地　区	城　市	开市时间(GMT)	收市时间(GMT)
亚洲	东京	0:00AM	8:00PM
	香港	1:00AM	9:00PM
欧洲	法兰克福	8:00AM	16:00PM
	巴黎	8:00AM	16:00PM
	伦敦	9:00AM	17:00PM
北美洲	纽约	12:00AM	20:00PM
大洋洲	悉尼	23:00AM	7:00PM

目前，世界上大约有30多个主要的外汇市场，它们遍布于世界各大洲的不同国家和地区。根据传统的地域划分，可分为亚洲、欧洲、北美洲等三大部分，其中，最重要的有伦敦、纽约、东京、新加坡、法兰克福、香港、巴黎、洛杉矶等。1998年前四大市场的交易额分别占全球外汇交易总额的32%、18%、8%、7%，加总共占全球外汇交易的65%。另外，一些新兴的区域性外汇市场，如巴拿马、开罗和巴林等也大量涌现，并逐渐走向成熟。

从20世纪70年代以来，由于亚太地区的新加坡、中国的香港等外汇市场的兴起，从时差上使世界各地外汇市场的营业时间相互衔接，加上现代化通信设备和电子计算机大量应用于国际金融业，从而使全球外汇市场一天24小时都在开放，可以连续不断地进行交易，形成一个统一的市场。

（三）金融客户全球化

交通的便利、技术的进步、旅游热的兴起、跨国投资增加，这些都导致企业、个人的活动在全球范围内不断扩大。"地球村"一词形象地道出了人的活动的活跃程度使地理隔阂在变小。旅游旺地、商业中心、文化中心每天都在吸引着全球来客，而这些也会成为金融活跃的地方，货币兑换、国际结算的需求会增加，金融机构要面对世界各地的客户。即便是并不发达的国家和地区，只要有工程建设、项目开发、资源开采，也有可能吸引各国的投资，引来金融机构的关注。金融企业的客户已不再局限于本地、本国客户。

金融组织中客户全球化程度最高的应数Visa和MasterCard等金融支付体系，如MasterCard(万事达卡)一开始只是在美国境内消费的国内卡，经过了多年全球化营销，已经收到了全球用户的认可，成为全球金融支付著名品牌。

中国支付品牌——银联卡,近10年来全球用户急速增长,与银联组织有步骤地全球化营销密不可分。中国人在全球活动的增加,使银联卡在全球的特约商户迅速增加,各国尤其是中国人出现频繁的国家和地区的商家,都对银联卡业务十分重视,10年的时间"银联卡经济圈"就扩大到了全球。

(四) 金融竞争全球化

来自发达国家的金融企业想要拓展新的市场,而发展中国家的金融企业要进入成熟金融市场分享金融繁荣的利益。金融企业想要寻找成本更低的资金和资金运用效率更高的投资项目,这些原因促进了金融机构在全球市场进行更广泛的竞争。20世纪80、90年代以来,很多国际大型金融企业就加速了全球化布局,次贷危机后,西方的金融企业又特别关注新兴市场国家,有些非洲国家存款利率甚至达到了两位数,贷款利率则更高,而反观发达金融市场,存贷款利率已经非常低,甚至日本在亚洲金融危机后存款利率常年接近"零利率",如果吸收发达国家资金,投入欠发达国家,对于金融企业来说,可以使资金使用效率提高。

当然成熟市场国家的金融企业的全球化竞争会给发展中国家的金融机构带来挑战,如同中国在加入世贸组织之前,金融业人士面对金融开放,高呼"狼来了",担心金融开放后,外资金融机构会击垮本土金融机构。但从现实的情况看,"外资金融狼"不仅带来了竞争压力,也带来了先进的竞争和营销理念,而中资金融企业在此之后也加快了走出去的步伐。所以全球化竞争有利有弊,不想在竞争中落败,就要在竞争中蜕变。

实例12-4 **大公国际海外经营**

大公国际,全称"大公国际资信评估有限公司",1994年经中国人民银行和国家经贸委批准成立,拥有中国政府特许经营的全部评级资质。大公国际一直寻求其国际化发展战略,其战略大致可以划分为三个步骤:

第一步,推动国际评级体系改革。其中最为重要的是"创建理论":以2009年4月大公国际负责人在博鳌亚洲论坛发表《构建新型国际信用评级体系》的专题演讲为标志,构建新型国际评级机构的理论体系正式形成。

第二步,进军海外评级市场。2011年11月8日,大公国际与白俄罗斯政府在北京签署委托协议,为白俄罗斯开展国家信用评级服务。这是大公国际第一份委托国家信用评级业务。

第三步,建立海外分支机构。目前,大公国际已经在中国香港和欧洲设立了海外分支机构。

带着国人的期待,大公国际走出海外战略的第一步。梳理走向国际的过程,分析其中的优劣,都能够发现值得其他准备"走出去"企业的借鉴之处:

第一,制定恰当的海外发展战略。第二,占据以技术优势为根本的核心竞争力。第三,拥有稳定优质的管理团队。第四,集聚一体化能力。

资料来源:任永菊. 大公国际海外经营的两个短板[N]. 企业观察报,2013-9-9.

■ 二、金融服务全球化战略

(一) 金融企业全球化布局战略

1. 开设境外机构

金融企业开设境外机构常见的三种类型为：代表处、分公司、子公司。代表处一般设立比较容易，虽然不能办理业务，但可以进行咨询服务，收集当地的经济、金融信息，以及联系境外客户和合作者。如果要办理业务，就要设立分公司或子公司。分公司与子公司的不同之处在于，分公司是总公司的一部分，总公司可以直接管理分公司；而子公司是独立法人实体，母公司只能通过运用股东权利来间接控制子公司。子公司的情况又可分为全资子公司和控股子公司，全资子公司是指子公司的100%资金都由母公司投资，而控股子公司是指母公司占有子公司股份的50%以上，但未达到100%。目前来看，设立独立法人形态的子公司要更加方便，而设立金融分支机构受到的约束越来越多。所以金融企业采用设立子公司或子银行的方式进行海外布局已经成为一种趋势。

设立境外机构的考量因素一般包括：目的国的政治稳定程度、经济开放程度、税率、商业繁荣程度、金融发达程度、可能遇到的竞争情况、本国与该国的贸易及金融关系、本国客户在该国的活动等。

知识链接12-2

银行都爱卢森堡

在欧洲大陆版图上，卢森堡是个很小的国家。"国际化和跨境的金融市场，是卢森堡的特色所在，"卢森堡大公国驻上海总领事吕可为表示，这也是被法国、德国、比利时包围的卢森堡在"小国寡民"状况下的生存之道。卢森堡仅2586平方公里的国土面积只比海口市略大，在地图上常常被忽略，但是每天都有巨额的财富在卢森堡流转。卢森堡是欧元区最大的财富管理和私人银行中心，也是全球第二大的投资基金中心。来自25个国家的142家银行分支机构都在这里扎根，其中不乏中国银行的身影。中国银行、中国工商银行、中国建设银行都已经将欧洲大陆总部设在了卢森堡。在人民币国际化、中资企业走出去和金融资产全球配置的浪潮中，中资银行纷纷出海，以期进一步完善跨国服务网络。

如今卢森堡43%的人口为外籍人，其中中国人占比大约在1%左右。每个工作日，来自比利时、法国和德国的十余万人跨越国界涌入卢森堡，成为国际化员工队伍的组成者之一。在银行从业人员方面，根据普华永道2010年年底的数据，有66%的银行从业人员为外籍人士，德语、法语、英语被广泛使用，多元文化的交汇为卢森堡赋予海纳百川的精神。

2. 入股国外金融机构

相比于设立分公司、子公司，入股国外金融机构考虑的问题要少很多。通过买入目的国的金融公司股份，成为股东，分享该国金融市场上的获利。但是，入股有一定的被动性，并不是所有的金融企业都欢迎外来资金参股、控股。买入价如果过高，可能得不偿失，而且，买入股份有限的情况下，也无法控制该企业，失去了资金的主导权。

3. 金融企业并购

如果金融企业的规模比较大，资金实力比较雄厚，也可以考虑收购、兼并其他金融企业，扩张全球经营网络。美国的金融企业并购战略采取的多是金融企业之间的强强兼并，例如，1998年花旗集团与旅行者集团合并，组成了新的花旗集团，形成了一个超级跨国金融集团，业务覆盖全球100多个国家和地区。

(二) 全球化金融营销战略

1. 目标市场选择策略

金融企业全球化营销的目标市场应锁定在与本企业客户、业务相关性强的市场。首先，要考虑业务量大的国家和地区，即便不能设立分支机构，也应该建立长期的代理中间商联系。其次，是考虑重要的贸易伙伴国家和地区的市场，这些国家和地区是本国的外贸企业、跨国企业经营活动频繁的地方，金融企业可以追随企业走出去的步伐，提供其所需的金融服务。第三，要考虑主要结算货币所在国，金融企业的一个很大的功能就是为客户提供结算服务，在主要结算货币所在国设立机构，有利于提高结算效率，节约结算成本。第四，要考虑本国居民海外聚居地，金融企业在海外经营最容易争取的客户是本国在外居民，很多金融企业都是靠着这一客户群打开了营销局面。

2. 全球化金融营销的环境分析

(1) 全球营销的宏观环境分析要素

政治法律。不同国家的政治法律环境是不一样的，金融企业进入他国，首先需要了解该国政治环境和法律环境，在财会制度、用人制度方面尤其要注意，避免造成违法经营。

经济环境。市场逐渐开放、社会分工程度加深、贸易与投资的自由化、对市场准入限制的减少，这是全球共性，但每个国家的经济发展阶段是不同的，经济基础和制度也有差异。金融企业进入他国，在推出产品服务前，要先考虑该国的经济结构、收入分配状况等。

文化习俗环境。金融企业进入他国进行经营，行为规范要避免与当地文化、风俗相悖的状况，要适当地聘用当地员工，尤其是前台直接接触客户的人员，注意避免跨文化冲突。在全民信教的国家需要融入当地的宗教文化氛围，在宗教状况比较复杂的国家，要避免触及宗教问题。

(2) 全球营销的微观环境分析要素

金融企业内部态势。根据SWOT分析法，金融企业内部分析主要分为两个方面，即优势分析和劣势分析。具体涉及人员、工作语言、技术、管理等方面。

竞争者分析。要考虑在东道国的金融制度下，哪些金融企业对本企业构成竞争威胁，如果东道国是混业经营制度，竞争关系就会比较复杂。另外，东道国的竞争者熟悉本土，进入企业如果实力、经验不是很有优势，就要尽量避免与本土竞争者在其优势领域进行过度激烈的竞争，而是可以寻找市场缝隙，满足客户未被满足的需求。

3. 竞争与合作结合的策略

一国的金融企业进入国外市场，必定会对当地金融企业形成竞争威胁，争食同一块市场蛋糕，竞争中要把握自身优势，扩大目标客户群。但也不是所有的领域都需要设立海外机构进行跨国竞争。如果要在所有业务发生的国家和地区都进行设立机构，成本、时间、人力耗费过多，有些时候可以寻找适当的国外中间商及合作者，达到间接延伸服务的目的。

这些合作伙伴又分为短期合作伙伴和长期合作伙伴。例如银团贷款中的参加行就是短期合作伙伴，当对海外项目进行贷款时，本国银行可以寻找信用较好的当地银行组成银团发放银团贷款，或者由当地行作为代理行办理分批发放贷款、调查贷款使用情况、收回贷款本息等事宜。

长期频繁发生的业务就需要建立长期合作伙伴关系，比较典型的如国际业务中的代理行。在办理国际业务中，银行常常需要外国代理行来帮助完成业务流程，有些银行拥有成百上千的海外代理行关系，中国工商银行在2013年业务综述中称：通过遍布全球的1903个代理行为客户服务。

实例12-5　**中美俄三方机构成立世界信用评级集团——全世界评级机构联合起来，挑战三巨头**

2012年10月24日，中国大公国际资信评估有限公司，联合美国伊根—琼斯(Egan-Jones)评级公司和俄罗斯信用评级公司，在北京联合举行发布会，发起成立了一个新型国际评级组织——世界信用评级集团。国际信用评级被垄断的时代有望终结。

世界信用评级集团将有一个全新的体系，改变目前几大国际评级机构"不公正"的"恶习"。理查德·海恩斯沃茨说，新机构将"代表着多元的文化，能够提供不同角度的声音"。

过去，三大评级集团认为自己的结论是正确的，然而，却得不到其他国家的认可。"这在很大程度上阻碍了国际资本的流动。"关建中说，"新机构是非主权性质、多个国家参与的、绝对没有利益冲突的、建立全球统一的评级标准。"

当然，由于市场目前对这三家评级巨头的依赖，"三巨头"的垄断地位一时无可撼动。关建中在接受《中国经济周刊》的采访时表示："我们不打算完全取代现存的评级体系，我们只是作为市场主体去竞争，让市场能够选择有价值的评级公司。"让整个国际社会共同来参与，比起只让一个国家来做评级，给全世界带来的好处更大。

资料来源：朱禁弢. 李凤桃，中美俄三方机构成立世界信用评级集团——全世界评级机构联合起来，挑战三巨头[J]. 中国经济周刊.

4. 标准化营销与本土化营销的结合策略

标准化营销是在全球开展业务都采用标准、统一的服务，例如VISA等金融支付体系，这种营销方式全球消费趋同是一个趋势，但各个国家的文化传统和价值观念仍然有很大区别。

汇丰银行就是全球化竞争的一个先驱，它虽然期初是英国人出资设立，但由于在全球广设网点机构，使得它最终成为一个全球化金融集团。汇丰银行有一句核心的广告语："The world's local bank"翻译为"全球金融、地方智慧"。汇丰银行在每一个地方设立机构，都要避免被当作外来银行而受到文化排斥，这在与当地银行的竞争中是不利的，所以广告中非常注重对本土文化的尊重。

第三节 金融体验营销

金融服务营销的一个新发展趋势就是体验营销，很多金融企业都在尝试为客户提供金融消费体验，吸引客户对其金融产品和服务产生兴趣，进而刺激客户的金融消费欲望，很多金融体验营销的做法都以新奇取胜，常常一出现就成为媒体的焦点。

一、金融体验营销的内涵

美国学者约瑟夫·派恩及詹姆斯·吉尔摩于1998年发表《体验经济时代来临》，之后"体验经济"概念就引起了关注，体验营销的方法和内容也在不断丰富。

(一) 金融体验营销的内涵

1. 体验的概念界定

在营销学上，对"体验"的理解是以社会心理学理论为基础，可以认为体验是思维的反映，或者认为体验是个人对某类刺激作出的反应。在营销行为中，这些刺激包括企业为了营销所做的种种努力。从客户管理的角度，客户体验是指客户与产品、企业之间互动造成的反应。产品、服务和体验的比较如表12-1所示。

表12-1 产品、服务和体验的比较

项 目	产 品	服 务	体 验
形态	有形的	无形的	难忘的
属性	同质	异质	完全个性化
传递	生产、分销与消费过程分离	生产、分销和消费过程同时发生	生产、分销和消费过程同时发生，并可延续到消费过程以后
特征	一种物品	一种活动或过程	一个过程，一种影响，一种感受
价值的实现途径	工厂生产	买卖交互过程中实现	买卖的交互过程中及交互过程后实现
所有权	交换牵涉所有权的转移	一般不牵涉所有权的转移	体验不属于体验的提供者，只属于消费者

2. 金融体验营销

金融体验营销的概念，我们可以理解为金融企业从感官、情感、思考、关联等多个方面入手，设计营销方案，运用金融服务，激发、满足客户对金融体验的需求，最终达到经营目的的营销模式。

(二) 金融体验营销的特点及作用

1. 金融体验营销的特点

金融体验营销传统与传统的营销模式有很大不同，最重要的是理念的区别。以往的营销思想都是建立在一个假设上：消费者都是"理性消费者"，这与传统经济学的基本假设——人都是"理性人"是相符的。但行为金融学的研究告诉我们，人不完全是理性的。体验营销理论最有价值的地方就在于在思考方式上的突破，认为消费者在进行消费时，同时具备理性与感性，而在消费过程中的体验才是最关键的。所以金融体验营销的侧重点就是把客户同时当作理性消费者和感性消费者，关注客户的体验满意度。体验营销与传统营销的区别如表12-2所示。

表12-2　体验营销与传统营销的区别

体验营销	传统营销
营销重点在客户体验	产品宣传重点在于功能特性和利益
视顾客为理性和感性者	视顾客为理性的决策者
专注在广泛的社会文化背景下体验消费场景	关注产品的分类和在竞争者中的营销定位

2. 金融体验营销的作用

对于体验营销的作用，学者伯尔尼·H. 施密特杰认为，体验营销就是通过手段刺激消费者的感官和情感，并引发其思考、联想，然后促使其参与行动和体验。

具体来说，体验营销作用有以下几点：促使金融企业理解客户，提升客户管理水平；引导客户体验，激发客户消费欲望，提升促销的效率；客户会与他人分享服务体验，有利于新客户的开发。

■ 二、体验营销的主要内容

(一) 金融服务体验营销模型

金融企业为客户提供服务的过程中，客户参与性要得到重视，服务的过程可以看做是金融企业与客户共同创造价值的过程。图12-1是金融服务业的客户体验模型。由图可知，客户体验的影响因素包括两个方面，一个是服务环境中的正向力量方面，另一个是服务环境中的负向力量方面。很多客户把办理金融业务过程中所有的感受都当作服务体验的部分，甚至没有进入营业大厅前停车的方便与否都会影响到客户的体验。美国的很多银行都会提供免下车的服务设施，就是充分考虑到了停车难的问题。奥洛林等学者认为，品牌体验、交易体验、关系体验这三个层次的体验互相关联，而且会影响到客户的满意度。

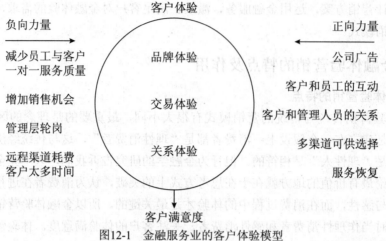

图12-1　金融服务业的客户体验模型

资料来源：吉莉恩·道兹·法夸尔，亚瑟·梅丹.金融服务营销[M].北京：中国金融出版社，2014.

（二）体验营销方式

1. 感官式体验营销

感官式体验营销是指金融企业引导客户尝试金融产品或服务，使之建立感官上的体验，这些感官体验包括视觉、听觉、触觉、嗅觉等。感官式体验营销的优势就是能让客户建立直观的印象，这是宣传页、宣传片、媒体广告及人员介绍都无法达到的效果。

实例12-6　　　　　　　**未来的银行会是什么样子**

未来的银行是什么样子？最近，农行苏州分行在独墅湖边设立的银行体验中心或许可以成为你想象的基础。触摸屏、3D投影、全息体感墙，甚至还有手拿话筒的机器人，这样的银行看上去更像是个数码高科技产品展示厅。但是，仔细看看你就会发现，在这里你可以得到普通银行提供的所有服务，而且是更方便、更快捷的无纸化全数码操作。据悉，这样的银行体验中心在国内还是首家，在全世界范围内也只有花旗银行等了了数家银行具备。

2013年5月7日，农行苏州分行电子银行部副总经理张国良带领记者在体验中心尝鲜了一把。这个体验中心依次由个人金融区、公司金融区、三农服务区、联盟合作区、网点金融区、农行形象展示区等六个大区域组成。在个人金融区，一面体感墙吸引了记者的注意力。这面体感墙显示了一个家庭的内部环境，站在墙前用手挥动，就能在这个家里走来走去。而家中的家具、电器很多都可以点击，用手虚拟摸一摸就会跳出相关的金融服务，如电视银行、电话银行等。在网点金融区，张国良带记者参观了一个小小的自助式柜台。这个柜台可以现场操作很多功能，最特别的是，点一下帮助，屏幕上就会跳出电话中心的工作人员，顾客如果有什么需要咨询可以与其面对面沟通。据说，这样的柜台将来很可能会取代ATM，成为自助银行的主力。

资料来源：余涛. 未来的银行会是什么样子？国内首家银行体验中心[N]. 城市商报，2013-5-8.

2. 情感式体验营销

情感式营销是金融企业通过服务传递，触动客户的内心情感，使客户感到快乐、激动或其他的良性情绪。采用这种营销方式，金融企业就需要了解什么样的营销语言和营销方式可以触动顾客的感情。日本的一位保险营销员，为了在情感上接近客户，用录音机录下了一段模拟对话，大致的内容是：某人在意外去世后见到了阎王，阎王谴责他生前没有买意外保险，家人在他意外去世后生活陷入窘迫。几乎每一位客户听完录音后，都受到了触动，开始重新考虑人生安排，很多人因此购买了意外保险。

3. 思考式体验营销

思考式营销是指金融企业通过带领客户参与特定活动，刺激客户思考，使消费者获得认识和解决金融问题的体验，从而对金融产品产生购买欲望。例如有些银行为了发展外汇理财业务而举办外汇买卖大赛，还有的金融机构为了吸引客户举办炒股模拟大赛等。

实例12-7　亿元实盘寻牛人　赢在投资全民炒股大赛即将开启

赶着2014年让人难忘小牛市的余温，中国最早也是最大的股票交易社区——赢在投资宣布"全民实盘炒股大赛"第九季将于2015年2月1日正式启动。

大赛将为所有参赛用户提供总额1亿元的操盘资金，并设置3万元、2万元、1万元三个级别的个人奖项，以鼓励大赛中的盈利成绩佼佼者。

"全民实盘炒股大赛"是赢在投资旗下的活动品牌，已连续举办八季，因其独特的盈利全归用户的赛制而备受关注。赢在投资针对该活动规定，参赛者个人账户中的盈利资金将全部归参赛者所有，这激发了网上股民参与的热情，也使之在众多网络操盘活动中独树一帜。

据赢在投资全民实盘炒股大赛网站显示，在第八季大赛中，短短一个月，排名第一位的资金增长已经接近60%。这名用户除了可以拿到30 000元名次奖金外，所得盈利也全归其所有。而前十名中最少的资产增值也有40%以上，虽然拿不到名次奖，但这全部的增值部分是真真地装进了参赛者的口袋。

该活动于1月下旬开始了第九季的活动预热，截至目前，预约参赛用户数已经突破3000人次。

资料来源：亿元实盘寻牛人　赢在投资全民炒股大赛即将开启[EB/OL]. http://news.sina.com.cn/o/2015-02-03/160031476859.shtml.

4. 关联式体验营销

关联式营销是金融企业虽然没有进行直接的产品推介，但引导客户参与和金融服务有一定关联的行动，以此加深客户对服务的认可。例如有的银行会为VIP客户建立联系，发动他们参加银行举办的理财论坛、酒会、沙龙等。

■ 三、金融体验营销工具

(一) 体验矩阵

1999年，施密特提出了体验矩阵，该矩阵由"战略体验模块"和"体验媒介"组合构成。战略体验模块中包括了五种客户体验：感官、情感、思考、行动及关联，如图12-2所示。

感官是客户在接受金融企业服务时，视觉、听觉、味觉、触觉等方面的体验，有些金融机构大厅播放轻音乐来提升客户的愉悦程度；情感是客户在与金融企业接触过程中内心的感情体验，友善的服务态度会增进情感；思考是客户认识金融问题并解决问题的思维体验，在服务过程中增加互动来强化客户的参与程度是有效的；行动是客户的身体体验、生活方式体验以及与金融企业互动的体验，例如支付工具的创新会使客户行动更便捷；关联是客户与自我、他人或某种文化产生联想的体验。

项目		体验媒介						
		沟通	视觉与语言识别	产品	联合品牌塑造	空间环境	电子媒体与网站	人员
战略体验模块	感官	✓		✓		✓		✓
	情感	✓				✓		✓
	思考				✓		✓	
	行动	✓		✓			✓	✓
	关联				✓	✓	✓	

图12-2　体验营销矩阵图

资料来源：Schmitt，B. H.，Experiential Marketing: How to Get Customers to Sense，Feel，Think，Act，Relate，New York，Free Press，1999.

(二) 体验剧场模型

派恩和吉尔摩在1999年提出了"体验剧场模式"，他们指出："在体验经济中，所有活动的进行者都必须采用新的方式来看待自己的职位"，在体验经济过程中，客户是观众，而企业的工作是为客户提供舞台，图12-3为"角色扮演模型"，在这一模型中，观众指的是客户，表演就是提供物，剧场是指工作，剧本是服务程序，戏剧策略就是体验营销策略。

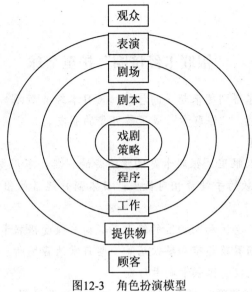

图12-3　角色扮演模型

本章小结

互联网金融产品主要包括互联网理财产品、互联网理财服务、互联网金融分析工具。

互联网金融机构与平台包括互联网银行、互联网保险公司与平台、互联网投融资公司与平台等。

互联网金融营销策略有：目标市场选择、渠道策略、价格策略、大数据营销策略等。

全球化金融营销背景及原因包括金融服务全球化、金融市场全球化、金融客户全球化、金融竞争全球化。

全球化金融营销战略包括目标市场选择策略、全球化金融营销的环境分析、竞争与合作结合的策略、标准化营销与本土化营销的结合策略。

金融体验营销可以理解为金融企业从感官、情感、思考、关联等多个方面入手，设计营销方案，运用金融服务，激发、满足客户对金融体验的需求，最终达到经营目的的营销模式。

金融体验营销的特点是：营销重点在客户体验、视顾客为理性和情感者、专注在广泛的社会文化背景下体验消费场景。

体验营销方式主要包括感官式体验营销、情感式体验营销、思考式体验营销、关联式体验营销。金融体验营销工具有体验矩阵、体验剧场模型。

思考题

1. 互联网金融营销为何对传统金融企业形成巨大的威胁？

2. 试举出一个金融体验营销的例子。

::::案例讨论

"银联卡经济圈"扩至全球

如今，银联卡在全球得到越来越多的厚待，《日本经济新闻》近日就有报道称，对于到海外旅行的中国人来说，"银联卡"成了最可靠的朋友。

出租车都能刷银联卡

在赴日旅游的中国人眼里，银联卡是购物消费的利器：不用支付1%~2%的货币兑换费用；在ATM机直接取款的手续费相对低廉；日本商户经常推出针对银联持卡人的优惠活动……

而在新加坡，不但旅游区和购物区的绝大多数商户接受银联卡刷卡消费，银联卡的受理范围还逐步扩大到包括昇菘超市和餐饮店等一些日常消费场所。甚至只要接受银行卡支付的当地出租车，大多也接受银联卡刷卡付费。

来自广东的张雷夫妇与两家好友邀约一同到澳大利亚度假，从悉尼机场搭乘出租车到酒店，一上车就看到车里贴着"银联"标志，车到酒店，张雷便拿出银联卡支付了车费。张雷获得的支付便利，源于澳大利亚最大出租车电子支付公司Cabcharge在2011年率先在悉尼和珀斯实现了旗下出租车受理银联卡支付。目前，澳大利亚境内97%的出租车刷卡机接受银联卡支付车费。不仅如此，张雷夫妇还发现悉尼各种时尚餐馆、酒吧、品牌店、礼品店等的收银台，基本都贴着"银联"的标志。悉尼市中心的西田购物中心使用银联卡消费，满额后还能获赠澳大利亚当地发行的银联礼品卡，"这让我们很开心。"张雷坦言。

银联卡使用率如今在各国呈现飙升态势。2013年国庆长假期间，不仅日本、韩国、等周边旅游目的地银联卡交易额保持较高增幅，欧美地区境外银联卡交易量增速也保持较快增长，西班牙、英国、美国地区的交易量同比增幅均在50%以上。缅甸、关岛、古巴、芬兰、摩洛哥等银联卡使用日益便利的国家和地区，银联卡交易金额更是数倍增长。

"银联卡经济圈"规模初现

银联国际东南亚代表处的总部就设在新加坡。银联卡国际业务实际上是从中国的港澳起步，目前在亚太地区使用已很普遍，新加坡就是突出的例子。2005年，新加坡开通了银联卡受理业务，目前99%的自动取款机接受银联卡，约70%的商户可以用银联卡刷卡付费，并接受银联芯片卡。同时，银联国际在新加坡与中国银行、中国工商银行和新加坡大华银行等机构合作发行了超过10万张银联卡。最近常来新加坡出差的强鑫说，"在新加坡期间也曾使用银联卡消费，感觉与用VISA卡和万事达卡没有什么太大区别。

银联卡在欧洲使用也很普遍。西班牙约有30万家商户可使用银联卡，超过六成的ATM机可使用银联卡提取欧元现金。英国全境ATM基本都接受银联卡提取英镑现金，5万多家商户可用银联卡支付，包括游客常到的百货商场、品牌专卖店、酒店和主要机场免税店等。银联卡持卡人还可在英国享受紧急现金支援服务。加拿大八成以上ATM以及机场免税店、保健品商店、品牌连锁店等数万家重点商户也可使用银联卡。

银联国际在美国市场正加快脚步，目前美国境内90%以上ATM机受理银联卡，80%以上商户可以刷银联卡消费，用银联信用卡可以在大多数签名受理商户进行免输密码的签名付款。2013年8月，银联卡还宣布和金融服务公司汇元通集团合作，支持银联卡跨境用人民币直接在网上缴纳学费，首批有300多所美国高校加入了这个网络。中国留学生是美国人数最多的外国学生，占了所有外国留学生总数的23%。为了吸引中国学生，相信很快就会有更多的美国学校加入"银联卡经济圈"。

资料来源：陈济朋，冯武勇，匡林，青帝."银联卡经济圈"扩至全球[N].国际先驱导报，2013-11-20.

案例讨论题：

1. 银联卡快速走向海外的根本原因是什么？
2. 跨国金融营销的难点是什么？

推荐读物

郭国庆.服务营销管理[M]. 北京：中国人民大学出版社，2013.

本章参考资料

1. 安贺新.服务营销管理[M] . 北京：化学工业出版社，2011.

2. 安贺新，张宏彦. 商业银行营销实务[M] . 北京：清华大学出版社，2013.

3. (美)艾沃琳·艾尔林奇(Evelyn Ehrlich)，杜克·范纳利. 金融服务营销手册[M]. 王国胜，缪成石，赵健明译. 广州：广东经济出版社，2009.

4. 杜芹平，张洪营. 金融营销[M]. 上海：上海交通大学出版社，2005.

5. 郭国庆. 服务营销管理[M] . 北京：中国人民大学出版社，2013.

6. (美)杰·纳格德曼 (Jay Nagdeman). 金融服务营销实务[M]. 张韬，刘琰珲，张轩峰，陶冶，杨巧南译. 北京：对外经济贸易大学出版社，2013.

7. 韩冀东. 服务营销[M]. 北京：中国人民大学出版社，2012.

8. 韩宗英. 商业银行市场营销[M]. 北京：中国金融出版社，2007.

9. 韩宗英，王玮薇. 金融服务营销[M]. 北京：化学工业出版社，2012.

10. 海天理财. 一本书读懂互联网金融[M]. 北京：清华大学出版社，2015.

11. (英)吉莉恩·道兹·法夸尔，亚瑟·梅丹. 金融服务营销[M]. 北京：中国金融出版社，2014.

12. 李小丽，段晓华. 金融营销实务[M]. 天津：天津大学出版社，2012.

13. 吕一林. 市场营销学[M] . 北京：中国人民大学出版社，2011.

14. 马龙龙，李智. 服务营销与管理[M] . 北京：首都经济贸易大学出版社，2002.

15. 万后芬. 金融营销学[M]. 北京：中国金融出版社，2003.

16. 王方华，彭娟. 金融营销[M]. 上海：上海交通大学出版社，2005.

17. 徐海洁. 商业银行服务营销[M]. 上海：中国金融出版社，2008.

18. 叶伟春. 金融营销[M]. 北京：首都经济贸易大学出版社，2012.

19. 张劲松. 金融产品营销[M]. 北京：清华大学出版社，2014.

20. 周伟. 金融营销学[M]. 北京：电子工业出版社，2014.

21. 周晓明，唐小飞. 金融服务营销[M]. 北京：机械工业出版社，2011.